БАЙКАЛЬСКИЙ РЕГИОН В ДВАДЦАТЬ ПЕРВОМ ВЕКЕ: МОДЕЛЬ УСТОЙЧИВОГО РАЗВИТИЯ ИЛИ НЕПРЕРЫВНАЯ ДЕГРАДАЦИЯ?

КОМПЛЕКСНАЯ ПРОГРАММА ПОЛИТИКИ ЗЕМЛЕПОЛЬЗОВАНИЯ ДЛЯ РОССИЙСКОЙ ТЕРРИТОРИИ БАССЕЙНА ОЗЕРА БАЙКАЛ

THE LAKE BAIKAL REGION IN THE TWENTY-FIRST CENTURY: A MODEL OF SUSTAINABLE DEVELOPMENT OR CONTINUED DEGRADATION?

A Comprehensive Program of Land Use Policies for the Russian Portion of the Lake Baikal Region

Совместный проект подготовлен

„Дэвис Ассосиэтс" (США)
Международным центром социально-экологических проблем Байкальского региона (РФ)
Российской академией наук
Центром гражданских инициатив (США)

по просьбе

Правительства Республики Бурятии
Администрации Иркутской области
Администрации Читинской области

Март 1993

A cooperative project prepared at the request of the:
Buryat Republic
Chita Oblast
Irkutsk Oblast

by the:

Center for Citizen Initiatives - USA
Center for Socio-Ecological Issues of the Baikal Region
Davis Associates
Russian Academy of Sciences

March 1993

Соединённые Штаты и Российская Федерация, подтверждая свою готовность способствовать расширению сотрудничества в области охраны окружающей среды и фундаментальных научных исследований, объявляют о своём намерении сохранить уникальную экосистему озера Байкал и использовать его потенциал в исследованиях по лимнологии, геологии и глобальным изменениям климата. Чтобы достигнуть эту цель, оба Президента будут стремиться создать условия для плодотворных контактов между соответствующими агенствами, учёными и неправительственными организациями, а также в ближайшее время созовут совещание экспертов в области охраны окружающей среды, чтобы обсудить вопросы сотрудничества между США и Россией, направленного на сохранение этого уникального творения природы для нынешнего и будущих поколений.

Джордж Буш   Президент Соединённых Штатов Америки

Борис Ельцин   Президент Российской Федерации

17 июня 1992 года

The United States and the Russian Federation, reaffirming their readiness to promote expansion of cooperation in the field of protection of the environment and basic scientific research, declare their determination to conserve the unique ecosystem of Lake Baikal and to utilize its potential for research in limnology, geology and global climate change. To attain these goals, the two Presidents will strive to create conditions for fruitful contacts between appropriate agencies, scientists and non-governmental organizations, and also to convene as soon as possible a meeting of environmental experts, to discuss U.S. - Russian environmental cooperation aimed at preserving for present and future generations this unique treasure of nature.

George Bush   *President of the United States of America*

Boris N. Yeltsin   *President of the Russian Federation*

June 17, 1992

СОДЕРЖАНИЕ

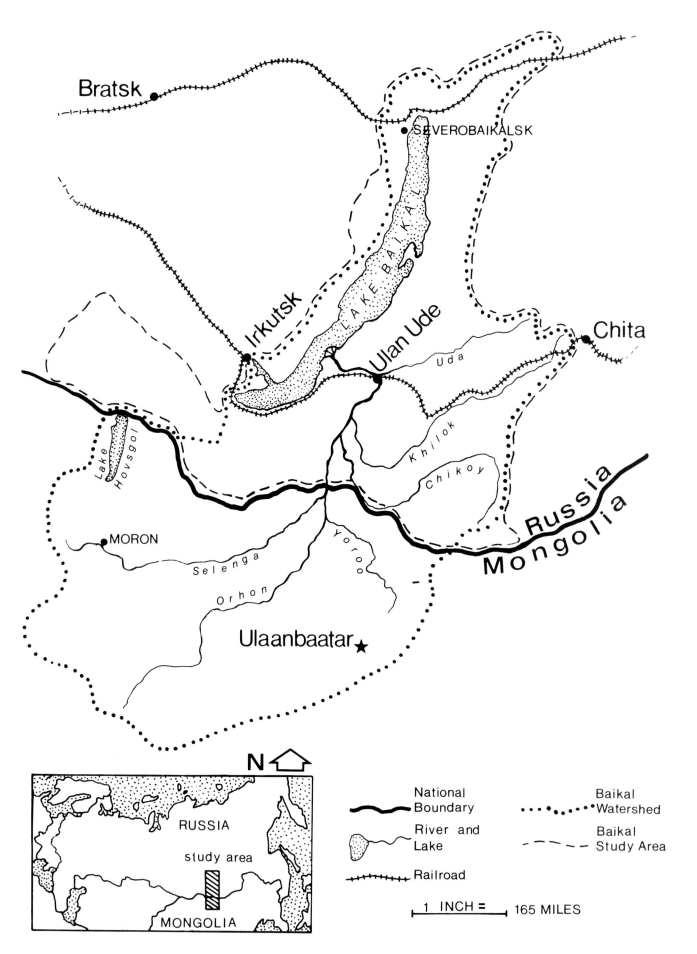

Bratsk

SEVEROBAIKALSK

L A K E   B A I K A L

Irkutsk

Ulan Ude

Chita

U d a

K h i l o k

C h i k o y

Lake Hovsgol

MORON

S e l e n g a

O r h o n

Y o r o o

Ulaanbaatar ★

Russia

Mongolia

N ⬆

RUSSIA

study area

MONGOLIA

National Boundary	**Baikal Watershed**
River and Lake	**Baikal Study Area**
Railroad	

1 INCH = 165 MILES

CONTENTS

УЧАСТНИКИ ПРОЕКТА

Джордж Д. Дэвис
директор проекта
„Дэвис Ассосиэтс"
Вадхэмс, Нью-Йорк
США

Сергей Г. Шапхаев, *к. физ.-мат. н.*
координатор проекта, Международный
центр социально-экологических
проблем Байкальского региона
Вост.-Сибирский технологический институт
Улан-Удэ, Бурятия Россия

Авторский коллектив

Валериан Е. Викулов, *д. геогр н.*
руководитель группы Бурятии
специалист в области при-
родных ресурсов
Бурятский научный центр
Улан-Удэ, Бурятия Россия

Олег А. Вотах, *д. геол.-мин. н.*
руководитель группы
Читинской области
специалист в области при-
родных ресурсов
Институт природных ресурсов
Чита, Россия

Владимир Н. Моложников
д. биол. н., руководитель группы
Иркутской области, экобиолог
Байкальский экологический
музей
Иркутск, Россия

Владимир В. Бизюкин
к. биол. н. лесогидролог
Институт биологии
Улан-Удэ, Бурятия, Россия

Людмила В. Варфоломеева
специалист по проблемам
здоровья, связанным с
окружающей средой
Байкальский комплекс
"Нооэтноэкология"
Еланцы, Россия

Дэймон С. Виллиамс
инженер-эколог
"Дэймон С. Виллиамс Ассосиэтс"
Феникс, Аризона США

Григорий И. Галазий, чл.-кор. РАН
лимнолог, Байкальский
экологический музей
Иркутск, Россия

Ольга И. Горюнова, *к. ист. н.*
археолог, Иркутский
государственный университет
Иркутск, Россия

Джеймс Ф. Данн, *д. н.*
экономист по ресурсам
„Нью-Йорк Стейт Бод оф
Еквализэйшн"
Олбани, Нью-Йорк США

Джеймс К. Даусон, *д. н. геоэколог*
Университет штата Нью-Йорк
Платтсбург, Нью-Йорк США

Анита Л. Дэвис, *специалист в*
области землепользования
„Дэвис Ассосиэтс"
Вадхэмс, Нью- Йорк США

Г. Гордон Дэвис, эсквайр
юрист по вопросам землеполь-
зования
„Дэвис и Финукейн"
Элизабеттаун, Нью-Йорк США

Эдуард Ф. Жбанов
к. геол-мин. н. геоэколог,
геохимик, Центральная эко-
геологохимическая партия
Улан-Удэ, Бурятия Россия

Бальжан Жимбиев, *к. т. н.*
архитектор, Восточно-Сибир-
ский технологический институт
Улан-Удэ, Бурятия Россия

Валерий Ф. Задорожный
к. геогр. н., географ-экономист
Институт природных ресурсов
Чита, Россия

Роман И. Злотин, к. биол. н.
биогеограф
Институт географии РАН
Москва, Россия

Хорхе О. Квинтана, *д. н.*
специалист по традиционным
видам сельского хозяйства
„Индидженес Презервейшн
Центр"
Итака, Нью-Йорк США

Владимир Корсунов, *д. биол. н.*
почвовед
Институт биологии
Улан-Удэ, Бурятия Россия

Валерий С. Михеев, *д. геогр. н.*
географ
Институт географии
Иркутск, Россия

Баир Б. Ральдин, *специалист в*
области природных ресурсов
Государственный комитет по
экологии
Улан-Удэ, Бурятия Россия

Карен М. Рои
лимнолог
„Агенство парка Адирондак"
Рэй Брук, Нью-Йорк США

Зейн Г. Смит, *специалист в*
области лесной политики
„Американ Форестри
Ассосиэйшн"
Спрингфилд, Орегон США

Татьяна А. Стрижова, *к. геогр. н.*
специалист по акватическим
экосистемам
Институт природных ресурсов
Чита, Россия

Грант Томас, *д. н., агроном*
Университет штата Кентукки
Лексингтон, Кентукки США

Арнольд К. Тулохонов, *д. геогр. н.*
географ, Байкальский институт
рационального природопользования
Улан-Удэ, Бурятия Россия

Ирина С. Урбанаева, *к. филос. н.*
этноэколог
Институт общественных наук
Улан- Удэ, Бурятия Россия

Майкл Д. Фрид, *д. н.*
специалист по рекреациям и
туризму
Технологический Университет
Русселльвилль, Арканзас США

Цыден Х. Цыбжитов, *д. биол. н.*
почвовед
Институт биологии
Улан-Удэ, Бурятия Россия

Александр Черкашин, *к. геогр. н.*
специалист по системному
моделированию
Институт географии
Иркутск, Россия

Галина Д. Чимитдоржиева
д. биол. н., почвовед- агрохимик
Институт биологии
Улан-Удэ, Бурятия Россия

Консультанты проекта

Пётр П. Абрамёнок, директор
Прибайкальский национальный
парк
Иркутск, Россия

Вольтер В. Аренсберг, **CIDE**
Институт мировых ресурсов
Вашингтон, округ Колумбия
США

Эдвард Х. Баккус, директор
RCAP
„Консервэйшн Интернашионал"
Вашингтон, округ Колумбия
США

Петер А. А. Берле, президент
„Национальное общество
Одюбона"
Нью-Йорк, Нью -Йорк США

Сергей Н. Бобылев, д. экон. н.
экономический факультет МГУ
Москва, Россия

Дэвид Брауэр, председатель
Институт острова Земля
Беркли, Калифорния США

Михаил Бринчук, д. юр. н.
Институт государства и права
Москва, Россия

Юрий И. Вахрин, председатель
Комитет по земельной реформе
Иркутск, Россия

Михаил А. Грачёв, чл.-кор. РАН
директор
Лимнологический институт
Иркутск, Россия

Алексей Д. Голоушкин, министр
Министерство лесной промыш-
ленности
Улан-Удэ, Бурятия Россия

Бернд фон Дросте, д. н., директор
„Экологические науки", ЮНЕСКО
Париж, Франция

Александр М. Ермолаев
Комитет по экологии, Верховный
Совет РФ
Москва, Россия

Димитрий А. Зимин
Министерство экологии РФ
Москва, Россия

Збиг Карпович
„Ворлд Консервэйшн Юнион"
Кэмбридж, Англия

Валентин А. Красилов, д. н., проф.
директор, Институт охраны
природы
Москва, Россия

Гри Кук, директор проекта
„Вахта Байкала"
Институт острова Земля,
Сан - Франциско, Калифорния
США

Михаил Я. Лемешев, академик
Комиссия по изучению производи-
тельных сил и природных ресурсов, РАН
Москва, Россия

Валерий Е. Ломако
заместитель Главы Администрации
Чита, Россия

Вячеслав В. Мантатов
д. филос. н., председатель
Фонд Байкала, Улан-Удэ,
Бурятия Россия

Юрий А. Ножиков
Глава Администрации
Иркутская область
Иркутск, Россия

Патрик Ф. Нунан, президент
„Консервейшн Фонд"
Арлингтон, Вирджиния США

Эрнест Патридж, д. н.
ф-т почвоведения и экологических
наук
Университет штата Калифорния
Риверсайд, Калифорния США

Юрий Л. Пашков
зам. председателя
Комитет по земельной реформе
Улан-Удэ, Бурятия Россия

Борис Г. Пермяков, директор
Центр кадастров
Иркутск, Россия

Ирина П. Плетникова, к. биол. н.
Комиссия по изучению производи-
тельных сил и природных ресурсов, РАН
Москва, Россия

Олег Л. Попов Министерство
лесной промышленности
Улан-Удэ, Бурятия Россия

Леонид В. Потапов, Председатель
Верховный Совет Республики
Бурятия
Улан-Удэ, Бурятия Россия

Виллиам К. Рейлли, управляющий
„Агентство защиты окружающей
среды"
Вашингтон, Д. К. США

Николас А. Робинсон, д. н.
профессор Юридическая школа
Университета Пейс
Вайт Плэйнс, Нью-Йорк США

Владимир Б. Саганов
Председатель, Совет Министров
Республики Бурятия
Улан -Удэ, Бурятия Россия

Генри Сван
„Вагнер Вудлэндс"
Лайм, Нью-Хемпшир США

Джефф М. Сирмон, зам. началь-
ника, Лесная служба, Департамент
сельского хозяйства
Вашингтон, округ Колумбия,
США

Ник Смит, председатель
„Центр озера Верхнее"
Дулут, Миннесота США

Владимир Е. Соколов, профессор
председатель программы ЮНЕСКО
„Человек и биосфера"
Москва, Россия

Джон Массей Стюарт
„Международный союз охраны
природы"
Лондон, Англия

Александр В. Суконов
Центр кадастров
Улан-Удэ, Бурятия Россия

В. Аларик Сэмпл, вице-президент
„Американ Форестри Ассосиэйшн"
Вашингтон, Д. К. США

Клим Д. Тулуев
координатор проекта
Орлик, Окинский р-н, Бурятия

Юрий Н. Удодов, председатель
Областной комитет по экологии
Иркутск, Россия

Марина Н. Хамарханова, председатель
Фонд Байкала, Иркутское отделение
Иркутск, Россия

Алексей В. Яблоков
чл. -корр. РАН
советник Президента России
Москва, Россия

Организации, оказавшие поддержку

Администрация Иркутской области
Администрация Читинской области
„В. Алтон Джонс Фаундэйшн" (США)
Байкальский институт рационального природопользования (СО РАН*)
Байкальский экологический музей (СО РАН)
„Вахта Байкала", Институт острова Земли (США)
„Джон Д. и Катерин Т. МакАртур Фаундэйшн" (США)
„Дэвис Ассосиэтс" (США)
Институт биологии (Бурятский научный центр)
Институт географии (СО РАН)
Институт общественных наук (Бурятский научный центр)
Институт физиологии и биохимии растений (СО РАН)
Иркутский государственный университет
Иркутский политехнический институт
„Комптон Фаундэйшн" (США)
Лимнологический институт (СО РАН)
Международный центр социально-экологических проблем Байкальского региона
Научно-практическое объединение „Экомир Байкала" (РАН, Инновационное объединение)
Прибайкальский национальный парк
Совет Министров Бурятии
„Траст фор Мьютиал Андерстэндинг" (США)
Фонд Байкала
„Фрэнк Виден Фаундэйшн" (США)
Центральная эко-геологохимическая партия (Бурятгеология)
Центр гражданских инициатив (США)
Читинский институт природных ресурсов (СО РАН)

* СО РАН - Сибирское отделение Российской Академии Наук

PROJECT PARTICIPANTS

George D. Davis
Project Director
Davis Associates
Wadhams, NY USA

Sergei G. Shapkhaev
Project Coordinator
Int'l. Center for Socio-Ecological
     Problems of the Baikal Region
East Siberian Technological Inst
Ulan-Ude, Buryatia, Russia

Scientific Team

Dr. Vladimir N. Molozhnikov
Irkutsk Team Leader
Terrestrial Ecologist
Baikal Ecological Museum
Irkutsk, Russia

Dr. Valerian E. Vikulov
Buryatia Team Leader
Natural Resources Specialist
Buryat Science Center
Ulan-Ude, Buryatia, Russia

Dr. Oleg A. Votakh
Chita Team Leader
Natural Resources Specialist
Institute of Natural Resources
Chita, Russia

Dr. Vladimir V. Bizyukin
Forest Hydrologist
Institute of Biology
Ulan-Ude, Buryatia, Russia

Alexander Cherkachin
Systems Modeling Specialist
Institute of Geography
Irkutsk, Russia

Dr. Galina D. Chimitdorzhieva
Soil Specialist (Agrochemistry)
Institute of Biology
Ulan-Ude, Buryatia, Russia

Anita L. Davis
Land Use Planner
Davis Associates
Wadhams, NY USA

G. Gordon Davis, Esq.
Land Use Attorney
Davis & Finucane
Elizabethtown, NY USA

Dr. James C. Dawson
Geologist-Environmental Sciences
State University of New York
Plattsburgh, NY USA

Dr. James F. Dunne
Resource Economist
NYS Board of Equalization
Albany, NY USA

Dr. Michael D. Freed
Recreation-Ecotourism Specialist
Arkansas Tech University
     Russellville, AR USA

Dr. Gregori I. Galazy
Limnologist
Baikal Ecological Museum
Irkutsk, Russia

Olga I. Goryunova
Archaeologist/Historian
Irkutsk State University
Irkutsk, Russia

Dr. Vladimir Korsunov
Soil Scientist
Institute of Biology
Ulan-Ude, Buryatia, Russia

Dr. Valery S. Mikheev
Landscape Geographer
Institute of Geography
Irkutsk, Russia

Dr. Jorge O. Quintana
Traditional Agriculture Spec.
Indigenous Preservation Center
Ithaca, NY USA

Bair B. Ral'din
Natural Resources Specialist
State Committee on Ecology
Ulan-Ude, Buryatia, Russia

Karen M. Roy
Limnologist
Adirondack Park Agency
Ray Brook, NY USA

Zane G. Smith, Jr.
Forest Policy Specialist
American Forestry Association
Springfield, OR USA

Tatyana A. Strizhova
Aquatic Systems Ecologist
Institute of Natural Resources
Chita, Russia

Dr. Grant W. Thomas
Agronomist
University of Kentucky
Lexington, KY USA

Dr. Tsyden H. Tsybzhitov
Soil Scientist
Institute of Biology
Ulan-Ude, Buryatia, Russia

Dr. Arnold K. Tulokhonov
Geographer
Baikal Institute
Ulan-Ude, Buryatia, Russia

Irina S. Urbanaeva
Ethnoecologist
Institute of Social Sciences
Ulan-Ude, Buryatia, Russia

Ludmila V. Varfolomeeva
Environmental Health Specialist
Baikal Center of
Nooethnoecology
Yelantsy, Russia

Damon S. Williams, P.E.
Environmental Engineer
Damon S. Williams Associates
Phoenix, AZ USA

Valery F. Zadorozhny
Economic Geographer
Institute of Natural Resources
Chita, Russia

Eduard F. Zhbanov
Geologist-Ecologist
Central Eco-Geochemical Exp.
Ulan-Ude, Buryatia, Russia

Balzhan Zhimbiev
Architect
East Siberian Technological Inst
Ulan-Ude, Buryatia, Russia

Dr. Roman I. Zlotin
Biogeographer
Institute of Geography (RAS)
Moscow, Russia

Policy Advisory Board

Piotr P. Abramyonok, Director
Pribaikalsky National Park
Irkutsk, Russia

Walter W. Arensberg, CIDE
World Resources Institute
Washington, D.C. USA

Edward H. Backus, RCAP
Director
Conservation International
Washington, D.C. USA

Peter A.A. Berle, President
National Audubon Society
New York, NY USA

Dr. Sergei N. Bobylev, Professor
Environmental Economics Div.
Moscow State Univ., Russia

Mikhail M. Brinchuk
Institute of State and Law
Moscow, Russia

David Brower, Chairman
Earth Island Institute
Berkeley, CA USA

Gary A. Cook, Program Director
Baikal Watch, Earth Island Inst.
San Francisco, CA USA

Alexander M. Ermolaev
Comm. on Ecology
Supreme Soviet
Moscow, Russia

Alexei D. Golouskyn, Minister
Buryatia, Ministry of Forestry
Ulan-Ude, Buryatia, Russia

Dr. Mikhail A. Grachev, Director
Limnological Institute
Irkutsk, Russia

Dr. Zbig Karpowicz
World Conservation Union
(IUCN)
Cambridge, England

Marina N. Khamarkhanova,
Chair
Irkutsk Chapter, Baikal Fund
Irkutsk, Russia

Prof. Valentin A. Krasilov
Director, Inst. Nature Protec.
Moscow, Russia

Mikhail Lemeshev
Commission on Productive
Forces
Moscow, Russia

Valery E. Lomako
1st Vice Chairman
Chita Oblast Administration
Chita, Russia

Dr. Vyacheslav V. Mantatov
Chairman, Baikal Fund
Ulan-Ude, Buryatia, Russia

Patrick F. Noonan, President
The Conservation Fund
Arlington, VA USA

Yuri A. Nozhikov, Chairman
Irkutsk Oblast Administration
Irkutsk, Russia

Dr. Ernest Partridge
Dept. Soil & Env. Sciences, UC
Riverside, CA USA

Yuri L. Pashkov, 1st Deputy Chr.
Land Reform Committee
Ulan-Ude, Buryatia, Russia

Boris G. Permyakov, Director
Center of Cadastres
Irkutsk, Russia

Irina Pletnikova
Comm. on Productive Forces
Moscow, Russia

Oleg L. Popov
Ministry of Forestry
Ulan-Ude, Buryatia, Russia

Leonid V. Potapov, Chairman
Buryat Republic Supreme Soviet
Ulan Ude, Buryatia, Russia

William K. Reilly, Administrator
Environmental Protection Agy.
Washington, D.C. USA

Dr. Nicholas A. Robinson, Prof.
Pace University Law School
White Plains, NY USA

Vladimir B. Saganov, Chairman
Council of Ministers
Ulan-Ude, Buryatia, Russia

Dr. V. Alaric Sample
VP-Research
American Forestry Association
Washington, D.C., USA

Jeff M. Sirmon, Deputy Chief
U.S.D.A., Forest Service
Washington, D.C., USA

Nick Smith, Chairman
Lake Superior Center
Duluth, MN USA

Prof. Vladimir E. Sokolov, Chr.
UNESCO Man and Biosphere
Program
Moscow, Russia

John Massey Stewart
IUCN Representative
London, England

Alexander V. Sukonov
Center of Cadastres
Ulan-Ude, Buryatia, Russia

Henry Swan, General Partner
Wagner Woodlands
Lyme, NH USA

Klim Tuluev
Okinsky Raion Coordinator
Orlik, Buryatia, Russia

Yuri Udodov, Chairman
Oblast Comm. on Ecology
Irkutsk, Russia

Yuri I. Vakhrin, Chairman
Committee on Land Reform
Irkutsk, Russia

Dr. Bernd von Droste, Director
Ecological Sciences, UNESCO
Paris, France

Prof. Alexei V. Yablokov
RSFSR President's Science Adv.
Moscow, Russia

Dimitry A. Zimin
RSFSR Ministry of Ecology
Moscow, Russia

Supporting Organizations

Baikal Ecological Museum
(SB RAS*)
Baikal Fund
Baikal Institute of Rational Use
of Natural Resources (SB RAS)
Baikal Watch, Earth Island
Institute (USA)
Buryat Council of Ministers
Center for Citizen Initiatives-
USA
Central Geological Geophysical
Expedition (Buryatgeologia)
Chita Institute of Natural
Resources (SB RAS)
Chita Oblast Administration
Compton Foundation (USA)
Davis Associates (USA)
Ecomir Baikal (IA RAS)
Frank Weeden Foundation (USA)
Institute of Biology (Buryat SC)
Institute of Geography (SB RAS)
Institute of Physiology &
Biochemistry of Plants (SB RAS)
Institute of Social Sciences
(Buryat SC)
International Center for Socio-
Ecological Problems of the
Baikal Region
Irkutsk Oblast Administration
Irkutsk Polytechnical Institute
Irkutsk State University
John D. & Catherine T.
MacArthur Foundation (USA)
Limnological Institute (SB RAS)
Pribaikalsky National Park
Trust for Mutual Understanding
(USA)
W. Alton Jones Foundation
(USA)

* - Siberian Branch, Russian Academy of
Sciences

ПРЕДИСЛОВИЕ

EXECUTIVE SUMMARY

Правительства и народы Республики Бурятии, Иркутской и Читинской областей понимают, что, столкнувшись с приватизацией земель и рыночной экономикой, они оказались перед лицом и больших возможностей, и больших опасностей. Они также понимают, что, разделяя заботу об озере Байкал, они несут огромную ответственность перед Российской Федерацией и перед всем миром. Будущее Байкала, содержащего 20 % мировых запасов пресной воды и приютившего гораздо больше растений и животных-эндемиков, чем любое другое озеро в мире, в прямом смысле находится в их руках.

Народы и правительства этих регионов предпочли выбрать новый путь - разработать комплексную программу политики землепользования и рационального распределения земель для всего бассейна, которая, по их убеждению, удовлетворит их экономические нужды и защитит их бесценное природное окружение. Эта программа - пример для остальной части Российской Федерации. Впервые на территории бывшего Советского Союза для такой значительной географической территории предложена научно-обоснованная модель экологически безопасного стабильного экономического развития.

Для решения задачи они обратились к своим учёным в Сибирское отделение академии наук и в „Центр гражданских инициатив" (США) за помощью. Под руководством американской фирмы „Дэвис Ассосиэтс" был осуществлён двухгодичный проект разработки комплексной программы землепользования для 30 миллионов гектаров бассейна Байкала, находящихся на российской территории, такой программы, которая будет достойна великого озера и будущих поколений. Настоящая программа и прилагаемая карта - результат этой работы.

В данной программе предложена комплексная политика землепользования. Карта, если она будет утверждена, станет руководством для определения наиболее целесообразного будущего использования земель, при котором экологические ценности и культурное разнообразие в бассейне будут сохранены. Политика и карта предложены людям, проживающим в бассейне Байкала и в Российской Федерации, междисциплинарной группой российских и американских учёных, юристов и экономистов после серьёзных консультаций со специалистами, официальными представителями правительства, экологических организаций и общественностью этого региона.

Главные цели предлагаемой политики и карты:

1. Сохранить чистоту вод озера Байкала навсегда.

The governments and the people of the Buryat Republic and the Irkutsk and Chita Oblasts have recognized that, as they grapple with the privatization of land and the introduction of a market economy, they face both great opportunity and great peril. They also recognize that, as joint stewards of Lake Baikal, they have an enormous responsibility to the Russian Federation and to the entire world. The future of Lake Baikal, which contains 20 percent of the world's fresh water and harbors far more endemic species of plants and animals — those found nowhere else on this planet — than any other lake in the world, is literally in their hands.

These people and their governments, then, have chosen to take a new path — to develop a comprehensive, basin-wide land use policy and allocation program that they believe will both meet their economic needs and protect their treasured environment. This plan is a prototype for the rest of the Russian Federation. For the first time in the lands of the former Soviet Union, a model of economic development that is scientifically sound and environmentally sustainable is being proposed for a significant geographic area.

To meet this challenge they turned to their own scientists, the Siberian Branch of the Academy of Sciences, and to the Center for Citizen Initiatives in the United States for assistance. A two-year project, guided by the U.S. firm Davis Associates, was undertaken to recommend a comprehensive land use program for the 30 million hectare Russian Federation portion of the Lake Baikal watershed, a program that would be worthy of this great lake and the generations yet to come. This report and the accompanying map are the result of this undertaking.

The report sets forth a comprehensive land use policy. The map, if adopted, would guide all future land uses to the most appropriate locations while preserving the basin's ecological values and cultural diversity. The policy and map are recommended to the people of the Baikal basin and the Russian Federation by an interdisciplinary team of Russian and American scientists, lawyers, and economists after extensive consultation with other professionals, government officials, environmental organizations, and the general public of the basin.

The primary objectives of this policy and map are to:

1. Preserve the purity of Lake Baikal's water for all time;

Возле бухты Песчаной, Прибайкальский национальный парк.

Near Peschanaya Bay, Pribaikalsky National Park.

2. Неразрывно соединить стабильное экономическое развитие и защиту окружающей среды.

3. Сохранить естественные экологические процессы и биологическое разнообразие в бассейне озера Байкал.

4. Сохранить разнообразие культурных традиций, существующих в бассейне Байкала.

5. Обеспечить достойный уровень жизни для настоящего и будущего поколений людей Байкальского региона.

6. Привлечь людей, проживающих в бассейне озера Байкал, к принятию решений в области земельной политики.

7. Расширить межправительственное сотрудничество России и Монголии и разных уровней правительства в бассейне озера.

8. Добиться для озера Байкал статуса «участка всемирного наследия" ЮНЕСКО, что отразит глобальное значение Байкальского региона и стремление россиян защитить его.

Для осуществления этих целей предлагаемая программа должна быть реализована без промедления. Для осуществления этого Российская Федерация, Бурятская Республика, Иркутская и Читинская области, районы и международное сообщество должны вступить в беспрецедентное партнерство. Во имя всеобъемлющей интеграции в бассейне следует отказаться от некоторых политических и административных прерогатив. Более того, возможности получения кратковременной экономической выгоды должны быть отброшены ради долговременного стабильного экономического развития. Это дастся нелегко, но без этих усилий у озера Байкал и людей Байкальского региона нет будущего. При уже происходящей в регионе земельной реформе время и сотрудничество имеют весьма большое значение.

Программа рассматривает все 32 миллионов гектаров территории бассейна, находящейся в пределах России и прилегающих территорий, оказывающих серьёзное воздействие, как «участок всемирного наследия" (УВН). Все земли и воды этого региона распределены в соответствии с семью основными категориями: сельское хозяйство, населённые пункты, промышленность, природоохранные территории, леса, воды и прилегающий воздушный бассейн. Внутри этих категорий выделено 25 различных зон землепользования. Восемь из этих зон, площадью приблизительно 21 244 000 гектаров, куда входит 3 150 000 гектаров площади самого озера Байкал, должны составить зону «ядра" УВН, где естественные экологические процессы будут преобладать. Вся остальная территория площадью примерно 11 340 000 гектар составит «буферную зону" УВН, в которой земельные и водные ресурсы будут использоваться для разнообразных видов деятельности, демонстрируя гармоничные отношения, возможные между человеком и природой. Вместе зоны «ядра"и «буферная"

2. Inextricably link sustainable economic development and environmental protection;

3. Preserve the natural ecological processes and biological diversity of the Lake Baikal watershed;

4. Preserve the cultural traditions and diversity found in the Baikal Region;

5. Insure that present and future generations in the Lake Baikal basin can live in dignity and will enjoy an improved quality of life;

6. Involve the people of the Baikal watershed in land policy decisions;

7. Expand inter-governmental collaboration between Russia and Mongolia and among all levels of government within the basin; and,

8. Achieve UNESCO World Heritage Site designation to reflect the global significance of the Baikal region and the determination of the Russian people to protect it.

To accomplish these objectives this program must be implemented soon. To do so, the Russian Federation, Buryat Republic, Chita Oblast, Irkutsk Oblast, raions, and the international community must enter into an unprecedented partnership. Some political and administrative prerogatives must be given up in recognition of the over-riding integrity of the basin. Likewise, some opportunities for short-term economic gain must be foreclosed for sustainable, long-term economic dignity. This will not come easily, but without such unselfish actions the future of Lake Baikal and the people of the Baikal region is bleak. With land reform already underway in the basin, time and cooperation are of the essence.

The centerpiece of the program is the designation of the entire 32 million hectare study area — the Russian portion of the watershed and crucial adjacent lands — as a World Heritage Site (WHS). All lands and waters in the region are divided into seven basic categories —

World Heritage Sites[1]

The *Convention Concerning the Protection of the World Cultural and Natural Heritage* was adopted in Paris in 1972, and came into force in December 1975. The Convention provides for the designation of areas of "outstanding universal value" as world heritage sites, with the principal aim of fostering international cooperation to safeguard these important areas. Sites, which must be nominated by the signatory nation responsible, are evaluated for their world heritage quality before being designated by the UNESCO World Heritage Committee.

---

1 - from 1990 United Nations List of National Parks and Protected Areas (IUCN 1990)

должны стать основой для нормальной, стабильно развивающейся экономики. Зона прилегающего воздушного бассейна образует „зону влияния" на „участок всемирного наследия", которая отразит воздействие воздушных загрязнений из расположенных здесь источников на озеро Байкал.

„Участок всемирного наследия" [1]

„Конвенция об охране всемирного культурного и природного наследия" была принята в Париже в 1972 году и вступила в силу в декабре 1975 года. „Конвенция" предусматривает определение мест „выдающего универсального значения" как „участков всемирного наследия", чтобы способствовать международному сотрудничеству при охране этих важных территорий. До того, как места, предложенные заинтересованной страной, подписавшей Конвенцию, будут признаны Комитетом ЮНЕСКО по всемирному наследию, должно быть определено соответствие их состояния критериям „всемирного наследия".

В процессе разработки рекомендуемой программы землепользования насущные потребности, культура и этнографические особенности людей на этой огромной территории учитывались наравне с естественными возможностями земель при классификации их для подходящего использования.

При всех политических, социальных и экономических переменах, происходящих в регионе, появляется возможность осуществления самых различных вариантов. Работа совместной российско-американской группы не была ограничена никакими политическими или экономическими доктринами. В результате мировой позитивный опыт политики землепользования был совмещён с новыми подходами. Бассейн озера Байкал должен стать моделью устойчивого (стабильного) развития, основой которого будут сельское хозяйство, лесное хозяйство, добыча полезных ископаемых, развитие образования, науки и туризма.

В дополнение к признанию озера Байкал „участком всемирного наследия ЮНЕСКО", настоящий проект призывает:

- к пониманию того, что для всеобщего блага политические разногласия в бассейне Байкала должны уступить место интеграции;

- к созданию российским правительством Байкальской Комиссии для управления землепользованием в бассейне Байкала. Комиссия должна состоять в большинстве своём из представителей Республики Бурятии, Иркутской и Читинской областей, неместные жители должны составлять её меньшинство.

agriculture, settlements, industrial, nature conservation, forests, waters, and adjacent airshed — which are further divided into 25 different land use zones. Eight of these zones, totaling approximately 21,244,000 hectares, including the 3,150,000 hectare Lake Baikal itself, would form the core area of the WHS where the natural ecological processes would prevail. The remaining area, approximately 11,340,000 hectares, would form the buffer area of the WHS where the land and water resources would be managed and used for diverse activities in a way that would demonstrate the harmonious relation that can exist between people and nature. Together, the core and buffer areas would support a sound and sustainable economy. The adjacent airshed zone would constitute the WHS influence area reflecting the impact on Lake Baikal of air pollutants originating in this zone.

Throughout the process of developing this land use program, the needs, the culture and the ethnography of the people in this vast area were blended with the land's natural capabilities and inherent limitations to allocate lands to compatible uses.

The political, social, and economic changes sweeping the region allowed consideration of all conceivable options. The joint Russian-American team was not constrained by any political or economic doctrine. As a result, sound land policies from around the world were combined with new approaches. The Lake Baikal basin should be a model of sustainable development based on agriculture, education, forestry, mining, science, and tourism.

In addition to UNESCO designation of Lake Baikal as a World Heritage Site, the report calls for:

- An understanding that the integrity of the Lake Baikal watershed must supersede political jurisdictions for the benefit of all.

- The creation of a Baikal Commission by the Russian Federation to govern land use throughout the watershed. The Commission would be composed of a majority drawn from residents of the Buryat Republic, Irkutsk Oblast, and Chita Oblast and a minority of non-residents. The Commission would have the responsibility to: 1) serve as a bridge to insure the involvement of all levels of government and the public in land and water resource decision-making; and, 2) implement the comprehensive land use program outlined here. It would have offices in Chita, Irkutsk, and Ulan-Ude.

- A strengthened role for the regional committees on ecology (goskomecologia) which would have authority to review projects that could harm the environment.

- A sustainable economic development program emphasizing world tourism, forest products man-

Понятие ··устойчивость (стабильность, непрерывность) используется в нескольких словосочетаниях, таких, как ··стабильное развитие", ··стабильная, устойчивая экономика", стабильное использование". Важно понимать, что мы подразумеваем под этими терминами.

Если это действительно стабильная (устойчивая и экологически безопасная) деятельность, она может продолжаться длительное время во всех сферах.

··Всемирная Комиссия по окружающей среде и развитию" (1987) определила ··стабильное развитие" как ··развитие, которое обеспечивает нужды настоящих поколений, не принося в жертву возможность будущих поколений обеспечить свои нужды".

Термин критиковали за неточность и двусмысленность толкований, многие из которых противоречат друг другу. Эта путаница возникла потому что термины ··устойчивое развитие", ··стабильный рост" и ··стабильное использование" употреблялись как взаимозаменяемые, в одном значении. Но значение их разное. Термин ··стабильный рост" противоречив сам по себе: ничто не может физически расти до бесконечности. ··Стабильное использование" относится только к ресурсам, которые могут быть восстановлены, что обозначает, что они могут использоваться в объёмах, не превышающих их способности к возобновлению.

Понятие ··стабильное (устойчивое) развитие", как оно используется в настоящей программе, обозначает обеспечение улучшения уровня жизни без нарушения возможностей поддерживающих экосистем.

··Стабильная экономика" - результат стабильного (устойчивого) развития. Оно регулирует сырьевую базу. Оно осуществляется через усвоение и усовершенствование знаний, организации, техническое усовершенствование, с учётом опыта.

Sustainability: A Question of Definition[2]

The word sustainable is used in several combinations, such as "sustainable development," "sustainable economy," and "sustainable use." It is important to understand what we mean by these terms.

If an activity is sustainable, for all practical purposes it can continue forever.

The World Commission on Environment and Development (1987) defined "sustainable development" as "develop-ment that meets the needs of the present without com-promising the ability of future generations to meet their own needs."

The term has been criticized as ambiguous and open to a wide range of interpretations, many of which are contradictory. The confusion has been caused because "sustainable development," "sustainable growth" and "sustainable use" have been used interchangeably, as if their meanings were the same. They are not. "Sustain-able growth" is a contradiction in terms: nothing physical can grow indefinitely. "Sustainable use" is applicable only to renewable resources: it means using them at rates within their capacity for renewal.

"Sustainable development" is used in this report to mean: improving the quality of human life while living within the carrying capacity of supporting ecosystems.

A "sustainable economy" is the product of sustainable development. It maintains its natural resource base. It can continue to develop by adapting, and through improvements in knowledge, organization, technical efficiency, and wisdom.

Комиссия будет: 1) обеспечивать взаимодействие между различными уровнями правительства и общественностью при принятии решений, касающихся земельных и водных ресурсов; 2) осуществлять комплексную программу землепользования, изложенную в настоящем документе. Представительства Комиссии должны находиться в Иркутске, Улан-Удэ и Чите;

- к усилению роли региональных комитетов по экологии и рациональному природопользованию (··Госкомэкология"), которые должны быть наделены правом рассмотрения проектов, могущих нанести вред природе;

ufacturing, mineral development, and agriculture, blended in a way to fit the landscape and preserve the environment.

- A wedding of the people and their culture to the land and a heightened respect for the native peoples.

- The creation of an expanded, comprehensive system of protected areas consisting of nine scientific reserves, five national parks, twenty-six national wildlife refuges, six natural anthropological reserves, four protected landscapes, fifteen national scenic rivers, and numerous historic, cultural, and ethnological sites, zakazniks, greenways, urban parks, and natural landmarks.

- Coordination of land use policies between Russia and Mongolia and the establishment of a Baikal-Hubsugul International Peace Park straddling the border. In addition, it is recommended

2 - adapted from *Caring for the Earth: A Strategy for Sustainable Living* (IUCN et al. 1991)

- к созданию программы устойчивого экономического развития с упором на международный туризм, переработку лесной продукции, добычу полезных ископаемых и сельское хозяйство, развитие которых будет осуществляться с учётом ландшафта и необходимостью защиты окружающей среды;

- к органичному союзу людей и их культуры с землёй, к усилению заботы о коренных жителях;

- к созданию расширенной комплексной системы охраняемых территорий, состоящей из девяти заповедников (научные заповедники), пяти национальных парков, двадцати шести национальных постоянных заказников (природных резерватов), шести этнических территорий (естественные антропологические заповедники), четырёх охраняемых ландшафтов, пятнадцати национальных живописных рек и многочисленных исторических, культурных и этнических мест, заказников, зеленых поясов, городских парков и памятников природы;

- к координации политики землепользования между Россией и Монголией и организации вдоль границы Байкальско-Хубсугульского международного парка мира. Дополнительно рекомендуется, чтобы Монголия рассмотрела возможность включения бассейна реки Селенги, находящегося на территории Монголии, в состав Байкальского „участка всемирного наследия";

- к привлечению международных фондов для поддержки плана землепользования и создания источников будущего финансирования.

В конце проекта обсуждаются вопросы правового, финансового характера, проблемы внедрения, организации мониторинга, важные для осуществления программы. В „Приложениях" к проекту содержится 230 дополнительных специальных рекомендаций по 22 различным вопросам, таким, как: сельское хозяйство и консервация почв, качество воздуха, развитие и улучшение структуры населённых пунктов, культурные ресурсы, экологическое образование и воспитание, рыбоводство и дикая природа, лесопользование, землевладение, практическое здравоохранение, качество воды.

Политика землепользования и рационального распределения земель, изложенные в настоящей программе, являются смелым шагом вперёд, в 21 век, шагом, предлагающим экономические и экологические надежды для многих будущих поколений.

that Mongolia consider the entire Selenga River watershed within the Republic of Mongolia for inclusion in the Lake Baikal World Heritage Site.

- An international funding initiative to establish the program, and the creation of future funding sources.

The report concludes with a discussion of the legislative, financial, enforcement, and monitoring aspects of program implementation. An appendix to the report contains an additional 230 specific recommendations in 22 subject areas such as agriculture and soil conservation, air quality, community redevelopment, cultural resources, environmental education, fish and wildlife, forest management, land tenure, sanitation and health, and water quality.

The policies and allocations recommended in this document represent a bold step forward into the 21st Century, a step that offers economic and environmental promise for many future generations.

I. ВВЕДЕНИЕ

I. INTRODUCTION

Данная программа адресована людям, живущим в бассейне Байкала, и тем, кто понимает, что Земля - наш общий дом, а Байкал - одно из особых мест этого дома.

Будущее людей и будущее озера Байкал зависит от нас. Решения, принятые или непринятые в последующие пять лет, определят, будет ли это великое озеро, это священное море, защищено и восстановлено как самый значительный источник чистейшей воды в мире. Эти решения определят, смогут ли люди, населяющие бассейн Байкала, жить достойно и с экономической точки зрения, и в гармонии с природой.

Озеро Байкал, окружающие его земли и живущие здесь люди имеют возможность продемонстрировать всему миру, что можно совместить устойчивое развитие, обеспечивающее достойный уровень жизни, с охраной природы. Этот разнообразный ландшафт с чистыми водами, величественными горами, плодородными долинами, бескрайней тайгой, степью, разнообразной мозаикой степи и леса идеально подходит для этого.

Политика, предлагаемая программой, и карта подчеркивают, что Байкал - особое место, и поэтому некоторые типы землепользования - такие, как размещение предприятий ядерной энергетики и заводов с токсичными отходами - неприемлемы ни в какой части бассейна Байкала. Бассейн должен стать моделью устойчивого развития, основывающегося на сельском хозяйстве, лесном хозяйстве, добыче полезных ископаемых, развитии образования, науки и туризма.

Авторы проекта надеются, что обсуждение этой программы, её рекомендаций и карты жителями бассейна Байкала и всеми, кому небезразлично это удивительное озеро, будет продолжаться. Должны будут вноситься изменения, необходимые для успешного осуществления задач программы. Мы очень надеемся, что в процессе её осуществления экономические и экологические интересы будут соединены и что Байкальская Комиссия с правами регулирования комплексного землепользования будет создана скоро. Без этого будущее Байкала постине неопределённо.

Почему Байкал?

Весьма символично, что бассейн озера Байкал стал основой для выработки нового подхода к сохранению и использованию земли и воды. Наступило время социальных, экономических и политических перемен. При переходе России к рыночной экономике

This report is directed to the people of the Lake Baikal basin and to those who understand that the Earth is our common home and that Baikal is a critical part of this home.

The future of Lake Baikal and the future of those who live in the Baikal region is up to us. Decisions made, or not made, in the next five years will determine if this great lake, this sacred sea, is to be restored and protected as the purest significant body of water in the world. These decisions will determine if the people living in the Lake Baikal watershed will be able to live both in economic dignity and in harmony with the natural environment.

Lake Baikal, its surrounding lands, and its diverse people offer an opportunity to demonstrate to the world that we can simultaneously meet the needs of a dignified existence through sustainable development while protecting the environment. This diverse landscape of clear water, majestic mountains, fertile valley bottoms, expansive taiga, pastoral steppe, and exquisite mosaic of steppe and forest is ideal for this purpose.

The policy set forth in this report and map recognizes that Lake Baikal is a special place and therefore some land uses — such as nuclear energy plants and manufacturing that produces toxic wastes — cannot be condoned anywhere in the watershed. The basin should be a model of sustainable development based on agriculture, education, forestry, mining, science, and tourism.

The authors intend that this report, with its recommendations and map, continue to be discussed by the people of the Baikal basin and others with an interest in this spectacular resource. Revisions found necessary to better accomplish its objectives should be made. It is fervently hoped that this process will bring economic and ecologic interests together, and that a Baikal Commission with comprehensive land use regulatory authority is established soon. Without such action the future of Lake Baikal is bleak indeed.

Why Baikal?

It is appropriate that the Lake Baikal watershed be the genesis of a new approach to land and water conservation and use. The time is ripe for social, economic, and political change. In Russia's transition to a market economy and privatization, a new view toward land will emerge. Whether this new view is built on a determination to live in harmony with the land and learn from mistakes made in the West and elsewhere is a decision crucial to Lake Baikal and the people of the Baikal

Photo courtesy Boyd Norton

и приватизации возникает новое отношение к земле. В зависимости от того, будет ли это новое отношение основано на желании жить в гармонии с землёй и учитывать ошибки, сделанные на Западе и в других местах, определится и судьба озера Байкал, и судьба людей, живущих здесь. Политика, предлагаемая данной программой, должна служить основой для проведения земельной реформы по всему бассейну Байкала. Кроме того, она должна помочь комитетам по земельной реформе и кадастрам в определении адекватной стоимости земель и установлении земельных налогов.

Более того, нарождающаяся демократия в Российской Федерации предоставляет гражданам Байкальского региона реальную возможность принять участие в решении вопросов землепользования, которые окажут влияние на их жизнь и жизнь их внуков и правнуков.

Одинаково важен и естественный мир Байкала. Байкал уникален и неповторим. Это озеро «превосходной степени»: самое глубокое и самое древнее озеро планеты, содержащее 20% мировых запасов пресной воды и большее количество эндемиков, представителей флоры и фауны, чем любой пресный водоём Земли. Примерно

region. The policy recommended in this report should serve as the foundation for land use reform throughout the Lake Baikal watershed. Furthermore, it should assist the land reform committees and cadastres in determining equitable land values and tax rates.

Likewise, the emerging democratization in the Russian Federation offers the citizens of the Baikal region a genuine opportunity to become involved in land use decisions that will affect their lives and those of their grandchildren's grandchildren as well.

Equally important, the natural world of Baikal beckons. It is a lake of superlatives — the deepest and oldest lake on the planet holding 20 percent of the fresh water on Earth and the largest number of endemic species of flora and fauna of any freshwater body. Of the 2,635 identified species and sub-species in Baikal, approximately 70 percent are found nowhere else. Both the quantity and quality of the water are unique, to a large degree as a result of the activity of these endemic organisms which compose over 90 percent of the Lake's biomass. Baikal is an invaluable treasure chest of the Earth's genetic wealth. Its pure, transparent waters are oxygen-rich throughout. It has a

70 процентов из 2 635 известных видов и подвидов, обитающих в Байкале, существует только здесь. Уникальным является не только количество, но и качество воды, которое в значительной степени обусловлено деятельностью эндемических организмов, составляющих 90 процентов биомассы озера. Байкал - бесценная сокровищница генетического богатства Земли. Его чистые, прозрачные воды насыщены кислородом. Он обладает удивительной способностью очищения более чем 60 куб. км воды, приносимой за год более чем 300 его притоков. Возраст (по меньшей мере 25 миллионов лет) и неповторимые естественные характеристики Байкала создали этот своеобразный «эволюционный котёл".

Воды Байкала также важны с экономической точки зрения для развития промышленности, использующей чистую воду, такой, как экотуризм, коммерческая рыбная ловля, для обеспечения населённых пунктов питьевой водой и для экспортирования бутылированной воды. Вода Байкала - важнейший ресурс, использующийся для производства электричества Ангаро-Енисейским каскадом гидроэлектростанций.

Но озеро Байкал находится на грани катастрофы. Что бы ни происходило на земле в бассейне Байкала, в конечном счёте, сказывается на самом озере. Что бы ни принесли ветры даже с отдалённых

magnificent capacity for cleansing the more than 60 cubic kilometers of water a year that enter from more than 300 tributaries. The age, at least 25 million years, and the inimitable natural characteristics of Baikal have created this evolutionary cauldron.

The waters of Baikal are also important economically for enterprises requiring pure water such as ecotourism, commercial fisheries, community drinking water, and the exportation of bottled water. Baikal provides much of the water used to generate electricity in the Angara-Yenisey River basin hydroelectric complex.

But Lake Baikal is on the brink of natural disaster. Whatever takes place on the land throughout the watershed ultimately affects the lake. Whatever the winds bring, even from far outside the watershed, affects the lake. And too often what flows from the land and the air is polluting: acid rain, heavy metals, pesticides, nutrients, and much more. Only the extraordinary volume of water in Lake Baikal has allowed it to appear so pure that poets still write of it and musicians compose masterpieces on its shores.

But the effects of air and water pollution are growing too great to be masked by this diluting ability any longer. Pollutants have been building up in the lake-bottom sediment that make it unfit for benthic life and create a secondary pollution source when

Байкальский целлюлозно-бумажный комбинат - самая заметная угроза будущему Байкала.

Baikalsk Pulp Plant, the most visible threat to Baikal's future.

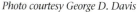

Photo courtesy George D. Davis

Photo courtesy George D. Davis

Традиционное для бурят кочевое коневодство.

A Buryat tradition, nomadic grazing of horses.

территорий, за пределами бассейна, всё оказывает влияние на озеро. И слишком часто всё, что попадает в него с земли и воздуха, загрязняет озеро: кислотные дожди, тяжёлые металлы, пестициды, биогенные вещества и многое другое. Только громадный водный объём позволяет озеру Байкал казаться настолько чистым, что поэты ещё пишут о нём и музыканты создают шедевры на его берегах.

Однако воздействие воздушных и водных загрязнений, даже разбавленных этим колоссальным объёмом воды, растёт слишком быстро, и это не может дольше скрываться. Вредные вещества оседают на дне озера, делая его непригодным для развития придонной флоры и фауны (бентоса) и создавая вторичный источник загрязнений, когда придонные осадки выводятся из состояния равновесия. Когда эти загрязнители включаются в "пищевой цикл", они, естественно, попадают в организм людей, питающихся байкальской рыбой.

Озеро Байкал - одна из самых хрупких экосистем в мире. Даже только ради сохранения 1 800 видов живых организмов, не обитающих в других местах Земли, человеческие существа не имеют ни морального, ни этического права разрушать Байкал.

Байкальское наследие

Байкальский регион является не толь-

the bottom sediments are disturbed. As these pollutants move through the food chain, they eventually reach humans who eat the fish from Baikal.

Lake Baikal is one of the most fragile ecosystems in the world. If for no other reason than to sustain the 1,800 species of organisms found nowhere else on this Earth, our human species cannot in good conscience continue the present course that is destroying Lake Baikal.

The Baikal Heritage

The Baikal region is unique not only in natural phenomena; it is also a treasury of material and spiritual culture of Central Asia. Petroglyphs, archaeological monuments, shamanistic ritual texts, and preserved rites of the Baikal Buryats demonstrate that Lake Baikal has been considered a sacred place for centuries (Poppe 1932). Lake Baikal, the Selenga River, and the surrounding lands have an important meaning in the history of Central Asian governments: the kingdoms of Huns, Kaganats of Zhuzhan, and ancient Turks, Uygur, and Kidan, who maintained broad international relations with both East and West. Baikal and the Selenga River are mentioned in ancient Chinese chronicles, Muslim historical writings, and other sources and often were the location for events of international significance.

ко уникальным природным феноменом, но и сокровищницей материальной и духовной культуры Центральной Азии. Петроглифы, археологические памятники, ритуальные шаманские тексты и сохранившиеся обряды байкальских бурят свидетельствуют, что озеро Байкал веками считалось священным местом. Озеро Байкал, река Селенга и окружающие земли имели большое значение в истории государств Центральной Азии: здесь существовали державы хуннов, каганаты жужаней, древних тюрков, уйгуров, киданей, поддерживавших широкие международные связи как с Востоком, так и с Западом. Байкал и река Селенга упоминаются в древних китайских хрониках, мусульманских исторических сочинениях и других источниках, они часто становились местами событий, имевших большое международное значение.

Названные цивилизации выработали экологическую этику задолго до появления Чингис-хана и монгольского государственного права с его традицией регулирования использования природных ресурсов («Сокровенное сказание. Монгольская хроника. 1240.»), и эта древняя тюрко-монгольская традиция создания природных заповедников получила законодательное оформление (Халха- Джирум, 1965; Насилов, 1984; Урбанаева, 1992). В соответствии с этими законами регулировалось использование природных ресурсов в районе Байкала, а места по Селенге считались заповедными.

Озеро Байкал и его окружение изучается учёными уже более 300 лет, но ещё многого мы не знаем о нём. Однако мы знаем достаточно, чтобы действовать быстро: если мы ничего не предпримем сейчас, то, что мы сделаем позже, будет иметь мало значения. Учёные предупреждают нас: идёт дегенерация и мутагенез рыбы и клеток млекопитающихся (Galazy 1980), погибает эпишура - организм, необходимый для поддержания высокого качества воды (Komarov 1980), проявляются стрессовые симптомы у омуля (Галазий, 1984), уменьшается популяция рыб для коммерческой ловли (ООН, 1987), растёт уровень паразитических инфекций у омуля, включая опасные для людей (Stewart 1991), увеличивается количество погибающей и мутирующей популяции пресноводного тюленя (Stewart 1991, Stewart 1990b). Загрязнённые атмосферные осадки вызывают ослабление иммунитета гидробионты и сельхозкультур, способствуют росту различных заболева-

These civilizations exhibited an environmental ethic long before the appearance of Genghis Khan and Mongolian state law with its tradition of regulating the use of natural resources (Anon. 1240); but beginning with the era of Genghis Khan, this ancient Turkic-Mongolian tradition of creating reserves took a legislative form (Golstunckiy 1880, Zhamsarano 1965, Nasilov 1984, Urbanaeva 1992). According to these laws, natural resources in the area of Lake Baikal were regulated and sites along the Selenga River were designated reserves.

Lake Baikal and its environs have been studied by scientists for 300 years, yet there is much we do not know about it. We know enough, however, to act expeditiously, for if we do not act now it will matter little what we do later. Scientists have given us the warnings: Degeneration and mutagenesis in fish and mammalian cells (Galazy 1980); dying Epischura, a species critical to maintaining high water quality (Komarov 1980); stress symptoms in omul (Galazy 1984); dwindling commercial fish populations (United Nations 1987); soaring parasitic infections, including those dangerous to humans, in omul (Stewart 1991); an increasing rate of death and deformities in the fresh-water seal population (Stewart 1991, Stewart 1990b); serious pollution of the Selenga River, the main tributary of Baikal (Vikulov 1982). Polluted atmospheric precipitation has caused weakening of the immunity of hydrobionts and agricultural plants, increasing levels of disease in fish, tomatoes, and potatoes; heavy metals have been found in milk (Zhbanov 1992). Likewise, many cultural traditions appear to

Восстановление старой Никольской церкви в Большом Голоустном.

Restoration of the historic St. Nicholas' Church at Bolshoye Goloustnoye.

Photo courtesy George D. Davis

Photo courtesy Boyd Norton

ний у рыб, картофеля, помидоров, попаданию тяжёлых металлов в молоко.

Многие культурные традиции также оказались утраченными, а сохранение духовных ценностей не менее важно, чем сохранение природных ресурсов.

Спасение мира Байкала зависит от коллективной воли людей - прежде и больше всего - от людей Бурятской республики, Иркутской и Читинской областей, но также от людей всего мира. Природные ресурсы такого значения, как озеро Байкал, Великий Каньон, леса Амазонки, равнина Серенгети и культурные ресурсы такой важности, как культурное наследие Байкальского региона, архитектурные развалины Трои, памятники культуры древних этрусков, майя или инков должны принадлежать всем людям - сегодня и всегда.

ТерКСОП, ЮНЕСКО и «Экспертиза-90"

Озеро Байкал - объект многочисленных исследований, в каждом из которых всё больше подчёркивается необходимость конкретных действий, если мы хотим сохранить Байкал. Кульминацией стал 1990 год, когда прозвучало три серьёзных

be lost. The preservation of spiritual culture is no less important than the preservation of natural resources.

The preservation of the world of Baikal depends on the collective will of the people — first and foremost, the people of the Buryat Republic and the Chita and Irkutsk Oblasts, but also people from around the world. Natural resources of the magnitude of Lake Baikal, the Grand Canyon, the Amazon rain forest or the Serengeti Plain, and cultural resources of the magnitude of the Baikal region, the architectural remnants of Troy, the relics of ancient Etruscians, or the monuments of the Mayan and Inca civilizations must be viewed as belonging to all the people — now and forever.

TERKSOP, UNESCO, and Expertise 90

Lake Baikal has been the subject of innumerable studies, each with increasing emphasis on the need for action if Lake Baikal is to saved. The culmination of such studies occurred in 1990 with three significant and comprehensive calls for action.

The Russian Federation Committee on

призыва к действию.

Государственный комитет Российской Федерации по архитектуре и строительству опубликовал „Территориальную комплексную схему охраны природы бассейна озера Байкал ” (ТерКСОП) - наиболее полное исследование, когда-либо предпринятое в бассейне Байкала. ТерКСОП призывает к принципиальной переоценке распределения ресурсов и проведению экологического зонирования. К сожалению, схема эта не предлагает систематического и реалистического метода внедрения. Но, тем не менее, информация, представленная в ТерКСОП, оказалась весьма ценной для авторов данного проекта.

В это же время по просьбе советского правительства группа ученых ЮНЕСКО (Организация объединенных наций по вопросам образования, науки и культуры) была направлена в бассейн озера Байкал для определения того, может ли озеро и его бассейн быть включенным в „Список участков всемирного наследия”, что явится бесспорным признанием его природным чудом мира.

Одновременно и Северобайкальск, город на северной оконечности озера, был на пороге принятия решений. Строительство Байкало-Амурской магистрали, явившейся причиной возникновения города, быстро завершилось. Городские власти в поисках возможностей будущего устойчивого экономического развития, которое не угрожало бы озеру Байкал и его окружающей среде, стали спонсорами экспедиции российских и американских учёных и известных экологов („Экспертиза-90), обратившись к ним за рекомендациями.

Обе группы, ЮНЕСКО и „Экспертиза-90”, подтвердили уникальность характера озера и рекомендовали признание его „участком всемирного наследия”. Обе группы признали существование угроз чистоте озера и заметили, что без непосредственных действий по значительному сокращению загрязнений, скоро озеро не будет соответствовать критериям „участка всемирного наследия” (UNESCO 1990; Soviet-American Delegation, 1990).

Более того, обе группы, независимо друг от друга, пришли к выводу, что только строгое зонирование земель по всему бассейну и планирование управления могут обеспечить целостность озера Байкал в будущем. Республика Бурятия, Иркутская и Читинская области подписали с „Центром гражданских инициатив” и фирмой „Дэвис Ассосиэтс” протокол о совместной работе в этой сфере.

Данная программа, рекомендации и карта предлагают ответ на вопрос, что должно быть сделано.

Architecture and Construction released its Territorial Complex Scheme for the Protection of Nature in the Lake Baikal Basin (TERKSOP), the most comprehensive study ever undertaken of the Lake Baikal watershed. It called for a major rethinking of resource allocation and for ecological zoning. Unfortunately, it did not present a systematic and realistic method of implementation. Nevertheless, the data from TERKSOP has been of immense value to the authors of this report.

At the same time, at the request of the Soviet government the United Nations Educational, Scientific and Cultural Organization (UNESCO) sent a team of scientists to Lake Baikal to evaluate whether the lake and its watershed should be included on the World Heritage List, the ultimate recognition for a natural wonder of the world.

Meanwhile, Severobaikalsk, a city at the north end of the lake, was at a turning point. The construction of the Baikal-Amur Mainline Railroad, a project that was the very reason for the city's existence, was soon to be completed. City leaders, calling for a sustainable economic future that would not threaten the Lake Baikal environment, sponsored an expedition of Russian and American scientists and environmental leaders (Expertise 90) and asked for recommendations.

UNESCO and Expertise 90 acknowledged the lake's unique character and recommended its designation as a World Heritage Area. Both groups recognized the threats to the lake's purity and noted that without direct action to significantly reduce pollution the lake would soon be inappropriate for World Heritage status. (UNESCO 1990, Soviet-American Delegation 1990)

Furthermore, both groups independently came to the conclusion that only strict, basin-wide land use zoning and management planning could insure the future integrity of Lake Baikal. The Buryat Republic and the Irkutsk and Chita Oblasts agreed and signed protocols with the Center for Citizen Initiatives and Davis Associates, initiating a cooperative venture to address this need.

This report, recommendations, and map are meant to answer that need.

II. РАЗРАБОТКА ПОЛИТИКИ ЗЕМЛЕПОЛЬЗОВАНИЯ И РАЦИОНАЛЬНОГО РАСПРЕДЕЛЕНИЯ ЗЕМЕЛЬ

А. Введение

Концепция экологических ограничений и социальной ответственности

II. LAND USE POLICY DEVELOPMENT AND SUBSEQUENT LAND ALLOCATION

A. Introduction

The Concept of Ecological Limits and Social Responsibility

На пороге 21 века в мире с истощающимися ресурсами приобретают решающее значение ограничения и ответственности, связанные как с частным, так и с общественным владением землёй. Одним из проявлений осознания этого в странах Запада стало функциональное зонирование земель. Зонирование земель - установление ограничений на использование земель обществом. Степень ограничений зависит от естественных возможностей земель, характера использования прилегающих участков, потребности в дефицитных ресурсах и культурных норм. В идеале ограничения на использование земель отражают экологические и экономические ценности.

В прошлом при разработке политики экономического развития и экологической защиты в Советском Союзе зонирование земель использовалось недостаточно. Хотя на некоторых территориях выделялись охраняемые зоны (например, заказники, заповедники, национальные парки или охраняемые зоны вокруг источников воды), до сих пор, насколько известно, комплексное зонирование, классифицирующее земли последовательно и обоснованно, не являлось принципиальным средством развития политики землепользования. Экологически безопасная программа землепользования, рекомендуемая здесь и отражённая на карте, будет первым опытом подобного рода в России.

Зонирование земель на Западе возникло как способ защиты экономической ценности земли, дающий определенные гарантии землевладельцам в том, что характер использования соседних земель не повлияет на качество их собственных земель. В последние годы зонирование все чаще используется для защиты окружающей среды.

Функциональное зонирование земель регулирует возможные перемены характера землепользования в будущем. Если владелец не захочет существенно

The limitations and responsibilities of land ownership, whether public or private, in a world increasingly dependent on dwindling resources has become paramount as we approach the 21st Century. One of the manifestations of this realization in Western countries has been "use zoning." Use zoning is the placing of limits on how society can use land. The degree of limitation varies with the land's inherent capabilities, the use of surrounding lands, the demand for scarce resources, and cultural norms. Ideally, the limits placed on land use reflect ecologic and economic values.

In the past, use zoning has not been widely used for economic development and environmental protection in the former Soviet Union. Certain areas have indeed been "zoned" for protection — designated, for example, as zakazniks, zapovedniks, national parks, or water supply protection areas. But so far as is known, a comprehensive zoning that allocates land uses in a consistent and coherent fashion as the principal tool of land development policy has not been used. The ecologically sustainable land use program being recommended in this report and reflected on the accompanying map would be the first of its kind in Russia.

In the West, use zoning originated as a way to protect the economic value of land by offering some assurance to landowners that adjacent lands would not, at some time in the future, be used in a way that would lower the value of their land. In recent years it also has been used increasingly to protect environmental values.

Use zoning regulates future changes in the use of land. Existing uses are generally not affected by zoning unless the owner wants to significantly expand or otherwise modify the use. This is not to imply, of course, that all existing uses of land are desirable. Use zoning, dealing with future land uses, is only one part of any comprehensive land policy. Undesirable existing land uses

Photo courtesy Boyd Norton

Безграничная красота. Забайкальский национальный парк.   *A profusion of beauty, Zabaikalsky National Park.*

29

..Земля, наша Мать, говорит нам, чтоб мы вели себя достойно. Повсюду в избытке знаки того, что возможности природы имеют приделы. ... Давайте работать вместе, чтобы сохранить и сберечь нашу планету."

Его Святейшество Далай Лама
Dharma Gaia: A Harvest of Essays in Buddhism and Ecology.
February 9, 1990

"The Earth, our Mother, is telling us to behave. All around, signs of nature's limitations abound. ...Let us all work together to preserve and safeguard our world."

His Holiness The Dalai Lama:
Dharma Gaia: A Harvest of Essays in Buddhism and Ecology.
February 9, 1990

расширить или изменить характер землепользования, существующее землепользование в целом не подвергается зонированию. Это отнюдь не означает, что все существующие типы использования земель желательны. Зонирование земель по типам использования, определяющее возможное использование земель в будущем, - только часть комплексной земельной политики. О нежелательных типах землепользования, существующих ныне и вносящих вклад в разрушение Байкала, речь идёт в в Приложении I.

Основное положение при определении зон землепользования в настоящем проекте: никакой землевладелец, будь это частный или общественный собственник, не имеет права использовать землю во вред другим. Поскольку уровень частного землевладения в бассейне Байкала увеличивается, важно, чтобы социальная ответственность, неотделимая от права владения землёй, была осознана в полной мере. Поскольку использование земли может оказывать серьёзное воздействие на состояние земель соседей-владельцев, населённых пунктов, всего бассейна или даже более обширных территорий и поскольку характер использования земли сегодня окажет воздействие на жизнь будущих поколений, перемены в характере землепользования должны получить одобрение общества, обычно через правительственные органы при активном участии населения.

Разрешения на изменение типа землепользования должны выдаваться государственным учреждением определённого

that are contributing to the despoliation of Lake Baikal are addressed in Appendix I of this report.

A basic assumption of use zoning as applied in this document is that no landowner, private or public, should have the right to use land in a way that will degrade the environment of others. As private ownership of land increases in the basin, it is imperative that the social responsibility that goes with the privilege of owning land is fully understood. Because the use of land can have major consequences on adjoining landowners, the community, the watershed, or even a wider region, and because the way land is used today will affect future generations, changes in land use should receive the approval of society, usually through a government agency with ample public involvement.

The level of government granting such authorizations should match the potential effects of the proposed change in land use. In the Baikal basin such decisions must reflect the overall integrity of Lake Baikal. Thus, it is recommended that a Baikal Commission be established to insure that the public, as well as all levels of Russian government — Federation, republic, oblast, and raion — be fully involved in determining the future of both Lake Baikal and the people of the region.

The purposes of the policy and allocation recommendations of this report are to maintain or improve the ecological integrity of the land, to preserve biological diversity, and to meet the cultural and economic

уровня, в зависимости от эффекта возможного воздействия. В бассейне Байкала принятие подобных решений должно учитывать целостность озера Байкал. Поэтому рекомендуется создание Байкальской Комиссии, обеспечивающей полноценное участие общественности и различных уровней правительства: федерального, регионального, республиканского, областного и районного в определении будущего и озера Байкал, и людей, живущих в регионе.

Цель политики землепользования и распределения земель, рекомендуемых настоящим проектом - сохранить или улучшить экологическую целостность земли, сохранить биологическое разнообразие и удовлетворить экономические и культурные потребности людей. Для реализации данной программы требуется осуществление постоянных и надёжных эколого-экономических научных исследований. Российское правительство должно поддерживать эти исследования, используя научный потенциал региона.

Слушать землю

При определении характера и интенсивности использования земельных участков должны быть учтены естественные возможности земельных и водных ресурсов и пределы этих возможностей. Политика землепользования должна основываться на их учёте, а также на принципах устойчивого и безопасного использовании земель и сохранения биологического разнообразия. Если люди определяют характер использования участка земли без учёта пределов естественных нагрузок самой земли, это часто заканчивается катастрофой. Это может быть и экологической катастрофой - разрушением последнего места обитания редких растений, животных или разрушением реки в результате загрязнения. Это может быть и катастрофой для человека - потерей жизни или частной собственности в результате наводнений, поскольку дома были построены на затапливаемом месте. Иногда это и то, и другое.

Человеческие и экологические потери зачастую можно предотвратить с помощью инженерных решений, но это обычно требует больших затрат. Но их почти всегда можно избежать с помощью разумной экологически безопасной политики землепользования.

Люди должны учиться подчинять свои потребности и цели развития возможностям и законам природы - именно это

needs of the people. To realize this project, reliable and on-going ecological, economic, and scientific research will be required. The Russian Federation, through the Academy of Sciences, should sponsor this research using the scientific expertise of the region.

Listen to the Land

To determine how particular land areas should be used and how intensively, the inherent capabilities and limitations of the land and associated water resources must be understood. Land use policy should be based on these capabilities and limitations, the sustainability of the potential uses of the land, and the protection of native biodiversity. If people decide how a parcel of land should be used without regard for the limitations of the land itself, disaster frequently follows. Sometimes it is ecological disaster — the destruction of the last habitat of a rare

Бурятский пастух в Баргузинской долине.

Buryat sheep herder in the Barguzin

species of plant or animal, or the despoiling of a river. Sometimes it is human disaster — the loss of life and property to flood because homes had been constructed in a flood-plain. Sometimes it is both.

Human and ecological destruction can often be avoided by engineering solutions, but the cost is usually high. Such destruction can almost always be avoided by ecologically sound land use policies.

People must learn to subordinate their demands and goals for development to the realities of nature as was the case with traditional land uses. Present cultures can again learn to listen to the land, to obey the voice of tradition, to understand the traditional concepts and forms of technology and give them modern form. The Hun emperor Mode once said: "The land is the foundation of a nation"

The people living in the Lake Baikal watershed are fortunate. They have enough land and water to develop an economy that is sound and sustainable for their present and anticipated population. At the same time, they can protect the entire diverse spectrum of life in the watershed, and they can restore and then preserve the quality of Lake Baikal's water. Whether they choose to or not depends to some degree on outside assistance, but in the final analysis it will be up to them. These choices must be made soon, for if Lake Baikal is to be saved, time is of the essence.

People must listen to the land and use it in a way that will reflect its unique role in the global ecosystem and provide for their needs without damage to the Lake Baikal ecosystem. They must rely on the knowledge of scientists and their own good judgment. They must listen to the creatures sharing the land with them and see if all are flourishing. The world has no second Baikal.

Listen to the People

Just as the land has capabilities and limitations, the people living on it have needs and desires: food, clothing, shelter, health care, education, employment, clean air and water, and recreation to name a few. These needs must be met, but met in a manner that will not degrade the land, for degradation would ultimately threaten the long-term well-being of the people.

Respect for cultural traditions is critical in developing land use policies. In fact, progress is built on traditions adopted or adapted from earlier cultures. Americans

Photo courtesy Boyd Norton

Интересы разных людей и разных поколений должны учитываться при разработке разумной политики землепользования.

происходило при традиционном хозяйст-вовании. Современные культуры могут заново научиться слушать землю, прислу-шиваясь к голосу традиции, овладевая традиционными знаниями и технологиями и придавая им современные формы. Хун-нский император Моде однажды сказал: „ Земля - это основание государства".

Людям, живущим в бассейне Байкала, повезло. У них достаточно земли и воды для стабильного развития экономики, способной обеспечить настоящие и грядущие поколения. В то же самое время они могут защитить всё разнообразие жизни в бассейне Байкала, они могут восстановить и сохранить качество байкальской воды. Сделают они это или нет, в какой-то степени зависит и от поддержки со стороны, но окончатель-ный выбор - за ними. Их выбор должен быть сделан незамедлительно, ибо для спасения Байкала время существенно.

Люди должны слушать землю и использовать её таким образом, чтобы подчеркнуть её уникальную роль в глобальной экосистеме и обеспечить все свои насущные нужды, не принося ущерба экосистеме Байкала. Они должны полагаться на знания учёных и свой здравый смысл. Люди должны прислушаться к существам, делящим с ними землю, и посмотреть, все ли они благоденствуют. В мире нет второго Байкала.

Слушать людей

Так же, как земля имеет возможности и пределы этих возможностей, люди, живущие на земле, имеют свои потребности и желания. Пища и одежда, крыша над головой, здоровье и образование, работа, чистый воздух и вода, отдых - это только некоторые их них. Все эти потребности должны быть удовлетворены, но без нанесения ущерба земле, что неизбежно повлечёт угрозу долговременному благополучному существованию людей.

Забота о культурных традициях - важный фактор при выработке политики землепользования. Ведь прогресс строится на основе традиций прошлого, усвоенных или переосмысленных. Американцы теперь понимают, что отношение коренных американцев (американских индейцев) к земельным ресурсам было в некотором смысле более компетентным, чем отношение к ним сегодняшнего большинства американцев европейского происхождения.

И сегодня большинство населения, проживающего в бассейне Байкала сравнительно недавно, может учиться у бурят и эвенков - коренных жителей этого региона. Например, разведение бурятами традиционной курдючной овцы было менее разрушительным для кормовых ресурсов, чем сегодняшней породы. Табунное коневодство с древности было одной из ведущих отраслей хозяйства Байкальского региона. Наряду со скотоводством коренные жители развивали и различные ремёсла. На севере, где условия не позволяли держать домашний скот, коренные жители - эвенки- развивали свою экологически безопасную отрасль экономики- разводили северных оленей. Этот вид хозяйствования практически разрушен из-за строительства БАМа и крупномасштабных вырубок леса в регионе.

Многие традиционные методы сельского хозяйства утрачены или отброшены

now realize that the Native Americans' regard for land resources was in some respects more enlightened than that of today's European American majority.

So, today, can the immigrant majority of the Baikal basin learn from the indigenous Buryat and Evenk people. For instance, the traditional husbandry of the fat-tail sheep of Buryatia may have been more productive and less destructive of the forage resource than today's practices and species. Nomadic horse breeding has since ancient times been a primary form of economic activity in much of the Baikal region. Along with livestock breeding, aboriginal people developed various crafts. In the northern regions where the land did not allow large-scale livestock grazing practices, the inhabitants — Evenks — created their own environmentally sound economic development by raising reindeer. This practice has been nearly destroyed as a result of the construction of the BAM railroad and large scale timber harvesting practices in the region.

Many traditional forms of agriculture have been lost forever or discarded for good reasons. But one must caution that all new

All people and all generations must be considered in developing sound land use policies.

Photo courtesy Anita L. Davis

Photo courtesy James C. Dawson

по вполне обоснованным причинам. Но следует помнить, не все новые методы хозяйствования лучше, чем те, которым они пришли на смену. Традиционный опыт, подтверждённый веками, может иметь особую силу, которая становится очевидной только во время особенно неблагоприятной погоды или вспышек болезней. Современные методы, не опробованные в местных условиях, должны быть тщательно изучены до начала использования.

Сегодня мы также должны прислушиваться к людям, чтобы понять их потребности и желания. Эти нужды и потребности почти всегда могут быть удовлетворены, не вступая в противоречие с экологически безопасным землепользованием и устойчивым экономическим развитием.

Б. Методика работы.

Территория исследования

Первоначально территорией для работы должна была стать часть бассейна Байкала, находящаяся в Российской Федерации. Однако в результате полевых

practices are not necessarily better than those they replaced. Practices proven over the centuries may have particular strengths that become evident only in times of severely harsh weather or when disease strikes. Modern practices not tested under local conditions must be carefully considered before they are introduced.

At the same time, we must listen to the people of today and understand their needs and desires. These needs and desires can almost always be met in a manner compatible with ecologically sustainable land use and economic development.

B. Process Overview

Study Area

Originally the study area was to be the portion of the Lake Baikal watershed within the Russian Federation. As a result of field observations and the recommendations of team members and local officials, the study area was enlarged to include the adjacent Irkutsk Reservoir watershed, the Tunkinsky Raion (which has recently been made a national park), the Okinsky Raion, and that

наблюдений и рекомендаций членов группы и представителей местных официальных органов, площадь земель, охватываемых планом, была расширена и включила в себя прилегающие к бассейну, но не входящие в него, Иркутское водохранилище, Тункинский район (территория которого недавно стала национальным парком), Окинский район, часть Байкальско-Ленского заповедника и заповедник Сохондо. Последние четыре участка были включены как своеобразное буферное обеспечение и должны рассматриваться как части «зоны ядра» озера Байкал как «участка всемирного наследия». Бассейн Иркутского водохранилища был включён потому, что водные растения и животные могут легко переместиться отсюда в Байкал, создавая угрозу озеру, и потому, что неподходящее или чрезмерное использование земель в бассейне водохранилища может создать угрозу обеспечению Иркутска водой. В результате вся площадь территории исследования составила 32 584 000 гектаров или 325 840 квадратных километров.

В этой программе термины «бассейн» и «водораздел» относятся ко всей территории исследований.

Полевые работы

Российско-американская группа работала в Байкальском регионе в течение шести недель летом 1991 года и четырёх недель летом 1992 года. Кроме того, три члена американской группы работали в районе Северобайкальска три недели летом 1990 года. Российские участники группы, многие из которых являются признанными авторитетами в изучении Байкала, накапливали информацию в процессе полевых исследований в бассейне на протяжении многих лет.

Работа над этим проектом состояла из совместных семинаров с учёными, официальными представителями правительства и общественности в Иркутске, Москве, Улан-Удэ и Чите. Состоялось много встреч членов группы с официальными лицами и специалистами в разных поселениях в бассейне Байкала, таких, как Листвянка, Байкальск, Голоустное, Еланцы, Бугульдейка, Черноруд, Хужир, Селенгинск, Кяхта, Петровск-Забайкальский, Красный Чикой, Закаменск, Байкальское, Северобайкальск, Нижнеангарск и Уоян.

Группа посетила участки бассейна, характеризующие различные типичные проблемы региона: экологические, экономические и социальные.

portion of the Baikal-Lena and Sokhondin Reserves outside the Baikal watershed. The latter four areas were included for the buffering they provide and to be considered as part of the core area of a Lake Baikal World Heritage Site. The Irkutsk Reservoir watershed was included because aquatic species of plants and animals can freely enter Lake Baikal from this watershed, posing potential threats to the lake, and because inappropriate or excessive land uses in this watershed can threaten the Irkutsk water supply. As a result the total study area is 32,584,000 hectares or 325,840 square kilometers.

As used in this report, the words "basin" and "watershed" are meant to include the entire Russian study area.

Field Procedures

The Russian-American team worked in the Baikal region for six weeks in the summer of 1991 and four weeks in the summer of 1992. In addition, three American members of the team worked in the Severobaikalsky Raion for three weeks in the summer of 1990. Russian team members, many of whom are recognized as eminent Baikal scholars, have accumulated scores of years of field research in the basin.

The joint work undertaken specifically for this project consisted of briefing sessions with knowledgeable scientists, government officials, and other individuals in Chita, Irkutsk, Moscow, and Ulan-Ude. Officials and other knowledgeable persons also briefed the team in numerous communities in the basin, including Listvyanka, Baikalsk,

Члены группы готовятся к работе.

Members of the team prepare for the day's work.

Photo courtesy Anita L. Davis

Четырнадцать дней было проведено на катерах, преимущественно на Байкале и на Селенге. Возможно, наиболее полезными были семнадцать дней вертолётных полётов, что позволило группе получить общее представление обо всём регионе и понять разнообразие ресурсов, проблем и возможностей. Эти вертолётные полёты включали многочисленные остановки с целью ознакомления с наземным использованием наиболее важных ресурсов, источниками загрязнения или нетронутыми территориями. Наконец, сотни километров были осмотрены и „пройдены" с помощью наземного транспорта: машин, автобусов, поездов.

Кроме того, американским учёным было предоставлено огромное количество информации и карты, что имело весьма существенное значение для разработки проекта.

Разработка программы и составление карты

После полевого сезона 1991 года проект структуры программы, основывающийся на первоначальных наблюдениях и анализе, был предложен для рассмотрения всем участникам проекта - и россиянам, и американцам. Полученные замечания были учтены и включены в проект описания. После анализа американскими членами группы во время двухдневной встречи текст был отредактирован и отправлен для анализа всем остальным членам группы, а также российским, американским, английским и французским экспертам. Трёхдневная встреча директора проекта с российскими

Goloustnaya, Yelantsy, Bulguldeika, Chernorud, Khuzhir, Selenginsk, Petrovsk-Zabaikalskiy, Krasny-Chikoy, Zakamensk, Kyakhta, Baikalskoye, Severobaikalsk, Nizhneangarsk, and Uoyan.

The team visited areas throughout the basin that typified various environmental, economic, and social problems. Fourteen days were spent on boats, primarily on Lake Baikal but also on the Selenga River. Perhaps most useful of all were the 17 days spent in helicopters, which allowed the team to get an overview of the entire region and grasp the vastness of resources and the various problems and opportunities. These trips included numerous ground stops to inspect a particularly important resource use, pollution source, or wild area. Finally, hundreds of kilometers were viewed and visited from ground transportation — cars, buses, trucks, jeeps, and trains.

In addition, the American scientists were given a large amount of written material and maps that have contributed significantly to this report.

Development of the Report and Map

After the 1991 field season, a draft report outline, based on initial observations and analysis, was circulated to all team members, Russian and American. Comments were received and incorporated in a draft report. After a review by American team members at a two-day meeting, the draft was revised and sent to all team members and selected additional Russian, American, English, and French experts for

коллегами состоялась в Улан-Удэ, на ней программа обсуждалась и уточнялась. Летом 1992 года отредактированный вариант проекта был представлен для ознакомления общественности Байкальского региона.

Карта распределения земельных средств была составлена методом совмещения и наложения калек, характеризующих различные ресурсы (**McHarg**, 1969). Были созданы отдельные карты, отражающие разнообразные естественные возможности природных ресурсов и пределы этих возможностей, особые культурные и естественные ценности и существующую инфраструктуру всех земель в бассейне Байкала. На основе их была составлена карта распределения земель, которое должно отразить и обеспечить защиту существующих ценностей и уже сделанных капиталовложений и помочь удовлетворить нужды людей. Этот проект карты распределения земель был уточнён в процессе полевых работ и представлен для ознакомления общественности летом 1992 года.

После встреч с общественностью в Иркутске, Кяхте, Преображенском, Северобайкальске и Улан-Удэ и консультаций с представителями правительства был подготовлен и опубликован окончательный вариант программы и карты.

Проблема масштаба

Особо следует сказать о масштабе, в котором выполнялась эта работа. Поскольку разработать политику землепользования нужно было быстро, чтобы успеть за изменениями в экономической системе и порядке землевладения, а также из-за ограниченных финансовых ресурсов, бассейн Байкала - территория бóльшая по размеру, чем Великобритания или Белоруссия- был проанализирован и разделён на соответствующие зоны землепользования чуть более чем за два года. Осуществление этой задачи означало, что: 1) может быть предпринят минимум новых исследований и 2) распределение земель будет носить „региональный" характер, а не определять характер землепользования каждого конкретного участка земли.

Поэтому российские учёные и политики должны продолжать процесс изучения региональных земельных ресурсов и уточнять карту распределения земель по мере появления новой детальной информации. Наличие компьютерной географической информационной системы (ГИС), предоставленной американской

review. A three-day meeting of the project director and Russian team members was held in Ulan-Ude to review and revise the draft. Following this peer review, a final draft was prepared and submitted to public review in the Lake Baikal region in the summer of 1992.

The land allocation map was prepared in a simplified resource overlay and composite process (McHarg 1969). Separate maps reflecting various inherent capabilities and limitations, special cultural and natural values, and existing infrastructure of all the lands in the Lake Baikal watershed were developed. From these, a composite map was developed to depict land allocations that will reflect and protect these values and existing investments and provide for the needs of the people. This draft allocation map was field-verified and subjected to public review in the summer of 1992.

Following public meetings at Irkutsk, Kyakhta, Prebrazherskoe, Severobaikalsk, and Ulan-Ude, and further consultation with government officials, the final report and map were prepared and published.

A Matter of Scale

The scale at which this work was undertaken must be emphasized. Because policies were needed quickly to keep pace with the changes in the economic system and land tenure and because of limited financial resources, the Baikal watershed — an area larger than Great Britain or Belarus — was evaluated and subdivided into appropriate land use zones in slightly more than two years. To accomplish this feat in a credible manner meant that 1) little new research

Вертолёты оказались незаменимыми при комплексном изучении региона.

Helicopters were vital to comprehensively study the entire region.

Photo courtesy George D. Davis

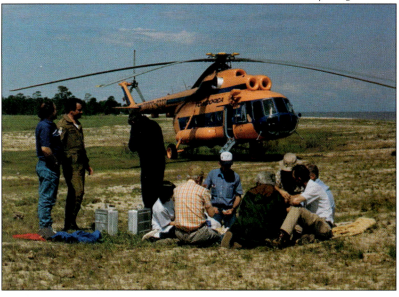

Photo courtesy Boyd Norton

Песчаные дюны на северо-западе острова Ольхон.

Sand dunes on the northwest shore of Olkhon Island.

стороной и размешенной в Улан-Удэ, значительно поможет процессу уточнения программы и реализации её.

Однако важно, чтобы все уточнения вносились на основе подхода, выработанного в данной программе. Уточнения должны учитывать результаты научных исследований, чтобы Байкал оставался Байкалом.

В. Определяющие факторы

При определении наиболее подходящего типа землепользования должен быть принят во внимание ряд факторов. Об этом говорилось выше как о необходимости слушать и землю, и людей. Потребности людей должны увязываться с возможностями и естественными пределами возможностей самой земли, должны быть приняты во внимание сделанные капиталовложения и обеспечено сохранение биологического разнообразия региона.

Ключевые экологические компоненты

Земля подобна космическому кораблю,

could be undertaken and 2) allocations would reflect regional rather than site-specific data.

As a result, Russian scientists and policymakers must continue to study the region's land resources and refine the allocation map as new and more detailed information becomes available. The availability of a computerized geographic information system (GIS), donated by the Americans and located in Ulan-Ude, will greatly assist the refinement process and implementation.

It is crucial, however, that all refinement be based on the process developed in this original work. Refinements must reflect scientific findings applied within such a process if Lake Baikal is to remain a special place.

C. Critical Considerations

In determining the most appropriate use of land, a number of factors must be considered. These have been summarized earlier in this chapter as listening to both the land and the people. The needs of the people must be integrated with the land's capabilities and constraints, existing major public

несущемуся в тёмном и пустом небе. Она имеет всё необходимое для жизни людей и будет поддерживать их так долго, как долго они сохранят её экологическую систему. Всё на нашем корабле имеет смысл и всё связано со всем. Разрушение видов растений и животных, загрязнение воздуха и воды, разрушение плодородия почв - всё это уменьшает способность нашего корабля нормально функционировать и потому представляет угрозу для нашего выживания. Мы не знаем, как долго мы можем продвигаться по разрушающейся тропе, но ясно, что не бесконечно.

Перечисленные ниже факторы должны быть приняты во внимание и учтены при развитии политики землепользования в бассейне Байкала.

Биологическое разнообразие

Сумма всех жизней, все растения и животные - наш резервуар биологического многооообразия. Он вмещает все разнообразие жизни и жизненный потенциал, все возможные генетические комбинации. Биологическое разнообразие включает разнообразие видов, генетическое разнообразие и разнообразие экосистем.

Этот резервуар жизни находится в равновесии с воздухом, водой и почвой земной биосферы. Неизвестно, насколько может быть уменьшен этот резервуар без создания угрозы биосфере и жизни в том виде, какой мы её знаем. Однако мы знаем, что массовое уничтожение лесов, происходящее в настоящее время, представляет угрозу и способно повлиять на состав атмосферного воздуха настолько, что это драматически изменит нашу жизнь.

Желательно сохранение всех форм жизни. Но поскольку невозможно сохранить все экосистемы, виды и особи, нашей целью при классификации земель должно быть стремление сохранить все характерные виды и бóльшие части всех экосистем. Утрата целого вида - утрата части нас самих и обеднение нашего мира. Исчезновение вида в процессе естественной эволюции сопровождается возникновением нового вида, лучше приспособленного к новым условиям без разрушения естественной гармонии и стабильности экосистемы. Исчезновение вида по вине человека есть нечто противоположное.

Чтобы сохранить биологическое разнообразие, необходимо выделить

investments must be taken into account, and preservation of biological diversity native to the area must be insured.

Key Ecological Components

The Earth is like a spaceship hurtling through the dark and empty skies. It contains all the necessities of life for humans and will support them as long as they preserve its ecological systems. Everything on our spaceship serves a function and is connected to everything else. To destroy a species of plant or animal, to dirty the air or the water, to destroy the soil's fertility, all these reduce our spaceship's ability to function and therefore endanger our survival. We do not know how far we can go on the path of destruction, but at some point there is no return.

The following ecological components must be considered and incorporated into any land use program developed for the Baikal basin.

Biological Diversity

The sum of all life, plant and animal, is our reservoir of biological diversity. It represents the total diversity of life and potential life, all the potential genetic combinations. Biological diversity thus includes genetic diversity, species diversity, and ecosystem diversity.

This reservoir of life is in balance within the air, water, and soil of the Earth's biosphere. It is not clear yet how much this reservoir can be reduced before the functioning of the biosphere and life as we know it is

Photo courtesy Boyd Norton

*Нерпа - пресно-
водный тюлень,
эндемичный вид.
Остров Тонкий.*

*The endemic fresh-
water seal, or nerpa,
at Tonkii Island.*

образцы всех экологических систем в национальных парках, заповедниках или других охраняемых территориях. Крупные естественные участки защищают многообразие лучше, чем сходные с ними, но более мелкие территории (**Diamond and May 1976; Harris 1984, Newmark, 1986**). Однако большое количество небольших охраняемых территорий при разнообразии экологических систем сохранит больше видов, нежели большие территории, на которых только несколько экосистем (**Reid & Miller 1989; Simberloff 1982**); многие считают, что небольшие охраняемые территории в принципе нестабильны и со временем на них происходит исчезновение видов (**Diamond 1975; MacArthur and Wilson 1967; Newmark 1987**). Важно, чтобы все экосистемы, существующие в регионе, были представлены в системе охраняемых территорий в достаточной степени, чтобы была обеспечена их экологическая стабильность. Значение такой системы увеличится ещё больше, если все её части будут связаны естественными зелёными поясами или коридорами, создавая возможность смешения различных популяций (**Harris, 1984**).

Важно использование таких методов управления территориями, которые

threatened. However, we realize that the mass destruction of forests now underway could threaten the atmospheric composition enough to dramatically change our lives.

The preservation of all forms of life is a desirable goal. But since it is impossible to preserve all ecosystems, species, and individuals, our objective in land and water allocation should be to preserve all indigenous species and significant proportions of all ecosystems. To lose an entire species is to lose part of ourselves and impoverish our world. The loss of a species in natural evolution accompanies the creation of new species better adapted to changed conditions without breaking the natural harmony and ecosystem stability. To lose a species to human folly is quite the opposite.

To preserve biological diversity, representative samples of all ecosystems must be set aside in national parks, scientific reserves, or similar protected areas. Large natural areas protect diversity better than similar but smaller areas (Diamond & May 1976, Harris 1984, Newmark 1986). Although many small protected areas in a variety of different ecosystems may protect more species than large areas limited to a few ecosystems (Reid & Miller 1989,

прежде всего будут обеспечивать сохранение биологического разнообразия.

Возможно, нет ничего более важного при разработке политики землепользования, чем задача сохранения биологического разнообразия. Есть в этом практический смысл: кто знает сегодня, какое неизвестное растение может содержать лекарство от смертельных болезней. Но есть и глубокий философский смысл: разнообразие обогащает нашу повседневную жизнь. Все живые существа этой маленькой планеты имеют право выжить, использование нами видов или их естественного окружения не должно угрожать их способности жить и благоденствовать. Мы - часть природы, но мы не выше природы.

Природные сообщества и виды растений и животных, находящиеся под угрозой исчезновения.

Виды растений и животных и сообщества видов, находящиеся под угрозой исчезновения - на местном, региональном, национальном или мировом уровне, - должны быть защищены и там, где возможно, восстановлены. Защита может принять разнообразные формы: ограничения на охоту и рыбную ловлю, ограничения на воздушные выбросы или водные стоки, защита в виде создания парков или организации заповедников и т. п.. Политика, рекомендуемая в данном проекте и отражающаяся на сопровождающей его карте - первая попытка сохранить виды и сообщества при разработке регионального землепользования в бассейне озера Байкал. Это только начало, и по мере накопления новых знаний, без сомнения, будут необходимы дальнейшие меры.

Как и для сохранения биологического многообразия, целью сохранения природных комплексов должно быть включение образцов всех существующих природных ландшафтов бассейна Байкала в систему охраняемых территорий. Мы выделили естественные сообщества с учётом того, как они отражены на карте „Ландшафты юга Восточной Сибири" (Михеев, Ряшин, 1977). Виды, которые нужно сохранить, должны включать все, внесённые в Красную книгу Бурятской АССР (Институт биологии, 1988).

Побережья

Побережья, или береговые зоны, являются территориями критическими для всей окружающей среды, - это динамич-

Simberloff 1982), small protected areas are thought by many to be ultimately unstable, continuing to slowly lose species over time (Diamond 1975, MacArthur and Wilson 1967, Newmark 1987). The important consideration then, is to be certain that all of a region's ecosystems are represented in a system of protected areas large enough to be ecologically stable. The value of such a system can be enhanced still more if the units of the system are connected with natural greenways or corridors to encourage the intermixing of populations (Harris 1984).

It is also important to insure that practices in managed areas reflect the preservation of biological diversity as a priority.

Perhaps nothing in land use policy development is more important than this task of preserving biological diversity. There is a practical reason: Who knows today what obscure plant might contain the cure for some debilitating disease? But there is a larger philosophical reason: diversity enriches our daily lives. All living things on this small planet have a right to survive; our use of a species or its environment should never endanger its ability to live and flourish. We are part of nature, not above nature.

Endangered Natural Communities and Species

Plant and animal species and communities of species whose survival is threatened — locally, regionally, nationally, or globally — must be protected and restored where possible. Protection may take many forms: restrictions on hunting or fishing, restrictions on air emissions or water discharges, protection in parks or reserves, etc. The policies recommended in this report and reflect-

---

„Достоевский писал: „Красота спасёт мир". А кто спасёт красоту?"

Евгений Евтушенко
Baikal: Sacred Sea of Siberia
Январь 1992 года

"Dostoyevsky once wrote: "Beauty will save the world." But who will save beauty?"

Yevgeny Yevtushenko
Baikal: Sacred Sea of Siberia
January 29, 1992

ные зоны между береговой частью водораздела и глубоководной частью озера. В береговых зонах обитают виды, населяющие мелководья или прибрежные водные зоны озера и прилегающих земель. Прибрежная водная зона обычно богатейшая среди озерных зон, и в её экологических нишах размещаются многочисленные сообщества видов растений и животных (Cole, 1979).

Береговые зоны особенно чувствительны к нарушениям и изменениям, поскольку они привлекают огромное количество людей. Поэтому им требуется высокий уровень защиты.

Увлажнённые и болотистые местности

Увлажнённые и болотистые участки бассейна Байкала обеспечивают защиту от наводнений, места обитания для диких животных, открытое пространство и естественную очистку воды. Эти местности - с большим количеством источников, старыми руслами рек и затопляемыми землями- также служат естественными фильтрами для канализационных и других органических загрязнителей, попадающих в ручьи и реки и, таким образом, защищают Байкал от опасности загрязнения.

Флора и фауна болотистых и увлажнённых местностей богата и разнообразна. Гигантские дельты Селенги и Верхней Ангары служат местами гнездовий для водоплавающих и местами обитания таких ценных представителей дикой природы, как ондатра. Увлажнённые и заболоченные местности включают земли и затопленные участки земли, обычно называемые болотами, топями, трясиной, заливными лугами и низинами, где обитает водная и околоводная растительность. Увлажнённые местности часто характеризуются наличием разнообразных видов растительности, что связано с сезонными или постоянными затоплениями, или насыщенными водой почвами, и это даёт им преимущество перед другими видами.

Любая потеря увлажнённых земель вызывает не только экологический дисбаланс, но и лишает людей мест отдыха; возможностей осуществления контроля за половодьем; научных и познавательных исследований в уже существующих природных лабораториях; биологических и химических богатых кислородом бассейнов для контроля за загрязнением; возможностей охоты,

ed on the accompanying map are a first attempt to preserve species and communities in a regional land use context for the Lake Baikal watershed. They are but a beginning, and further measures will undoubtedly be necessary as more knowledge is acquired.

As with biological diversity, the goal for preservation of natural communities should be the inclusion of representative samples of all natural landscapes in the watershed within a system of protected areas. We defined natural communities as those reflected on the map Landscapes of the South of East Siberia (Mikheev & Ryashin 1977). Species to be protected should include all species in the Red Book of the Buryat ASSR-Rare and Endangered Plant and Animal Species (Institute of Biology 1988).

Shorelines

Shorelines or shore zones are critical environmental areas, the dynamic zone between the inland watersheds and the deep portions of the lake. Shore zones contain the shallow water, or littoral, habitat of the lake and the adjacent land. The littoral zone is typically the richest in the lake community, with the greatest number of plant and animal species and the greatest variety of habitats and ecologic niches (Cole 1979).

The shore zone is particularly vulnerable to disturbance and change because it attracts and is often used by large numbers of people. Thus it needs a high level of protection.

Wetlands

The wetlands of the Lake Baikal watershed provide flood protection, wildlife habitat, open space, and natural water purification. Wetlands — often with many streams, old river-bed lakes, and flooded areas — also serve as natural filters of sewage and other organic pollutants that find their way to streams and rivers, thus buffering Lake Baikal from pollution hazards.

The flora and fauna of wetlands is rich and varied. The giant deltas of the Selenga and Verhknya Angara Rivers, in particular, provide prime nesting habitat for waterfowl as well as valuable wildlife such as muskrats (Ondatra). Freshwater wetlands include lands and submerged lands — commonly called marshes, swamps, bogs, wet meadows, and flats — supporting aquatic or semi-aquatic vegetation. Wetlands are commonly characterized by the presence of distinctive species of vegetation that depend on seasonal or permanent flooding or soils suf-

рыболовства, лодочных и пеших походов, наблюдения за птицами, фотографирования и других видов отдыха; ведёт к исчезновению ценных мест обитания живой природы; естественной подпитки грунтовых вод; накопления осадочных пород; защиты каналов и гаваней; питательных веществ, необходимых для пресной воды; нерестовых мест, питомников для рыбы.

Гольцовый и предгольцовый пояс

В высокогорном гольцовом и предгольцовом поясе формируются все водотоки Байкальского бассейна и обитают многочисленные редкие и особые виды растений. Эти территории и лесные полосы вдоль всех водотоков должны быть сохранены, чтобы обеспечить защиту естественных гидрологических процессов.

Ограничители развития всех видов деятельности

Земля самой природой своей устанавливает ряд ограничений. Эти ограничения иногда могут быть преодолены с помощью дорогостоящих и сложных инженерных решений, но это редко является рациональным использованием ресурсов и всегда наносит ущерб окружающей среде. Опыт показывает, что сложные инженерные решения экологических проблем чаще терпят неудачу, чем прос-

ficiently water-logged to give them an advantage over other species.

Any loss of wetlands not only upsets ecological balances but also deprives people of benefits such as: floodwater control; valuable wildlife habitat; groundwater recharge; hunting, fishing, boating, bird watching, photography, and other recreation; biological and chemical oxidation basins for pollution control; sediment storage; channel and harbor protection; education and scientific research in readily accessible outdoor laboratories; open space and aesthetic appreciation; nutrients vital to freshwater food cycles; and spawning areas, nursery grounds, and sanctuaries for fish.

Bald Peaks

The high elevation bald and nearly bald peaks hold the headwaters of most Baikal region streams and contain numerous rare and unusual plant species. These areas and the stringer forests along their drainages must be protected to preserve natural hydrologic processes.

Development Constraints

Land imposes constraints on development by its very nature. These constraints can sometimes be overcome by costly and extensive engineering procedures, but it is seldom an efficient use of resources to do so

Нетронутые побережья - неотъемлемая часть красоты озера Байкал.

Undeveloped shorelines provide much of the beauty of Lake Baikal.

Photo courtesy Betty Smith

Photo courtesy George D. Davis

and invariably damaging to the environment. Experience has shown that highly engineered solutions to environmental constraints are more subject to failure than low technology approaches. In some cases inappropriate siting of structures will cause unnecessary risks to life and property. Thus it is best to avoid construction, either of structures or roads, in high elevations, floodplains, remote areas, steep slopes, or on poorly drained or unstable soils. In some cases the use of snow roads in winter for timber harvesting is possible, in others it is not.

Elevation

High elevations are generally characterized by harsh climate and thin soils. They frequently harbor rare plant and animal communities or species driven upslope by human activity in the valleys. They are important sources of clean water for the basin since they typically have higher precipitation, absorb much moisture from the clouds that frequently engulf them, and hold snowcover for gradual release long after lower elevations have dried out.

Such values typify elevations exceeding 1,200 meters (3,936 feet) in the northern portions of the Lake Baikal watershed, those exceeding 1,350 meters (4,428 feet) in the middle portions, and those exceeding 1,500 meters (4,920 feet) in the southern portions. Lands above these elevations should not be developed or logged.

Floodplains

The use of flood-prone lands for residential purposes or purposes that involve the use or production of pollutants can create a hazard to human health and risks of pollution. Floodplains subject to a 100-year flood frequency should not be used for residential, commercial, or industrial purposes. Floodplains subject to a 10-year flood frequency should be left in or restored to natural vegetation and reserved as greenways for public recreation and fish and wildlife habitat; light grazing may be allowed if the soils are stable, the sod not broken, fences are used to keep livestock off the riverbank, and no chemical fertilizers or pesticides are used.

Remoteness

The farther lands are from access ways, usually roads, the more costly it is to develop them. It is expensive to build long roads and to provide the services that residents expect — water, sewer, electricity, education. Furthermore, these remote remnants of wildness shelter wildlife species susceptible to

тые технологические подходы. Иногда неподходящее размещение конструкций служит причиной ненужного риска для жизни и собственности. Поэтому лучше всего избегать сооружения любых конструкций или строительства дорог в районах, расположенных в высокогорьях, на отдалённых территориях, крутых склонах или на подвижных почвах и почвах со слабой дренажной системой, в местах, подвергаемых затоплениям. В отдельных случаях зимой возможно использование дорог для лесозаготовок.

Высокогорья

Высокогорья в целом характеризуются жёстким климатом и тонким почвенным покровом. Они часто являются местами обитания редких растительных и животных сообществ или видов, переселившихся вверх из-за человеческой деятельности в долинах. Они являются важным источником чистой воды для бассейна, поскольку здесь обычно больше осадков, больше влаги, поглощаемой из облаков, и снежный покров держится дольше, до времени, когда в низовьях он уже исчезает.

Такие особенности типичны для местностей выше 1 200 метров (3 936 футов) над уровнем моря в северной части бассейна Байкала; выше 1 350 метров (4 428 футов) в средней части; и выше 1 500 метров (4 920 футов) в южной части. Земли, расположенные выше указанных отметок, не должны использоваться для размещения каких-либо сооружений или проведения лесозаготовок.

Дома и дачи, расположенные в поймах, подвергаются опасности.

Houses or dachas in floodplains risk certain disaster.

Поймы

Использование затопляемых земель для строительства жилых поселений или в целях, связанных с использованием или производством загрязняющих компонентов, может создать угрозу человеческому здоровью и опасность загрязнения. Затопляемые земли, где наводнения происходят раз в сто лет, не должны использоваться для строительства жилья, коммерческих или промышленных целей. Затопляемые земли, где наводнения происходят с частотой раз в 10 лет, не подлежат освоению, могут быть оставлены для восстановления естественной растительности и сохранены как зеленые полосы для отдыха и места обитания диких животных и рыбы; на них могут быть разрешены неинтенсивные выпасы скота на устойчивых почвах с сохранившимся дерновым покрытием; следует использовать изгороди, чтобы не допускать стада к речным берегам; химические удобрения использоваться не должны.

Отдаленные места

Чем дальше находятся земли от доступных путей, дорог, тем дороже их освоение. Очень дорого строительство длинных дорог и обеспечение всем необходимым, чего жители, естественно, будут ожидать - водой, канализацией, электричеством, системой образования. Более того, эти отдалённые участки нетронутых мест приютили дикие растения и животных, восприимчивых к человеческому влиянию, они предлагают убежище людям, ищущим уединения. По всем этим причинам отдалённые территории наиболее подходят для использования их для деятельности на открытом воздухе, включая бережное лесопользование там, где это не окажет разрушительного влияния на эстетику окружения, воду, животный мир и не ухудшит условия для отдыха, и где расходы на транспортировку леса будут оправданы.

Склоны

По мере того, как крутизна склонов возрастает, вместе с ней растёт и сложность сооружения конструкций и вероятность появления эрозии, заиления и селевых осадочных отложений в водных источниках бассейна. Склоны крутизной 30 процентов (17 градусов) или больше имеют высокую опасность эрозии и при использовании их должны вводиться строгие ограничения. Склоны крутизной от 9 до 30 процентов (от 5 до 17 градусов) ..характеризуются умеренной

human predation, and they offer a retreat to people seeking solitude. For all these reasons, remote areas are most suitable for open space uses, including sensitive forest management where it will not harm aesthetic, water, wildlife, and recreation values and where the cost of transporting the logs can be justified.

Slopes

As the slope, or steepness, of the land increases so do construction difficulties and the likelihood of erosion, siltation, and sedimentation of the basin's water resources. Slopes of 30 percent (17 degrees) or more have high erosion hazard and severe development constraints. Slopes of 9 percent (5 degrees) to 30 percent (17 degrees) "have moderate disturbance hazard characteristics that restrict their use to timber harvest and low density housing. Careful design and construction practices must be followed" (USDA 1971). On slopes exceeding 15 percent (9 degrees), structural development should be avoided and road construction should be undertaken only with special care. No roads should be constructed on slopes exceeding 30 percent (17 degrees).

Soil Drainage and Stability

The stability of soils and their tendency to erode greatly influence the siltation and sedimentation of the basin's water resources. Engineering techniques can reduce erosion, but cost increases and effectiveness decreas-

Иволгинский дацан.

Yellow-roofed datsun, Ivolginsky

Photo courtesy Anita L. Davis

Photo courtesy George D. Davis

Озеро на территории рекомендуемого Чикойского национального парка.

A remote lake in the proposed Chikoisky National Park.

возможностью риска, что ограничивает их использование для лесозаготовок и разрешает создание только небольших поселений. В этих случаях необходима тщательная проектировочная и строительная работа." (USDA 1971). На склонах круче 15 процентов (9 градусов) сооружения конструкций следует избегать и строительстводорог может быть предпринято только с применением специальных мер. Никакие дороги не должны строиться на склонах круче 30 процентов (17 градусов).

Стабильность и дренируемость почв

Устойчивость почв и их тенденция к деградации очень влияют на формирование селей и отложений илов в водных источниках бассейна. Инженерные приспособления могут уменьшить эрозионность, но стоимость их возрастает, а эффективность уменьшается по мере ухудшения стабильности почв. Некоторые почвы, такие, как сформированные на песчаных и эоловых отложениях, весьма нестабильны и должны сохраняться или быть восстановлены с помощью сосновой или другой естественной растительности, лугов. Почвы, сформированные на выдуваемых ветрами лёссах (илистых

es as soils become more unstable. Certain soils such as those formed from wind-blown sand are very unstable and should be kept in or restored to pine, native grasses, or other native vegetation. Soils formed in wind-blown loess (silt-sized material) are prone to erosion and should not be cultivated on slopes exceeding 5 percent (3 degrees).

Poor drainage may be inherent in the soil material itself or may be caused by an impediment in or below the soil. Poorly drained soils, and especially permafrost, are not suited for construction because of seasonal flooding and because wet clay soils seasonally shrink and swell, causing foundations and pipes to break and making roads impassable.

Most of the northern portion of the Lake Baikal watershed consists of frozen forest soils or cold soils suited to neither construction nor intensive agriculture. They probably play a vital role in preserving the quality of water in Lake Baikal, because they are a source of much of the water which enters the lake, and their characteristics assure that the water will be of good quality and low in temperature.

образованиях), склонны к эрозии и не должны культивироваться на склонах круче 5 процентов (3 градуса).

Слабая дренируемость почв зависит от их агрофизических свойств или может быть вызвана внешними помехами. Плохо дренируемые почвы, и особенно мерзлотные, не подходят для сооружений и строительства из-за сезонных паводков ещё и потому, что влажные глинистые почвы усыхают или разбухают, вызывая разрушения фундаментов и коммуникаций, делают дороги непроходимыми.

Большая часть северной территории бассейна озера Байкал - мерзлотные или глубокопромерзающие лесные почвы, не подходящие ни для строительства, ни для интенсивного сельского хозяйства. Они, возможно, играют важнейшую роль в сохранении качества воды в озере Байкал, поскольку являются источником многих вод, поступающих в озеро, а их свойства влияют на качество воды и её низкую температуру.

Естественные свойства и ценности, которые необходимо сохранить

Ландшафт характеризуется естественными особенностями и чертами, привнесёнными человеком, которые должны рассматриваться как основа для принятия решений в области земельной политики. Как и с ограничениями, изложенными выше, мы должны работать в соответствии с природными возможностями земель, а не вопреки им. Мы также должны защитить культурные и исторические достопримечательности, позволяющие понять особенности, уроки которых могут быть использованы для поиска пути гармоничного сосуществования с землёй.

Исторические, культурные и этнографические территории

Вокруг озера Байкал находится большое количество памятников культурного наследия, многие из которых представляют универсальный интерес и подлежат защите в соответствии с «Конвенцией об охране всемирного культурного и природного наследия" (UNESCO 1972). Эти места включают земли, содержащие на поверхности и в геологических отложениях остатки древних культур в виде материальных следов - археологические памятники; свидетельства исторических событий- памятники истории; архитектурно-скульптурные формы прошлого.

Места культурных и исторических достопримечательностей обеспечивают нас

Inherent Capabilities and Amenities to be Preserved

The landscape contains natural capabilities and human-made features that should be used as the basis for land policy decisions. Just as with the constraints described above, we must work with the land's inherent capabilities, never against them. We must also protect the cultural and historic sites that give society a sense of place from which lessons can be drawn in learning to live in harmony with the land.

Historic, Cultural, and Ethnographic Areas

In the vicinity of Lake Baikal there are a large number of cultural heritage monuments, many of which have a universal significance and should be protected by the United Nations Convention Concerning the Protection of the World Cultural and Natural Heritage (UNESCO 1972). These sites include lands which contain, on the surface or in geologic formations, the remains of ancient cultures such as archaeological monuments, evidence of historical events, historical monuments, or architectural and sculptural forms.

Cultural and historic sites provide us with a laboratory for relearning lessons from the past. By preserving these areas we can continue to learn from both the successes and the failures of our ancestors.

Productive Agricultural Soils

The Earth's fertile, productive soils are

Сильная эрозия неизбежна при нарушении растительного покрова на нестабильных почвах.

Once the vegetative cover is broken on unstable soils such as these, severe erosion is inevitable.

Photo courtesy George D. Davis

Photo courtesy George D. Davis

Продуктивные лесные почвы - основа богатства лесов, важных и для сохранения качества воды в регионе, и для местной экономики.

Productive forest soils result in extensive forests important to the area's water quality and economy.

возможностью переосмысления уроков прошлого. Сохраняя эти территории, мы можем продолжать учиться на примере удач и ошибок наших предков.

Продуктивные сельскохозяй- ственные почвы

Плодородные, продуктивные почвы - основа основ нашего выживания. Почвы бассейна озера Байкал, если относиться к ним заботливо, могут полностью обеспечивать район культурами, подходящими для этого климата. Среди продуктивных почв, которые должны быть сохранены для зерновых - чернозёмы, каштановые почвы и аллювиальные с хорошей дренажной системой. Именно на этих почвах с их естественным плодородием, влагоудерживающей способностью и пахотной структурой люди Байкальского региона должны сконцентрировать свои внимание и капиталовложения для развития сельского хозяйства.

Продуктивные лесные почвы

Для обеспечения устойчивого развития лесной промышленности самые продуктивные лесные почвы, за исключением земель, предназначеных для сельского хозяйства, расположенных на склонах круче 30 процентов (17 градусов) или являющихся охраняемыми террито- риями, должны использоваться для полу- чения древесной и другой лесной продук-

the very basis of our survival. The Lake Baikal watershed has soils that, if managed carefully, can make the region self-sufficient in crops suited to this climate. The highly productive soils that should be reserved for crop production include the chernozems, the chestnuts, and some well-drained alluvial soils. It is on these soils, with their natural fertility, moisture-holding ability, and arable structure that the people of the region must concentrate their agricultural efforts and investments.

Productive Forest Soils

To sustain a forest products economy, the most productive forest soils — except those reserved for agriculture, on slopes exceeding 30 percent (17 degrees), or in pro- tected areas — should be reserved for the production of wood, fiber and other forest products. These soils include the podzols, brown earths, gray forest, and forest turf. Since the brown earths and gray forest soils have some agricultural potential, mixed agriculture and forestry may be appropriate in areas where they occur.

Scenic Areas, Travel Corridors, and Special Landscapes

To enhance the potentially significant tourist industry and the quality of life of the region's residents, the watershed's scenic splendor must be protected. The public trav- el corridors such as highways, waterways,

ции. Среди них бурые, подзолистые, серые лесные, дерново-лесные почвы. Поскольку бурые и серые лесные почвы имеют некоторый сельскохозяйственный потенциал, допустимо их смешанное использование (для сельскохозяйственных нужд и лесопользования).

Живописные территории, пути сообщения и особые ландшафты

Для увеличения потенциальных возможностей туристического бизнеса и улучшения уровня жизни жителей региона должна быть защищена живописность и красота ландшафтов бассейна. Места вокруг путей сообщения, таких, как скоростные шоссе, водные, железнодорожные линии, должны быть защищены или восстановлены в местах деградации до состояния, в котором они находились прежде. Равно важно сохранить ландшафты, представляющие культурную ценность. Всё это потребует не только защиты таких территорий, как парки, зелёные тропы, заказники и заповедники, но и ограничений на развитие строительства и конструкций, размещение объяснительных знаков, практики лесопользования.

Развитие инфраструктуры на местах

Развитие, за исключением специального в определённых местах, должно происходить там, где уже было сделано вложение народных средств в создание соответствующих инфраструктур. Обеспечение и удовлетворение общественных нужд делает расходы на них более целесообразными.

Система дорог

Шоссейные, железные дороги и воздушные пути делают отдельные участки наиболее подходящими для развития промышленности, сферы обслуживания и строительства жилья. Не следует создавать новые населённые пункты, и только немногочисленные промышленные или коммерческие предприятия могут быть созданы в отдалённых местах, где не существует дорог, легко доступных в любое время.

Система канализационной очистки

Рост жилого и коммерческого строительства должен происходить там, где существуют системы очистки канализационных стоков и есть возможность их расширения. Эти системы должны обеспечивать максимально возможную защиту окружающей среды от загрязнения и должны включать трёхсту-

and railroads should be protected or, where degraded, restored to the beauty they once possessed. It is equally important that culturally sacred landscapes be protected. This will require limits on structural development, signs, and forest management practices, as well as protecting areas such as parks, greenways, zakazniks, and zapovedniks.

Developmental Infrastructure in Place

Development, except for that which is site specific, should take place where public investments in infrastructure have already been made. Consolidating the need for public services makes them more cost efficient.

Access System

Highway, rail, and air access make a site more suitable for industry, commercial enterprises, and homes. No new communities and few industrial or commercial ventures should be constructed in remote locations where all-weather highway access does not exist.

Sewage Treatment System

Residential and commercial growth can be encouraged where sewage treatment facilities exist and have excess capacity. Such facilities must provide the maximum protection of the environment from pollution and should include tertiary treatment, or secondary treatment with a commitment and schedule for upgrading to tertiary treatment, as an integral and simultaneous part

Этнографический музей возле Улан-Удэ напоминает о богатой культурной истории региона как приезжим, так и местным жителям.

The ethnographic museum near Ulan-Ude reminds visitor and resident alike of the region's rich cultural history.

Photo courtesy George D. Davis

Photo courtesy George D. Davis

Людям необходимы разнообразные условия для отдыха.

People need diverse recreation.

пенчатую или двухступенчатую очистку с обязательной заменой её трёхступенчатой одновременно с получением разрешения на любой тип строительства или рост поселения. Промышленное строительство может быть разрешено только в том случае, если существующая система очистки способна перерабатывать не только возросший объём, но и все предполагаемые стоки. Промышленные предприятия должны внедрить замкнутый (т.е. нулевые сбросы) технологический цикл.

Система водоснабжения

Каждый населённый пункт должен обеспечиваться надёжной системой водоснабжения. Качество воды должно соответствовать общепринятым гигиеническим требованиям и нормам. В сельской местности особое внимание следует уделить правильному устройству колодцев и каптажей родников. Строительство новых жилых зон, либо расширение существующих может быть разрешено только в том случае, если существует надёжная гигиеничная система водоснабжения.

Тепло- и энергоснабжение

Теплом и энергией регион, как правило, обеспечивают работающие на угле станции - похоже, один из самых значительных стационарных источников загрязнения воздуха в бассейне. В случае

of any growth permitted. Industrial growth should be permitted only if an existing sewage treatment plant can treat not only the increased volume of effluent but also all types of anticipated discharges. Industries should pursue closed-cycle (i.e., no emissions) technology.

Water Supply System

A dependable, clean water supply should be available to all settlements. The quality of water should correspond to the accepted hygienic requirements and norms. In rural areas special attention should be given to the construction of wells and devices for using spring water. The construction of new settlements, or the expansion of existing ones, can be allowed only when sufficient, hygienic water supply systems exist.

Energy Supply

Energy for the region is usually produced in coal-fired plants, probably the single most significant stationary air pollution sources in the basin. When additional heat and power supplies are needed, it is best to consolidate the sources to alleviate their harmful impacts on the environment. This would reduce the number of landscape scars left by transmission lines. It is wisest to maximize energy conservation and efficiency to minimize the need for increased production. The development of less traditional energy

необходимости увеличения мощностей электро- и теплоснабжения оптимальным является максимальная территориальная концентрация тепло- и энергоисточников для смягчения их вредного воздействия на окружающую среду и уменьшения числа ландшафтных «шрамов», образованных линиями электропередач. Разумно до максимума увеличить сохранение энергии и найти пути эффективного снижения потребляемых энергии и тепла. В будущем альтернативой должно стать использование нетрадиционных источников энергии: солнца и ветра, малых рек и термальных вод.

Системы связи

Телефон, телеграф, почтовая связь, электронная почта и компьютерная система связи насущно необходимы для работы правительства и развития частного предпринимательства. Капиталовложения в развитие средств связи принесут выгоду развитию всех секторов экономики.

Единство людей и природы

Успешная политика землепользования 1) строится на учёте естественных возможностей земли и пределов этих возможностей, а не вопреки им и 2) обеспечивает потребности людей. Предыдущие части были посвящены первому. В настоящей главе речь пойдёт о нуждах людей.

Основные потребности людей

Пища, крыша над головой и работа - это основное, но также важны система медицинской помощи, образования, возможности для отдыха, чистые воздух и вода, современные санитарные условия, возможности для покупок. Всё должно приниматься во внимание при развитии политики землепользования.

Возможность улучшения уровня жизни весьма существенна для современной цивилизации. Для улучшения уровня жизни не обязательно важен рост, во многих сферах это может дать обратный эффект. Что действительно важно - это возможность совершенствования - социального и экономического - и возможность приспособиться к изменениям.

В бассейне озера Байкал есть человеческие и природные ресурсы, имеются возможности для поддержания сбалансированной диеты, строительства современных жилищ с соответствующими санитарными условиями и условия для

sources, such as solar, wind, and small scale hydro, should be the alternatives of the future.

Communications System

Telephone, telegraph, postal services, electronic mail, and computerized communication systems are vital to governmental operations and the development of private enterprise. Investment in improved communications will benefit all economic sectors.

Integrating People and Nature

Successful land use policies: (1) work with the land's capabilities and limitations, not against them, and (2) provide for the needs of the people. Previous sections discussed the former. This section will discuss the needs of people.

Basic Needs of People

Food, shelter, and employment are basic but so also are health care, education, recreational opportunities, clean air and water, modern sanitation facilities, and shopping opportunities. All must be considered in developing land use policies.

The opportunity to improve the quality of life over the years is vital to a modern civilization. Growth is not essential to an improved quality of life; in fact, in many areas it may be antithetical. What is necessary is the opportunity for improvement — social and economic — and the opportunity to adjust to change.

The Lake Baikal basin has the human and natural resources to support a balanced

Предприятия, производящие электро- и теплоэнергию, являются одними из самых серьёзных источников загрязнения в регионе.

Energy production facilities are among the worst polluters of the Baikal region.

Photo courtesy George D. Davis

51

Photo courtesy Anita L. Davis

обеспечения занятости проживающего здесь населения. Этих целей нужно достигать не за счёт экологии, но одновременно с процессом восстановления окружающей среды. С переходом к рыночной экономике и частичной приватизации земли разумная политика распределения земель и использования природных ресурсов поможет созданию гибкой и стабильно развивающейся экономики и значительному улучшению уровня жизни.

Культурное наследие

Обществу необходима связь со своим прошлым, понимание своих корней, гордость за предыдущие достижения. Культура Байкальского бассейна имеет древние истоки и богата традициями. В мозаике ландшафтов Байкальского региона развивались яркие в археологическом отношении культуры, явившиеся основой формирования современных этносов, его населяющих.

В течение столетий горы, луга, леса, дикие животные и человек сосуществовали в гармонии. Современное внедрение технологии и стремление достигнуть поставленные нереальные цели принесло истощение пастбищных и пахотных

diet, modern housing and sanitation, and employment for the existing population. These goals need not come at the expense of the environment but can be achieved simultaneously with environmental restoration. With the transition to a market economy and some land privatization, prudent land allocation and natural resource policies will help produce a vibrant and sustainable economy and significant improvement in the quality of life.

Cultural Heritage

Society needs to have a connection with its past, an understanding of its roots, a pride in its accomplishments. The culture of the Baikal basin has very ancient roots, is rich in tradition, and has served as the basis for the formation of contemporary local ethnic groups that have settled the region.

For hundreds of years the mountains, meadows, forests, wildlife, and humans coexisted in harmony. The recent advent of technology and unrealistic plan targets have brought overgrazing, over-cutting of forests, over-fishing, over-hunting, over-cultivation, and other unsustainable pursuits.

It is seldom possible and frequently unwise to return to past ways of life. Yet it is

земель, чрезмерные вырубки леса, чрезмерный отлов рыбы и отстрел животных, другие действия, не обеспечивающие стабильности развития.

Не всегда возможно и часто неразумно возвращаться к прошлому образу жизни. Но все же почти всегда возможно учиться у прошлого, например, традиционным способам сельскохозяйственной жизни бурят и промыслово-охотничьей жизни эвенков.

Необходимо усвоить и использовать существующее культурное наследие в контексте современной науки и цивилизации, сделав его доступным для местных жителей и сохранив его для людей планеты.

Г. Заключение

Все факторы, описанные выше, изучались во время полевых работ и с помощью литературы, и то, что было возможно, мы суммировали в визуальной форме в виде калек- накладок для общей карты в масштабе 1: 1 000 000.

Всё это, собранное вместе, начинает отражать природный и культурный ландшафт бассейна озера Байкал. Всё это дает представление о существующих возможностях и пределах их. Определяется основа для реалистической оценки экономического потенциала региона. Этот материал, рассматриваемый в совокупности с потенциальными категориями землепользования, описываемыми в следующей главе, должен помочь официальным лицам и общественности определить, каким может быть их будущее и будущее региона.

almost always possible to take lessons from the past — from, for example, the traditional agricultural practices of the Buryat people and the hunter-gatherer life of the Evenki.

It is necessary to assimilate and use this cultural heritage in the context of contemporary science and civilization, making it available to local people and preserving it for peoples of the world.

D. Conclusions of the Process

The critical considerations discussed above were studied in the field, in the literature, and, where feasible, were summarized in visual form on overlays to the project's 1:1,000,000 scale base map.

This material, taken together, begins to depict the natural and cultural landscape of the Lake Baikal watershed. It begins to describe the opportunities and the limitations. It sets the stage for a realistic evaluation of the region's economic potential. Viewed in context with the potential land use categories described in the next chapter, it will help government officials and the public determine what their future and their region's future can be.

III. КЛАССИФИКАЦИОННЫЕ КАТЕГОРИИ
А. Предисловие

III. ALLOCATION CATEGORIES
A. Introduction

Рекомендуемая система классификации основывается на статье 4 "Земельного кодекса Российской Федерации" (РСФСР, 1991). Этот закон выделяет семь категорий земель. Одна из них - "земли запаса" - в данном проекте не используется, но нами добавлена новая категория - "прилегающий воздушный бассейн", чтобы отразить существенную роль воздушных загрязнений, приносимых извне и влияющих на разрушение озера Байкал.

Основные категории зонирования разделены дополнительно на подкатегории, чтобы иметь возможность подчеркнуть различия в характере использования земель, которые будут наилучшим образом служить нуждам людей и отражать естественные способности и пределы возможностей самой земли.

Все 25 зон, выделенные в результате этого деления, описываются в данной главе. Эти описания начинаются с обоснования причин выделения, задач и назначения каждой зоны. Там, где это возможно, указана рекомендуемая площадь зоны.

Далее приводится перечень "предпочтительных типов использования" и "возможных типов использования" земель в пределах зоны. "Предпочтительное использование" - это то, что может применяться по всей зоне. "Возможное использование" может быть разрешено в определённых участках зоны при наличии соответствующего разрешения республиканских или областных комитетов по экологии, определяющего условия использования. Все другие типы использования, не указанные ни среди "предпочтительных", ни среди "возможных", запрещаются, за исключением уже существующих, но объем этих существующих пользований не может быть значительно увеличен.

Рекомендуемые нормы, соблюдение которых обязательно любыми новыми землепользователями, излагаются в главе В. Процесс уточнения политики и карты описывается в главе Г. Карта рекомендуемого распределения земель сопровождает описание программы.

Б. Зоны землепользования
Сельскохозяйственные земли
Пахотные земли

Цели и задачи: главное назначение этих земель - коммерческое производство продуктов питания для потребления людьми или домашними животными.

The classification system recommended is derived from Article 4 of the Land Law of the Russian Federation (RSFSR 1991). This law outlines seven categories of land. One, "reserved land," was not used, but we added "adjacent airshed" as a new category to reflect the critical role that air pollution from outside the watershed is playing in the destruction of Lake Baikal.

In addition, these basic zoning categories have been divided into sub-categories to allow important distinctions among land uses that will best serve the needs of the people and best reflect the capabilities and limitations of the land.

Each of the resulting 25 land use zones will be described in this chapter. These descriptions will start with a statement of the purposes, policies, and objectives that set forth the legal rationale for creating the zone. Where applicable, the recommended extent of the zone will be included.

Lists of preferred and conditional uses allowed within the zone will follow. Preferred uses are those to be encouraged throughout the zone. Conditional uses may be allowed in portions of the zone where the location is appropriate, and when the appropriate permit setting forth conditions is obtained from the republic or oblast goskomecologia. All uses not on either the preferred or conditional use list are prohibited in that zone, except that pre-existing uses may continue but cannot be significantly expanded.

Performance standards which must be met by any new land use or development follow in Section C. The proposed process to amend the policy and map is described in Section D. A recommended land allocation map accompanies this report.

B. Land Use Zones
Agricultural Lands
Arable Lands

Purposes, Policies, and Objectives: The basic purpose of these lands is to produce food commercially for human or domestic livestock consumption. Emphasis will be on grain, forage, and vegetable production. Non-farm structural development is strictly limited in this zone. The principal management objective is to preserve and make productive use of the soil. A further objective is to restore the fertility of degraded soils where feasible and where the soil structure is suitable.

Photo courtesy George D. Davis

Упор должен быть на производстве зерновых, фуража и овощной продукции. Создание структур, не связанных с сельскохозяйственным производством, в этой зоне строго ограничено. Главная задача управления - сохранение и продуктивное использование почв. Ещё одна задача- восстановление плодородия деградированных почв, где это возможно и где позволяет их структура.

Под пахотные земли рекомендуется территория общей площадью 503 000 гектаров.

Предпочтительное использование:

1. Полеводство и экологически безопасное и стабильное производство продуктов питания

Возможное использование:

1. Пастбища, в том числе орошаемые

2. Размещение структур сельско-хозяйственного назначения

3. Жилые усадьбы (на разрешённых для застройки участках)для отдельных семей, связанных с сельскохозяйственным производством

Пастбищные и сенокосные земли

Цели и задачи: это земли в целом неподходящие для полеводства, потому что они характеризуются наличием крутых

Выделение пахотных земель обеспечит защиту плодородных почв.

Arable lands designation will protect critical crop production soils.

A total of 503,000 hectares is recommended as arable land.

Preferred Uses:

1. Cultivation and ecologically sustainable production of food

Conditional Uses:

1. Irrigated or permanent pasture for livestock

2. Agricultural use structures

3. Single family residences, on approved homesites, for families engaged in agriculture

Pasture and Native Hay Lands

Purposes, Policies, and Objectives: These are lands generally not suited for cultivation because they have excessive slopes, soils of less productivity, erosion potential, and scattered trees and forests. Their basic purpose is to provide grazing for animals, primarily livestock. It is a further objective of this zone to provide for traditional farming and, in appropriate areas, for small, subsistence farms that offer people the opportunity to live in a rural setting and farm primarily for their own use. These areas are also often important wildlife and open space areas that determine the character and beauty of the region.

A total of 1,125,000 hectares is recom-

склонов и почвами низкой продуктивности, подверженностью эрозии и редколесьем. Их главное назначение: обеспечить место выпаса для животных, главным образом, для домашнего скота. Другая цель выделения этой зоны - обеспечить возможность развития традиционного фермерства и, в подходящих местах, небольших „домашних" ферм, которые предоставят людям возможность жить в сельских поселениях и заниматься фермерством, главным образом, для обеспечения собственных нужд. Пастбищные земли часто являются важными местами обитания диких животных и их открытые пространства определяют красоту и характерные черты региона.

Под пастбищные и сенокосные угодья рекомендуется территория общей площадью 1 125 000 гектаров.

Предпочтительные виды пользования:

1. Выпасы скота

2. Заготовка естественных кормов

3. Рекреационное использование

4. Заготовка дров (только для личного, некоммерческого пользования)

Возможное использование:

1. Полеводство на чернозёмных и каштановых почвах на склонах не круче 5 процентов (3 градуса)

2. Скотоводческие фермы

3. „Домашние" фермы с культивацией земель на площадях до 25 гектаров

4. Традиционное фермерство, включая кочевое скотоводство (крупный рогатый скот, коневодство, разведение яков, овец, северных оленей) и связанные с ним перекочевки в отведённых местах

5. Жилые усадьбы (на разрешённых для застройки участках) для отдельных семей, связанных с сельскохозяйственным производством

6. Размещение сельскохозяйственных структур

7. Добыча полезных ископаемых, включая добычу гравия и песка

8. Размещение лагерей отдыха

9. Коммерческие и частные аэропорты

10. Кладбища

Земли населённых пунктов

Города и сельские поселения

Цели и задачи: главное назначение этих территорий - обеспечить людям ус-

mended as pasture and native hay land.

Preferred Uses:

1. Livestock grazing

2. Harvesting natural forage

3. Open space recreation

4. Fuelwood harvesting for personal, non-commercial, use only

Conditional Uses:

1. Cultivation of crops on chernozem and chestnut soils with slopes of less than 5 percent (3 degrees)

2. Livestock breeding farms

3. Subsistence farms with cultivation of up to 25 hectares

4. Traditional methods of farming, including breeding and nomadic grazing of cattle, horses, reindeer, sheep and yak, and the associated seasonal encampments on approved sites

5. Single family residences, on approved homesites, for families engaged in agriculture

6. Agricultural use structures

7. Mineral extraction, including sand and gravel

8. Group camps

9. Commercial and private airports

10. Cemeteries

Озеро Байкал.

Lake Baikal.

Photo courtesy Boyd Norton

Photo courtesy George D. Davis

Пастбищные земли степных районов являются основой для нормального развития ското- водства.

Pasture lands of the steppe regions form the basis of a strong livestock industry.

ловия для комфортабельной жизни, покупок, работы. В задачу данной программы не входит выделение типов пользования внутри этих территорий, ибо ожидается, что местные правительства определят зоны для таких категорий, как места с малой плотностью населения, места с высокой плотностью населения, места для размещения коммерческих учреждений, учреждений сферы обслуживания, городских парков и зе- леных поясов. Такое зонирование должно быть осуществлено до 1 января 1996 года и должно отражать вопросы интенсивности и специфики использования земли. До того, как этот документ будет утверждён местным правительством, должны быть проведены публичные слушания и обсуждения.

Предпочтительное использование:

1. Дома, расчитанные на проживание одной семьи
2. Коммерческое использование
3. Офисы, учреждения
4. Общественные здания и сооружения, такие как школы, библиотеки, больницы и места отдыха
5. Коммуникационные системы (элек- тричество, газ, вода и т. п.)
6. Кладбища
7. Лодочные пристани и причалы, гавани

Возможное использование:

1. Многоквартирные дома
2. Промышленное использование

Settlement Lands

Cities and Rural Settlements

Purposes, Policies, and Objectives: The basic purpose of these areas is to provide places people can conveniently live, shop, and work. It is beyond the scope of this doc- ument to separate uses within these areas, but local governments will be expected to establish zones for such categories as low- density residential, high-density residential, commercial, professional office, industrial, urban park and greenway uses. Such local zoning should be adopted by January 1, 1996, and should address both the kind and intensity of use. Public informational meet- ings and hearings should be held before adoption by the local government.

Preferred Uses:

1. Single family residences
2. Commercial uses
3. Offices
4. Buildings and facilities for public use, such as schools, libraries, hospitals, and recreation areas
5. Public utilities
6. Cemeteries
7. Marinas, boatyards, and boat launch- ing areas

Conditional Uses:

1. Multiple family residences
2. Industrial uses
3. Airports, rail stations, and other pub- lic transportation facilities
4. All other land uses not listed above at the discretion of the Baikal Commission

Dachas and Garden Cottages

Purposes, Policies, and Objectives: The basic purpose of this zone is to provide loca- tions where residents of urban areas can temporarily live in a country setting. A fur- ther purpose is to allow city dwellers a gar- den plot to grow food for home consump- tion. Such uses should be clustered in loca- tions most suitable for living and gardening without negative aesthetic, economic, and environmental impacts.

Four dacha community areas, totaling 15,000 hectares, are recommended.

Preferred Uses:

1. Individual dachas or garden cottages
2. Cluster development of up to nine dachas or garden cottages by a single developer

3. Аэропорты, железнодорожные станции и другие структуры общественного транспорта

4. Другие типы землепользования, не указанные выше, по усмотрению Байкальской Комиссии

Дачи и садовые домики

Цели и задачи: главное назначение этой зоны - определить территории, где городские жители смогут временно проживать в сельских условиях. Другая цель- дать возможность городским жителям завести огороды для выращивания продуктов для собственных нужд. Эти территории должны быть сосредоточены в местах, наиболее подходящих для проживания, садоводства и огородничества, и где можно избежать негативного эстетического, экономического или экологического воздействия.

Рекомендуется четыре территории для размещения дачных товариществ, общей площадью в 15 000 гектаров.

Предпочтительное использование:

1. Индивидуальные дачи или садовые домики

2. Строительство одним застройщиком не более девяти дач или садовых домиков рядом друг с другом

3. Сады и огороды

3. Gardens

Conditional Uses:

1. Recreational facilities

2. Single family residence for caretaker

3. Cluster development of 10 or more dachas or garden cottages by a single developer

Industrial, Transportation, Communications and Defense Lands

(NOTE: These lands are not all reflected on the accompanying map because of their relatively small size, linear nature, or the lack of available information about them. Similarly, no summary data on their area or length is included.)

Industrial Lands

Purposes, Policies, and Objectives: The purpose of this zone is to provide appropriate locations for new industry, including mineral extraction, outside of cities and settlements and to reflect the location of existing industry if appropriately sited. All new uses and expansion of existing uses require review and a permit, so all are conditional uses.

Conditional Uses:

1. Industrial uses

2. Public utility uses

Красота сибирских поселений не может скрыть необходимости улучшения систем водо- и энергоснабжения, канализационной очистки.

The beauty of Siberian settlements cannot mask the need for better water, energy, and sewage treatment facilities.

Photo courtesy George D. Davis

Photo courtesy George D. Davis

Дачи или садовые домики с земельными участками для огородов стали необходимостью для горожан.

Dachas, or garden cottages, with a plot of land to grow food have become a necessity for urban dwellers.

Возможное использование:

1. Рекреационные сооружения

2. Дом для сторожа

3. Строительство одним застройщиком до 10 и более дач или садовых домиков рядом друг с другом

Земли для промышленности, транспорта, служб связи, энергетики и оборонных нужд

(Примечание: не все эти земли обозначены на карте, поскольку они, как правило, невелики по площади, имеют линейный характер или отсутствует информация о них. По этой же причине нет данных о протяженности этих земель.)

Земли для промышленности

Цели и задачи: назначение этой зоны - найти подходящие места для размещения новых видов промышленности, включая добычу полезных ископаемых, за пределами городов и населённых пунктов и отразить размещение существующих промышленных предприятий, если они расположены в приемлемых местах. Все новые типы пользования и расширение существующих типов использования требуют анализа и специального разрешения, то есть все они относятся к возможным типам использования.

Возможное использование:

1. Промышленное использование

2. Коммуникационные системы (электричество, газ, вода и т. п.)

3. Железнодорожное депо

3. Rail sidings

4. Mineral extraction, including sand and gravel

5. Industrial waste and sewage treatment plants

6. All other uses not listed above, at the discretion of the Baikal Commission

Transportation Facilities and Corridors

Purposes, Policies, and Objectives: The purpose of this zone is to provide space for adequate transportation of people, goods, and materials for a strong economy. All new uses and significant expansion of existing uses require review and a permit, so all are conditional uses.

Conditional Uses:

1. Highways

2. Railroads

3. Airports

4. Ports, docks, and piers intended for commercial use

5. Public utility uses

Communication and Energy Facilities and Corridors

Purposes, Policies, and Objectives: The purpose of this zone is to provide space for communications and energy transmission. All new communications and energy facilities and corridors will require review and a permit, so all are conditional uses.

Conditional Uses:

1. All public utility uses

2. Electrical and thermal generating stations

Defense Lands

Purposes, Policies, and Objectives: The purpose of this zone is to provide for military installations and training areas. All new defense land uses will require review and a permit. All defense-related land uses must meet the same environmental standards as private land uses.

Conditional Uses:

1. All new land uses

Nature Conservation, Health, Recreation, and Historic-Cultural Lands

The need for additional protected areas and a more coherent system of protected areas in the Lake Baikal watershed has long been recognized, most recently by TERKSOP (RSFSR 1990) and the UNESCO World

4. Добыча полезных ископаемых, включая добычу песка и гравия

5. Системы очистки канализационных и промышленных стоков

6. Все другие типы землепользования, не указанные выше, по усмотрению Байкальской Комиссии

Земли для транспортных нужд и полосы отчуждения

Цели и задачи: назначение этой зоны - создать условия для соответствующего транспортного обеспечения людей, доставки продуктов и материалов, необходимые для сильной экономики. Все новые структуры и значительное расширение уже существующих требуют специального анализа и разрешения, таким образом, все они относятся к возможному использованию.

Возможное использование:

1. Скоростные автомобильные дороги

2. Железные дороги

3. Аэропорт

4. Порты, доки и пирсы для коммерческого использования

5. Коммуникационные системы (электричество, газ, вода и т. п.)

Земли для размещения средств связи и линий электро- и теплопередач и полосы отчуждения

Цели и задачи: назначение этой зоны - обеспечить место для структур, обеспечивающих связь, и для линий энерго- и теплопередач. Размещение всех новых коммуникационных структур, электро- и теплостанций, а также коридоры вокруг них (полосы отчуждения), требуют специального анализа и разрешения, т. е. все они относятся к возможным типам использования.

Возможное использование:

1. Все службы для обеспечения общественных нужд

2. Тепловые станции и электростанции

Земли для оборонных нужд

Цели и задачи: назначение этой зоны - обеспечение мест для военных сооружений и военной подготовки. Все новые случаи использования земель для оборонных целей требуют анализа и разрешения. Все типы землепользования, имеющие отношение к обороне, должны отвечать тем же экологическим требованиям, что и

Heritage Site fact-finding group (UNESCO 1990).

A primary goal should be to insure that at least one representative of each ecosystem in the region is within a protected area. Based on the 132 landscape ecosystems identified in the Baikal region by Mikheev and Ryashin (1977), the allocations proposed on the accompanying map would achieve this goal.

In view of the global significance of Lake Baikal and the desirability of World Heritage Site status, an effort has been made to conform all nature conservation lands with internationally accepted categories for protected areas as developed by the World Conservation Union (IUCN) at the request of the United Nations (IUCN 1990). IUCN categories I, II, III, IV, V, and VII, together with the lake itself, would be the designated core area of a Lake Baikal World Heritage Site.

Селенгинский целлюлозный комбинат теперь значительно меньше загрязняет воду, но остаётся серьёзным источником воздушных загрязнений.

The Selenginsk pulp plant has greatly reduced its water pollution but remains a significant source of air pollution.

Photo courtesy Boyd Norton

Photo courtesy Boyd Norton

Неконтролируемый, или „дикий" туризм, является угрозой для хрупких экосистем.

Uncontrolled, or "wild", tourism threatens fragile ecosystems.

частное землепользование.

Возможное использование:

1. Все новые типы использования земель

Природоохранные земли, земли для оздоровительных, рекреационных нужд и земли историко-культурного значения

Необходимость выделения дополнительных природоохранных территорий и создания системы охраняемых территорий в бассейне Байкала давно признана, недавно необходимость эта подтверждена ТерКСОПом (РСФСР, 1990) и группой ЮНЕСКО, работавшей а бассейне в связи с вопросом о статусе „участка всемирного наследия" (UNESCO, 1990).

Главным при этом будет обеспечение гарантии того, что как минимум по одному экземпляру всех экосистем региона представлено на охраняемых территориях. Предлагаемое распределение природоохранных земель, обозначенное на карте, основывается на 132 ландшафтных экосистемах, выделенных в Байкальском регионе Михеевым и Ряшиным (1977), достигнет этой цели.

С учётом всемирного значения озера Байкал и желательностью закрепления за ним статуса „участка всемирного наследия" была сделана попытка привести все природоохранные земли в соответствие с международно принятой классификацией охраняемых территорий, которая разработана „Всемирным союзом консервации" (**World Conservation Union** -**IUCN**) по просьбе Организации Объединенных Наций (IUCN, 1990). Категории **I**, **II**, **III**, **IV**, **V**, **VII** (по классификации **IUCN**) и само озеро Байкал классифицируются как

Scientific Reserves (Zapovedniki) (IUCN Category I)

Purposes, Policies, and Objectives: Zapovedniki are set aside for the preservation and study of natural systems found in them (Vorob'yev and Martynov 1988).

"These areas possess some outstanding ecosystems, features and/or species of flora and fauna of national scientific importance or are representative of particular natural areas; they often contain fragile ecosystems of life forms, areas of important biological or geological diversity or areas of particular importance to the conservation of genetic resources. Size is determined by the area required to insure the integrity of the area to accomplish the scientific management objective and provide for the protection of the area.

"Natural processes are allowed to take place in the absence of any direct human interference; tourism, recreation and public access are generally proscribed. Ecological processes may include natural acts that alter the ecological system or physiological features, such as naturally occurring fires, natural succession, insect or disease outbreaks, storms, earthquakes and the like, but necessarily exclude (human-made) disturbances. The educational function of the site is to serve as a resource for studying and obtaining scientific knowledge." (IUCN 1990)

Four zapovedniki (Baikal, Baikal-Lena, Barguzin, and Sokhondin) totaling 1,299,850 hectares are within the study area. Expansions totaling 335,000 hectares are recommended for the first three of these, as proposed in TERKSOP (RSFSR 1990). Five additional zapovedniki (Altacheisky, Aya, Borgoisky, Dzhirga, and Kizhinga) are also recommended. Altacheisky and Borgoisky will preserve forest-steppe and steppe complexes virtually unprotected today, as called for in TERKSOP (RSFSR 1990). Kizhinga is included to insure representation of the rare, gently sloping Cleistogenus ecosystem found nowhere else in the basin. The total area of zapovedniki recommended for the basin is 2,101,000 hectares.

Preferred Uses:

1. Scientific ecological research

2. Restoration of ecosystems affected by previous anthropogenic activities

3. Gene pool preservation

зона "ядра" Байкальского "участка всемирного наследия".

Заповедники (научные заповедники - IUCN, категория I)

Цели и задачи: заповедники создаются для сохранения и изучения существующих в них природных систем (Воробьёв и Мартынов, 1988). "На этих территориях находятся уникальные экосистемы, отличающиеся особыми чертами или населённые представителями флоры и фауны, имеющими национальное научное значение или характерными для особых природных территорий; здесь часто находятся хрупкие экосистемы, участки значительного биологического или геологического разнообразия или участки важные для сохранения как источник генетических ресурсов. Размер заповедника определяется в зависимости от того, какая территория необходима для обеспечения и сохранения целостности и успешного достижения целей научных исследований.

Не должно быть никакого вмешательства человека в естественные процессы, происходящие здесь. В целом приемлем туризм, рекреационная деятельность и посещение публики. Экологические процессы, такие, как естественные пожары, вспышки заболеваний или эпидемий, штормы, землетрясения и т. п., влияющие на изменение характера или физиологии экосистемы, должны происходить без какого-либо вмешательства человека. Эти места используются и в образовательных целях, для исследований и получения научного знания" (IUCN, 1990).

На изучаемой территории находятся четыре заповедника (Байкальский, Байкало-Ленский, Баргузинский и Сохондо) общей площадью 1 299 850 гектар. Рекомендуется увеличение размера этой территории на 335 000 гектаров (расширение трёх первых заповедников), как это предложено в ТерКСОП (РСФСР, 1990). Рекомендуется создание ещё пяти заповедников: Алтачейского, Ая, Боргойского, Джиргинского и Кижингинского. Алтачейский и Боргойский, как это предлагает ТеркСОП (РСФСР, 1990), обеспечат охрану лесостепных и степных комплексов, сегодня, в сущности, абсолютно не защищенных. Создание Кижингинского заповедника рекомендуется в связи с тем, что здесь представлена редкая **Cleistogenus** экосистема холмистой местности, более нигде в бассейне не встречающаяся. Общая площадь

Conditional Uses:

1. Minimal necessary facilities for scientists

National Parks (IUCN Category II)

Purposes, Policies, and Objectives: The primary purpose of a national park is the protection of nature and natural ecological processes and to provide for public recreation that does not interfere with these processes.

"In general, exploitation of natural resources must be prohibited in an area which is to be included within Category II. Exploitation is taken to include agricultural and pastoral activities, hunting, fishing, lumbering, mining, public works construction (transportation, communications, power, etc.), and residential, commercial or industrial occupation.

"It is recognized that within the boundaries of certain national parks there are existing villages, towns, communication networks, and the ongoing activities connected with them. Provided that these areas do not occupy a significant part of the land and are de facto zoned and so arranged that they do not disturb the effective protection of the remaining area, they will not be considered as a basis for exclusion from this category". (IUCN 1990)

Where national parks contain small communities, agricultural areas, communications networks, and the on-going activities

Предлагаемый национальный парк Баргузинский хребет.

Proposed Barguzin Range National Park.

Photo courtesy George D. Davis

Photo courtesy George D. Davis

Утренний туман.
Кадильная.
Прибайкальский
национальный
парк.

Morning mist at
Khadilnaya,
Pribaikalsky National
Park.

заповедников, рекомендованных для создания в бассейне составляет **2 101 000 гектаров**.

Предпочтительное использование:

1. Научные экологические исследования

2. Восстановление экосистем, подвергшихся антропогенному влиянию

3. Сохранение генетического фонда

Возможное использование:

1. Создание минимума условий, необходимых для работы учёных

Национальные парки (IUCN, категория II)

Цели и задачи: приоритетное назначение национального парка - защита природы и естественных экологических процессов и обеспечение условий для рекреационной деятельности людей, не нарушающей эти процессы.

«В целом использование природных ресурсов на территориях, относящихся ко II категории, должно быть запрещено. Имеется в виду сельскохозяйственная деятельность, охота, размещение пастбищ, рыболовство, лесозаготовки, добыча полезных ископаемых, строительные работы (дороги, системы коммуникаций), создание населённых пунктов, коммерческая и промышленная деятельность.

Известно, что на территориях неко-

connected with them, the raion must develop local zoning for such areas that complements the park and offers commercial services to the park visitor. Such zoning must be approved by the Baikal Commission and National Park Service. Existing traditional land uses within national parks may continue if they do not threaten the natural integrity of the ecosystem, but should not be expanded.

"It is also recognized that management activities may be necessary and desirable for maintenance of the desired flora and fauna, to maintain public access and facilities, and for the purposes of administration and management of the area.

"Effective zoning is an important tool for avoidance of conflict of interests within protected areas. At the 11th General Assembly of IUCN at Banff in 1972 it was agreed by CNPPA that sites designated as national parks should include areas here designated as 'strict natural zones', 'managed natural zones', and 'wilderness zones', and that they could in addition appropriately contain areas of the kind here designated as 'protected anthropological zones', or 'protected historical' or 'archaeological zones'.

"However, national parks must be available for public visitation. This use, it was agreed, could be combined with

торых национальных парков существуют деревни, города, системы коммуникаций и деятельность, связанная с ними. В том случае, если эти территории занимают незначительные участки земли и зонирование проведено *de facto* и таким образом, что не влияет на эффективность защиты всей остальной территории, это не должно служить причиной для исключения из данной категории." (IUCN, 1990).

В тех районах, где на территории национального парка существуют небольшие поселения, сельскохозяйственные угодья, расположены коммуникационные системы и происходит связанная с этим деятельность, должно быть проведено местное зонирование для этих участков, которое будет комплиментарным для парка и обеспечит коммерческими услугами посетителей парка. Это зонирование должно быть утверждено Байкальской Комиссией и службой национальных парков. Существующие типы традиционного землепользования в национальных парках могут продолжать существовать, если они не представляют угрозу целостности экосистем, но не могут быть расширены.

Признано так же, что административное управление территорией, регулирование доступа посетителей и обеспечение необходимых служб, а так же действия, регулирующие и обеспечивающие сохранение флоры и фауны могут быть необходимы и желательны.

Эффективное зонирование - хороший способ избежания конфликта интересов внутри природоохранных территорий. На 11 Генеральной Ассамблее IUCN в Банффе в 1972 году CNPPA (Committee of Natural Parks and Protected Areas - «Комитет по природным паркам и охраняемым территориям") было признано, что участки, определённые как «национальные парки" должны включать такие зоны, как «строго (заповедные) естественные зоны"; «зоны, в которых разрешена рекреационная деятельность", и «охраняемые зоны с активной рекреационной деятельностью", и что дополнительно вполне возможно наличие таких зон, которые определены как «охраняемые антропологические зоны (этнические территории)" или «охраняемые исторические", или «археологические зоны".

Однако национальные парки должны быть открыты для доступа посетителей. Этот тип использования может сочетаться

the primary function of nature conservation through a system of zoning. ...To qualify as a national park in the IUCN sense therefore, an area may consist of various combinations of zones as follows:

—Wilderness zone only.

—Wilderness zone combined with strict natural zone, managed zone or both.

—Any or all of the above zones combined with a tourist/administrative zone.

—Any or all of the above zones combined with one or more zones classified as anthropological or historical." (IUCN 1990)

Three national parks (Pribaikalsky, Tunkinsky, and Zabaikalsky) are within the study area. It is recommended that Tunkinsky and a portion of Pribaikalsky (i.e., Olkhon Island) be reclassified as natural anthropological reserves (ethnic areas) and that four additional national park units (Barguzin Range, Chikoisky, Khamar Daban, and Kotokel) be established. A portion of the existing Pribaikalsky National Park on the mainland within the Olkhon Raion should be dually designated as national park and natural anthropological reserve. An expansion of Pribaikalsky National Park is also recommended as shown on the accompanying map. These actions would result in a total of 5,591,000 hectares of national parks in the study area.

An expanded Pribaikalsky National Park, the Khamar Daban National Park, and the Okinsky, Olkhon, Tunkinsky, and

---

«Все, что является экологически небезопасным, должно быть объявлено безнравственным."

Алексей Яблоков, профессор,
Советник Президента Б. Ельцина
Tomorrow Will Be Too Late, 1989 год

"Everything that proves to be anti-ecological must be declared immoral."

Prof. Alexei Yablokov
Counsellor to President Yeltsin
Tomorrow Will Be Too Late 1989

с главной задачей охраны природы с помощью системы зонирования. Чтобы быть объявленной национальным парком в том смысле, как это понимает IUCN, территория может состоять из различных комбинаций следующих зон:

- Только заповедная зона с разрешенной рекреационной деятельностью
- Заповедная зона с разрешенной рекреационной деятельностью, строго заповедная зона и охраняемая зона с активной рекреационной деятельностью
- Любая (или все) из названных выше зон в сочетании с зоной туризма и/или административной
- Любая (или все) из названных выше зон в сочетании с одной или более зон, определённых как .. антропологические или исторические" (IUCN 1990).

В пределах изучаемой территории действуют три национальных парка: Прибайкальский, Тункинский и Забайкальский. Рекомендуется пересмотреть классификацию Тункинского парка и части Прибайкальского (остров Ольхон), и отнести их к ..этническим территориям" (природным антропологическим заповедникам), а также создать ещё четыре национальных парка: Баргузинский хребет, Чикойский, Котокель и Хамар-Дабан. В результате национальными парками будет занята общая площадь в 5 591 000 гектаров. Часть Прибайкальского национального парка, находящаяся в Ольхонском районе, на побережье, должна быть одновременно классифицирована как ..национальный парк" и как ..этническая территория (естественный антропологический заповедник)". Кроме того, рекомендуется расширение территории Прибайкальского национального парка, в соответствии с тем, как это показано на прилагающейся карте. Расширенная территория Прибайкальского национального парка, национальный парк Хамар-Дабан, Окинская, Ольхонская, Тункинская и Закаменская ..этнические территории" (..естественные антропологические заповедники") вместе с монгольским национальным парком ..Озеро Хубсугул" сформируют Международный парк мира.

Перечень нижеследующих предпочтительных и возможных типов использования не будет относиться к поселениям внутри национального парка после того, как местное зонирование будет одобрено жителями и утверждено Байкальской Комиссией и службой национальных парков.

Предпочтительное использование:

1. Научные исследования

Zakamensky natural anthropological reserves, should be joined with Mongolia's Lake Hubsugul national park to form an international peace park.

The following preferred and conditional use lists do not apply to communities within national parks once local zoning has been adopted by the communities and approved by the Baikal Commission and National Park Service.

Preferred Uses:

1. Scientific research
2. Open space outdoor recreation, except hunting and fishing
3. Environmental education
4. Gene pool preservation

Conditional Uses:

1. Environmental education and interpretation facilities
2. Administrative structures on approved sites
3. Sanitary facilities

Natural Landmarks (IUCN Category III)

Purposes, Policies, and Objectives: The purpose of this zone is to protect rare or unique natural objects of environmental, scientific, historic, cultural, or aesthetic importance.

"This category normally contains one or more of several specific natural features of outstanding national significance which, because of uniqueness or rarity, should be protected. The specific feature to be protected ideally has little or no evidence of (human) activities. These features are not of the size nor do they contain a diversity of features or representative ecosystems which would justify their inclusion as a national park. Size is not a significant factor; the area only needs to be large enough to protect the integrity of the site." (IUCN 1990)

The tourist, educational, and recreational values of these lands should be promoted where appropriate, but "they should be managed to remain relatively free of human disturbance." (IUCN 1990)

One hundred eighty two natural landmarks of particular significance are designated on the accompanying map.

Preferred Uses:

1. Open space recreation
2. Environmental education

2. Рекреационное использование (условия для отдыха на открытом воздухе), исключая охоту и рыболовство

3. Экологическое образование и воспитание

4. Сохранение генетического фонда

Возможное использование:

1. Условия для осуществления экологического воспитания и образования

2. Размещение административных структур в разрешённых местах

3. Объекты санитарно-гигиенического назначения

Памятники природы
(IUCN, категория III)

Цели и задачи: назначение этой зоны - защитить редкие или уникальные природные объекты экологического, научного, исторического, культурного или эстетического значения. ..Объекты этой категории обычно содержат одну или несколько специфических черт выдающегося национального значения, которые, в силу своей уникальности или редкости, должны быть защищены. Эти особые характеристики, которые должны быть взяты под охрану, в идеале не должны (или могут только в малой степени) нести следы влияния человеческой деятельности. Эти объекты ни размером своим, ни разнообразием своих характеристик, ни разнообразием представленных в них экосистем не подходят для того, чтобы быть отнесенными к категории ..национальных парков". Размер не является принципиальным фактором, но участки эти должны быть достаточно большими для того, чтобы обеспечить сохранность целостности памятника." (IUCN, 1990).

Туристическая, образовательная и рекреационная ценность этих земель должна быть поддержана там, где это возможно, но к эти землям ..нужно относиться так, чтобы они оставались достаточно свободными от человеческого вмешательства" (IUCN, 1990).

182 особо значительных памятника природы обозначено на карте, сопровождающей настоящую программу.

Предпочтительное использование:

1. Рекреационное использование

2. Экологическое образование и воспитание

Возможное использование:

1. Условия для осуществления

Conditional Uses:

1. Environmental education facilities

2. Tourist amenities

National Wildlife Refuges
(IUCN Category IV)
(Permanent National Zakazniki)

Purposes, Policies, and Objectives:

"A Category IV area is desirable when protection of specific sites or habitats is essential to the continued well-being of resident or migratory fauna of national or global significance. Although a variety of areas fall within this category, each would have as its primary purpose the protection of nature; the production of harvestable, renewable resources may play a secondary role in the management of a particular area. The size of the area is dependent upon the habitat requirements of the species to be protected; these areas could be relatively small, consisting of nesting areas, marshes, or lakes, estuaries, forest, or grassland habitats, or fish spawning areas, or seagrass feeding beds for marine mammals.

"The area may require habitat manipulation to provide optimum conditions for the species, vegetative community, or feature according to individual circumstances. For example, a particular grassland or heath community may be protected and perpetuated through a limited amount of live-

Среди памятников природы - живописные гранитные скалы на территории рекомендуемого Чикойского национального парка.

Natural landmarks include the spectacular granitic spires in the proposed Chikoisky National Park.

Photo courtesy George D. Davis

экологического образования

2. Условия для туристов

Национальные постоянные заказники (национальные природные резерваты - IUCN, категория IV)

Цели и задачи: "Выделение территории IV категории желательно, когда защита какого-то определённого участка или места обитания важна для продолжительного благополучного существования обитающих здесь или мигрирующих птиц и животных, имеющих национальное или глобальное значение. Хотя под эту классификацию попадают разнообразные территории, главной целью каждой из них должна быть защита природы; на некоторых территориях сбор урожая ресурсов, способных к восстановлению, может играть побочную роль. Размер территории зависит от требований, необходимых для нормального обитания видов, которые должны быть защищены; эти территории могут быть относительно небольшими, это могут быть места гнездовий, болота или озера, устья рек, лесные или луговые, нерестовые места или места обитания водорослей, которыми питаются водные млекопитающие.

В некоторых случаях может быть необходимо регулирование состояния мест обитания какого-то вида для обеспечения оптимальных условий для нормального функционирования видов, растительных сообществ или каких-то отдельных характеристик. Например, некоторые луговые или степные сообщества могут быть защищены и навсегда сохранены ограничением выпасов скота; болото для зимних водоплавающих может требовать постоянного удаления чрезмерно разрастающегося камыша и дополнительного обеспечения водоплавающих пищей; или постоянный заповедник, где обитают животные, находящиеся под угрозой исчезновения, может потребовать защиты от хищников. Небольшие участки этих территорий могут использоваться в образовательных целях и ознакомления посетителей с работой заказников" (IUCN, 1990).

Существующие традиционные типы землепользования, такие, как традиционные охотничий промысел или рыбалка (некоммерческие), могут продолжать своё существование там, где этот вид деятельности не создаст угрозу целостности экосистемы, но они не могут быть расширены.

В настоящее время на территории

stock grazing; a marsh for wintering waterfowl may require continual removal of excess reeds and supplementary planting of waterfowl food; or a reserve for an endangered animal may need protection against predators. Limited areas may be developed for public education and appreciation of the work of wildlife management." (IUCN 1990)

Existing traditional land uses, such as subsistence hunting and fishing that do not threaten the natural integrity of the ecosystem, may be continued but not be expanded.

No designated national wildlife refuges exist in the study area at present but a comprehensive system of 26 national wildlife refuges is recommended. These include such notable areas as Arakhleiskye Lakes, Barguzin Valley, Olkhon Island, Selenga Delta and Islands, Upper Angara Wetlands, and Upper Uda. The recommended system includes nine aqua-zakazniki as originally proposed in TERKSOP (RSFSR 1990): Barguzinski Bay, Bolshoi Koty Bay, Chivirkuiski Bay, Frolikha Bay, Maloe More and Olkhon Coast, Murinskaya Banks, Proval Bay and Selenga Melkovodie, Uschkanikh Islands Coast, and Upper Angara Melkovodie. An additional aqua-zakaznik, Istok Angara, is also recommended. A total of 2,042,000 hectares is recommended for refuge designation. See Appendix I(P) "Protected Areas Designation and Management" for a complete list of proposed National Wildlife Refuges. It is further recommended that Olkhon Island (presently part of Pribaikalsky National Park) be dually designated as a natural anthropological reserve and national wildlife refuge and that its wildlife refuge objective be the restoration and conservation of all native wildlife species found on the island in the last century.

Preferred Uses:

1. Native fish, wildlife, and ecosystem restoration and preservation

Conditional Uses:

1. Environmental education and interpretation facilities

2. Habitat manipulation to provide optimum conditions for the species or vegetative community to be protected

3. Sanitary facilities

4. Open space outdoor recreation

5. Organic farming

бассейна не существует постоянных национальных заказников (национальных природных резерватов), но рекомендуется создание комплексной системы, состоящей из 26 постоянных заказников. В неё войдут такие места, как Арахлейские озёра, Баргузинская долина, остров Ольхон, дельта и острова Селенги, пойма Верхней Ангары и верховья Уды. Рекомендуемая система включает девять акватических заказников, предложенных ТерКСОПом (РСФСР, 1990): Баргузинский залив, залив Большие Коты, Чивыркуйский залив, Фролиха, Малое море и Ольхонское побережье, Муринское побережье, залив Провал, побережье Ушканьих островов, мелководье Верхней Ангары; дополнительно рекомендуется создать акватический заказник в истоке Ангары. Под постоянные национальные заказники рекомендуется территория общей площадью в 2 042 000 гектаров (полный список рекомендуемых "национальных постоянных заказников" приводится в Приложении I. Р. "Классификация охраняемых территорий и управление ими"). Кроме того, рекомендуется, чтобы остров Ольхон (в настоящее время - часть Прибайкальского национального парка) был одновременно классифицирован как "этническая территория" ("естественный антропологический заповедник") и как "постоянный национальный заказник" ("национальный природный резерват") и чтобы задачей постоянного национального заказника, созданного здесь, было восстановление и сохранение всех характерных для этой территории видов, существовавших в прошлом веке.

Предпочтительные использования:

1. Восстановление и сохранение экосистем, рыбного, животного мира, характерных для территории изначально

Возможное использование:

1. Условия для осуществления экологического образования и размещения информации

2. Создания оптимальных условий для существования видов и растительных сообществ, которые нуждаются в защите

3. Санитарно-гигиенические сооружения

4. Условия для рекреационной деятельности на открытом воздухе

5. Фермерство (с использованием только органических процессов)

National Rivers and Protected Landscapes (IUCN Category V)

Purposes, Policies, and Objectives: The basic purpose of this category is to protect: 1) those free-flowing rivers, and their immediate environs, of the Baikal basin that possess outstanding natural, scenic, historic, ecological, and recreational values; and, 2) those landscapes of the Baikal basin that are considered sacred by indigenous people and/or possess outstanding natural, scenic, historic, ecological, or recreational value but are suitable for a higher degree of human use than in IUCN category I-IV protected areas.

"The scope of areas that fall within this category is necessarily broad because of the wide variety of semi-

Создание системы живописных рек рекомендуется для охраны рек региона и улучшения возможностей для экотуризма.

A scenic rivers system is recommended to protect the region's free-flowing rivers and enhance eco-tourism.

Photo courtesy George D. Davis

Национальные реки и охраняемые ландшафты (IUCN, категория V)

Цели и задачи: главное назначение этой категории земель защитить: 1) реки бассейна Байкала, представляющие ценность с точки зрения естественной, исторической, экологической и рекреационной, живописные и красивые, и их непосредственное окружение; и 2) ландшафты бассейна Байкала, которые коренное население считает святыми, или те, которые представляют ценность с точки зрения естественной, исторической, экологической и рекреационной или просто красивы, но могут быть использованы человеком более интенсивно, чем охраняемые земли I-IV категорий IUCN.

«Число территорий, относящихся к этой категории, достаточно велико из-за разнообразия культурных и близких к естественным ландшафтов, существующих у различных народов. Это может найти отражение в двух типах территорий: тех, где ландшафты представляют особую эстетическую ценность, являющуюся результатом взаимодействия человека и земли; и естественные ландшафты, интенсивно используемые человеком для рекреационных и туристических целей.

В первом случае ландшафты могут отражать некоторые культурные особенности, такие как традиции, верования, социальную организацию, или особенности материальной культуры, проявляющиеся в использовании земель. Эти ландшафты характеризуются либо живописностью, либо наличием человеческих поселений, интересных с эстетической точки зрения. Здесь преобладают виды традиционного землепользования, связанные с возделыванием земель, выпасами скота и рыболовством. Территории эти должны быть достаточно большими по размеру, чтобы целостность ландшафта была сохранена.

Вторую группу часто составляют естественные или особо живописные участки вдоль береговых линий и берега озера, на холмистых местностях или в предгорьях, вдоль берегов рек, прилегающие к туристическим дорогам или к населённым пунктам; многие из них имеют потенциальную возможность использования для различных рекреационных нужд национального значения" (IUCN 1990).

В настоящей время ни «национальных рек", ни «охраняемых ландшафтов" на территории бассейна не существует. Пятнадцать рек общей длиной 4 694 километра (2 917 миль) рекомендуется

natural and cultural landscapes that occur within various nations. This may be reflected in two types of areas: those whose landscapes possess special aesthetic qualities which are a result of the interaction of (people) and land; and those that are primarily natural areas managed intensively by (people) for recreational and tourism uses.

"In the former case, these landscapes may demonstrate certain cultural manifestations such as: customs, beliefs, social organization, or material traits as reflected in land use patterns. These landscapes are characterized by either scenically attractive or aesthetically unique patterns of human settlement. Traditional land use practices associated with agriculture, grazing, and fishing are dominant. The area is large enough to ensure the integrity of the landscape pattern.

"The latter case often includes natural or scenic areas found along coastlines and lake shores, in hilly or mountainous terrain, or along the shores of rivers, often adjacent to tourist highways or population centers; many will have the potential to be developed for a variety of outdoor recreational uses with national significance." (IUCN 1990)

No national rivers or protected landscapes presently exist in the study area. Fifteen rivers (Barguzin, Chikoy, Dzhida, Goloustnaya, Ilka, Irkut, Khilok, Kitoy, Menza, Oka, Selenga, Temnik, Turka, Uda, and Upper Angara), totaling 4,694 kilometers (2,917 miles), are recommended for classification at this time.

Two areas with high natural and historic value were originally recommended for protected landscape status in TERKSOP (RSFSR 1990): Gusinoozerski and Kyakhtiski. The large coal strip mine recently developed in the Gusinoozerski area, together with substantial air pollution from the energy facilities, make it inappropriate for protected landscape status now. However, the historic and cultural values of the Gusinoozerski region will be protected as part of a Selenga River Historic District.

The Kyakhtiski area, along with the Northern Khamar-Daban and Severobaikalsky areas, are recommended for protected landscape status. Together the three recommended protected landscapes total 1,679,000 hectares.

классифицировать сейчас как "нацио-
нальные": Баргузин, Верхняя Ангара,
Голоустная, Джида, Илька, Иркут, Китой,
Менза, Ока, Селенга, Тёмник, Турка, Уда,
Хилок, Чикой.

Две территории особой природной и
исторической ценности были первоначально предложены ТерКСОПом (РСФСР,
1990) для классификации их как
"охраняемые территории": Гусиноозерская
и Кяхтинская. В настоящее время территория Гусиноозерского района не может
быть классифицирована как "охраняемый
ландшафт" из-за угольной шахты,
протянувшейся на большое расстояние и
из-за серьёзных воздушных загрязнений,
связанных с работой электростанции. Но,
однако, исторические и культурные
ценности Гусиноозёрского района будут
защищены отнесением его к "историческому району" (как части "исторического
района долины Селенги").

Окрестности Кяхты, а также окрестности северного Хамар-Дабана и
Северобайкальска рекомендуется отнести
к "охраняемым ландшафтам". Общая
площадь трёх рекомендуемых "охраняемых
ландшафтов" составит 1 679 000
гектаров.

Предпочтительное использование:

1. Рекреационная деятельность на
   открытом воздухе, включая охоту и
   рыболовство

2. Экологическое образование и
   воспитание

3. Обзорные (смотровые) площадки
   вдоль дорог

4. Укрепление берегов рек с использованием природных материалов

5. Условия для пикников

6. Сооружения для санитарно-гигиенических нужд

7. Сбор грибов, ягод, орехов, растений

8. Другие типы использования в
   границах населённых пунктов в
   соответствии с планами местного
   зонирования, утверждёнными
   Байкальской Комиссией.

Возможное использование:

1. Выпасы скота

2. Временные лагеря и стоянки для
   отдыха

3. Условия для осуществления
   экологического образования

4. Стоянки для ночлега

5. Санитарные рубки леса

Preferred Uses:

1. Open space recreation, including
   hunting and fishing

2. Environmental education

3. Roadside scenic pull-offs

4. River bank stabilization with native
   materials

5. Picnic facilities

6. Sanitary facilities

7. Gathering of plant materials such as
   nuts, berries, mushrooms

8. Other uses within settlements as provided for in local zoning plans
   approved by the Baikal Commission.

Conditional Uses:

1. Livestock grazing

2. Temporary retreat facilities and shelters

3. Environmental education facilities

4. Overnight campsites

5. Sanitation cutting of timber

6. Organic farming

7. Other uses as provided for in local
   zoning plans approved by the Baikal
   Commission.

Natural Anthropological Reserves (IUCN Category VII)

Purposes, Policies, and Objectives: The
purpose of these areas is to conserve the
natural environment of the indigenous
peoples of Siberia and to create the opti-

Семейный выезд.

A family outing.

Photo courtesy Boyd Norton

71

6. Фермерство (с использованием только органических процессов)

7. Другие типы использования в соответствии с планами местного зонирования, утверждёнными Байкальской Комиссией

Этнические территории (естественные антропологические заповедники - IUCN, категория VII)

Цели и задачи: назначение земель этой категории - сохранить естественное природное окружение коренных жителей Сибири и создать оптимальные условия для естественного развития их культуры и сохранения традиционных форм деятельности и стиля жизни.

Этнические территории (естественные антропологические заповедники) - "территории, где влияние современной технологии не оказало серьёзного воздействия или не вступило в глубокое взаимодействие с традиционным стилем жизни коренного населения. Это могут быть отдалённые или изолированные территории, и их труднодоступность сохранялась, возможно, на протяжении значительного периода времени. Эти сообщества очень важны для поддержания культурного многообразия; здесь очень сильна зависимость от природного окружения для обеспечения пищей, жилищем и другим необходимым для поддержания жизни. Экстенсивное использование растительности или животного мира здесь или другие серьёзные перемены в типе использования не разрешаются.

Управление этими территориями нацелено на поддержание условий жизни традиционных сообществ таким образом, чтобы обеспечить развитие в рамках их культурных традиций." (IUCN 1990)

В настоящее время "этнических территорий" (естественных антропологических заповедников) в бассейне Байкала не существует, но рекомендуется создание шести, общей площадью 5 730 000 гектаров: Кичерской долины, Котерской, Окинской, Ольхонской, Тункинской и Закаменской. Ольхонский и Тункинский в настоящее время являются национальными парками и новая классификация не означает уменьшения степени их защищённости. Кроме того, рекомендуется отнесение острова Ольхон к категории "постоянных национальных" заказников ("национальных природных резерватов"), с тем чтобы восстановление и сохранение всех видов растений и животных, обитавших на острове в прошлом веке,

mum conditions for the natural development of their culture and conservation of traditional forms of activity and life style.

Natural anthropological reserves "are characterized by natural areas where the influence or technology of modern (people) has not significantly interfered with or been absorbed by the traditional ways of life of the inhabitants. These areas may be remote and isolated and their inaccessibility may be maintained for a considerable period of time. The societies are of particular significance to the maintenance of cultural diversity; there is a strong dependence of (people) upon the natural environment for food, shelter, and other basic material to sustain life. Extensive cultivation or other major modifications of the vegetation and animal life is not permitted.

"Management is oriented towards the maintenance of habitat for traditional societies so as to provide for their continuance within their own cultural mores." (IUCN 1990)

No designated natural anthropological reserves exist in the study area at present but six (Kichera Valley, Kotera, Okinsky, Olkhon, Tunkinsky, and Zakamensky), totaling 5,730,000 hectares, are recommended. Olkhon and Tunkinsky are presently designated national parks and no decrease in their protection is intended by this redesignation. In addition, it is recommended that Olkhon Island be dually designated as a national wildlife refuge with the restoration and conservation of all native species of wildlife found on the island in the last century as one of its primary management objectives.

Preferred Uses:

1. Traditional land uses not incorporating modern technology (as determined by the indigenous people's governing authority and confirmed by the Baikal Commission and, in the case of Olkhon Island, the Russian Federation Ministry of Ecology).

2. Within existing settlements, those land uses determined to be compatible with the overall goals and objectives of the reserves including the traditional cultural norms (as determined by the settlements governing authority and confirmed by the

стало здесь главной задачей.

Предпочтительное использование:

1. Традиционное землепользование без применения современных технологий (в соответствии с решениями, принятыми административными органами коренного населения и утверждёнными Байкальской Комиссией и - в случае с островом Ольхон - Министерством экологии Российской Федерации).

2. В существующих поселениях избранные типы землепользования должны отвечать главным целям и назначению "территорий" и традиционным нормам культуры (в соответствии с решениями, принятыми административными органами коренного населения и утверждёнными Байкальской Комиссией)

Возможное использование:

1. Коммерческое обслуживание рекреационной деятельности на открытом воздухе

2. Другие типы использования, исключающие применение современных технологий и отвечающие главным целям и назначению этих территорий, а также традиционным нормам культуры (в соответствии с решениями, принятыми административными органами коренного населения и утверждёнными Байкальской Комиссией и - в случае с островом Ольхон- Министерством экологии Российской Федерации).

Республиканские и областные парки и временные заказники

Цели и задачи: эти региональные парки и заказники создаются и управляются местным или региональным правительством. Парки предоставляют возможность для рекреационной деятельности населения на открытом воздухе и экологического образования. Заказники создаются для сохранения, воспроизведения или восстановления одного или нескольких видов растений или животных или естественных природных характеристик, но также могут быть использованы как парки, если предварительные условия для такой классификации не были нарушены. Все части этой зоны являются важными составными пейзажа, объединяя места обитания диких животных и открытые пространства.

Baikal Commission).

Conditional Uses:

1. Commercial outdoor recreational services

2. Other uses not incorporating modern technology and compatible with the overall goals and objectives of the reserves (as determined by the indigenous people's governing authority and confirmed by the Baikal Commission and, in the case of Olkhon Island, the Russian Federation Ministry of Ecology).

Republic and Oblast Parks and Temporary Zakazniki

Purposes, Policies, and Objectives: These regional parks and zakazniks are established and managed by local or

Остров Ольхон рекомендуется классифицировать и как „этническую территорию", и как „постоянный заповедник"

Olkhon Island is recommended as both a natural anthropological reserve and a wildlife refuge.

В настоящее время на территории бассейна "региональных парков" не выделено. Но Бурятская Республика, Иркутская и Читинская области должны определить такие территории в процессе уточнения программы. Рекомендуется изменить классификацию большинства из 29 существующих в настоящее время заказников и сделать их постоянной частью новых заповедников, парков или постоянных заказников.

Предпочтительное использование:

1. Защита природы

2. Рекреационная деятельность на открытом воздухе

3. Экологическое образование и воспитание

Возможное использование:

1. Ограниченные санитарные рубки леса

2. Управление дикой природой, включая регуляцию условий обитания там где это необходимо для сохранения видов, ради которых территория была выделена

3. Улучшение мест обитания рыбы

4. Сооружения для санитарно-гигиенических нужд

5. Фермерство (с использованием только органики)

Городские и районные парки и зеленые полосы

Цели и задачи: эти территории смягчают развитое городское окружение и обеспечивают людей удобными возможностями для отдыха в естественном окружении деревьев, цветов, птиц и животных. Городские парки могут быть разными: от небольших, удобных для пикников до крупных территорий, подходящих для самых различных типов отдыха. Зеленые полосы - это "линейные" парки, обычно с пешеходными или велосипедными тропами, соединяющие парки с населёнными частями городов или служащие зелёными поясами, окружающими населённые районы городов или жилые поселения.

Предпочтительное использование:

1. Рекреационные условия для пеших походов, велосипедной езды, спортивной ходьбы, бега, пикников

2. Пешеходные тропы, условия для пикников, детские игровые площадки и условия для активной рекреационной деятельности на

regional governments. Parks provide for public outdoor recreation and environmental education. Zakazniki are established to preserve, reproduce, or restore one or more rare species of plants or animals or other natural features, but also may be used as parks if the primary reason for the designation is not harmed. All units in this zone are often important open space and wildlife refuge components of the landscape.

No regional parks are identified at this time, however, the Buryat Republic and Chita and Irkutsk Oblasts should designate such areas as they refine this program. Most of the 29 existing zakazniki are recommended to be reclassified as permanent parts of new zapovedniki, parks, or wildlife refuges.

Preferred Uses:

1. Nature preservation

2. Outdoor recreation

3. Environmental education

Conditional Uses:

1. Limited sanitation harvesting of timber

2. Wildlife management, including habitat manipulation, where necessary to perpetuate a species for which the area has been set aside

3. Fishery habitat improvement

4. Sanitary facilities

5. Organic farming

Urban and Raion Parks and Greenways

Purposes, Policies, and Objectives: These areas soften the developed urban environment and provide convenient opportunities for people to briefly relax in a natural setting of trees, flowers, birds, and small animals. Urban parks may vary from small areas suitable for sunning or eating lunch to large areas suitable for various forms of recreation. Greenways are linear parks, usually with walking or bicycling paths, that connect parks or popular urban destinations or serve as green belts of nature around residential areas or communities.

Preferred Uses:

1. Open space recreation such as hiking, bicycling, jogging, and picnicking

2. Trails, picnic facilities, children's

открытом воздухе

3. Витрины и объявления с информацией воспитательного и образовательного содержания

Возможное использование:

1. Организация больших публичных мероприятий, как, например, концерты

2. Сооружения для санитарно-гигиенических нужд

Курорты и рекреационные территории интенсивного использования

Цели и задачи: назначение этой зоны - обеспечить местами для размещения оздоровительных и лечебных курортов, отдыха и организованной рекреационной деятельности. В целом эти земли менее ранимы с экологической точки зрения, чем земли «природоохранные». Различные структуры (конструкции) и места, интенсивно использующиеся для отдыха, должны быть размещены на небольших участках земель, чередующихся с неиспользованными участками открытого пространства. Могут быть организованы курорты для лечения травами, применения методов тибетской медицины, использования горячих источников, других целительных свойств природы. Многие земли, отнесённые к этой категории, обладают минеральными, горячими источниками и другими «природными терапевтическими свойствами, которые благоприятны для организации профилактических и лечебных мер по охране здоровья " (СССР, 1990). Все они обладают огромными возможностями для отдыха и оздоровления.

Рекомендуется четырнадцать территорий для интенсивной рекреационной деятельности и курортов.

Предпочтительное использование:

1. Организация мест для отдыха и условий для спорта

Возможное использование:

1. Условия для осуществления экологического образования и воспитания

2. Гостиницы и курортные комплексы

3. Лечебницы, санатории и курорты

4. Размещение туристских лагерей

5. Лодочные причалы и доки

6. Сооружения для санитарно-гигиенических нужд

Земли историко-культурного значения

Цели и задачи: назначение этой зоны -

playgrounds, and other extensive outdoor recreation facilities

3. Educational and interpretive signs and displays

Conditional Uses:

1. Large public events such as concerts

2. Sanitary facilities

Resort and Intensive Use Recreation Areas

Purposes, Policies, and Objectives: The purpose of this zone is to provide areas for health resorts, rest and recuperation, and organized recreation. Generally these lands are ecologically less fragile than nature conservation lands. Structures and intensive recreational activity areas should

Рекомендуется расширение территории Байкало-Ленского заповедника.

Expansion of the Baikal-Lena Zapovednik is recommended.

Photo courtesy Boyd Norton

сохранение сооружений и мест, имеющих историческое и культурное значение, организация посещений их с образовательными и культурными целями. Эта зона включает исторические, культурные, археологические, мемориальные места, места захоронений и священные ландшафты. Экспонаты на местах должны быть защищены от воровства и вандализма. Священные ландшафты имеют особое значение для религиозных, духовных, традиционных верований и должны быть сохранены в их естественном виде. Часто священные места расположены в отдалённых территориях с водопадами, пещерами, утёсами, горными вершинами, пиками и каньонами, являются уникальными в геологическом смысле.

Охрана этих мест сложна, но важна. Естественные условия этих территорий не должны быть нарушены человеческой деятельностью. Сбор природного сырья не должен оказывать разрушающее воздействие на естественное состояние этой территории.

Приводимый в ТерКСОП список исторических и культурных мест насчитывает 1252 наименования. Более полный перечень был составлен во время работы над проектом и отражён в карте-схеме археологических местонахождений в бассейне озера Байкал (Лбова Л. В. и др., 1991) и на карте "Места культурного наследия Байкальского региона" (Жимбиев, 1991). На этих картах отражено более 1 700 мест. В качестве примера могут быть названы поселения старообрядцев в Куналее, Бичуре, Тарбагатае, Красном Чикое; буддистские и православные церкви и монастыри, такие, как Иволгинский, Посольский и Троицкий; поселения Шара-Тогот, Аргада и Хараста; остроги в Наушках, Цангане и Харасае; место Ойхони - Ихэ- Бабай в Ольхонском районе.

Дополнительно рекомендуется выделение "исторического района" в долине реки Селенги, чтобы помочь обеспечить защиту и учесть всё многообразие исторических, культурных и экологических ресурсов этой территории. Изложенные ниже типы "предпочтительных" и "возможных" пользований не относятся к этому "историческому району".

Предпочтительное использование:

1. Сохранение памятных мест и соответствующее управление ими

2. Условия для обеспечения информацией посетителей о значении того

be clustered on relatively small portions of these lands, leaving the undeveloped lands for open space recreation. Health resorts might be established to treat visitors by such methods as herbal remedies, Tibetan medicine, hot springs, and rejuvenating qualities of nature. Many of these lands have mineral springs, hot springs, and other "natural therapeutic features that are favorable for the organization of preventive health care and treatment activities" (USSR 1990). All offer outstanding opportunities for rest and recuperation.

Fourteen resort and intensive use recreation areas are recommended.

Preferred Uses:

1. Organized outdoor recreation and sports facilities

Conditional Uses:

1. Environmental education and interpretation facilities

2. Hotels and resort complexes

3. Health clinics, spas, and sanatoria

4. Group camps

5. Boat docks and moorings

6. Sanitary facilities

Historic and Cultural Lands

Purposes, Policies, and Objectives: The purpose of this zone is to preserve structures and sites of historic and cultural significance and to encourage visitation for educational and spiritual purposes. This zone includes historic, cultural, archaeological, memorial, and burial sites and sacred landscapes. Artifacts at the sites should be protected from theft or vandalism. Sacred landscapes have special significance for religious, spiritual, or traditional beliefs and should be preserved in their natural condition. Often these sacred sites contain waterfalls, caves, bluffs, mountain tops, spires and canyons, and are remote, mountainous, and unique in geological terms.

Protection of sites is difficult but important. The natural condition of the sites should not be disturbed by human activities. Gathering of natural materials should not degrade the natural condition of the area.

According to TERKSOP, 1,252 historic and cultural sites have been inventoried (RSFSR 1990). This inventory has been supplemented for this project by *a Map of Archaeological Sites for the Basin of Lake*

или иного места

3. Религиозные церемонии и паломничество

4. Сбор трав, орехов, ягод, грибов и лечебных трав

Возможное использование:

1. Устройства для пикников

2. Сооружения для санитарно-гигиенических нужд

3. Временные лагеря и стоянки для отдыха

Земли лесного фонда и водоохранно-защитные

Водоохранно-защитные земли и леса ограниченного использования

Цели и задачи: главное назначение этой зоны - защитить те леса и те нелесные территории, которые жизненно необходимы для постоянного обеспечения чистой водой. Трудно поддающиеся регенерации высокогорные леса и луга, темнохвойная тайга на многолетней мерзлоте и сухие трудновозобновляемые леса на южных склонах, восприимчивые к эрозии земли и большие по площади заброшенные участки входят в состав этих территорий там, где они не классифицированы как "парки", "заказники" или "заповедники". Также сюда относятся бывшие лесные территории, где имели место сплошные вырубки или другие виды разрушительной деятельности, и которые требуют восстановления и вряд ли в обозримом будущем могут использоваться как леса для коммерческих нужд. На этих территориях может быть сооружено немного новых дорог, за исключением, в случае необходимости, дорог, построенных в целях пожарной безопасности. Новые дороги, построенные в целях пожарной безопасности, должны быть проложены на основаниях с дренажной системой, быть покрыты слегами и, где возможно, засажены растительностью.

Второстепенное назначение этой зоны- заготовка продуктов питания и полезной лесной продукции в лесах, где будет сохраняться древесный покров, а такая растительная продукция, как семена, фрукты, орехи, фураж, клубни, ягоды и грибы, может заготавливаться с учётом необходимых для устойчивого развития условий. Например, могут быть защищены в этой зоне землепользования кедровые рощи (Сибирская сосна-**Pinus sibirica**) - как источник орехов и кедрового масла для обеспечения местного населения

Baikal (Lbova et al. 1991) and *a Map of Cultural Heritage Sites for the Baikal Region* (Zhimbiev 1991). These maps include more than 1,700 sites. Examples include: settlements of Old Believers (staroobryadtsy) such as Kunaley, Bichura, Tarbagatay, and Krasny-Chikoy; Buddhist temples and Orthodox monasteries such as Ivolginsky, Posolsky, and Troitsky; Shara-Togot, Argada, and Haryasta villages; fortress sites at Naushki, Tsangan, and Haratsay; and the place of Oyhoni-Ihe-Babay in the Olkhon raion.

In addition, a Selenga River Historic District is recommended to help insure that all activities within the area recognize and protect the multitude of historic and cultural resources of the district. This his-

Шаман-камень. Западное побережье острова Ольхон.

Shaman Rock, on the west shore of Olkhon Island, is an important cultural site.

Photo courtesy George D. Davis

и для экспорта. Этот лес используется для заготовки продуктов питания, а не для заготовки древесины и древесной продукции. В целом здесь нет выпасов, кроме как на естественных лугах в определённое время года. Деревья, кустарники, стелющаяся растительность и корневая растительность могут быть перемешаны, создавая растительный покров.

Эти зоны часто выполняют дополнительную функцию буферных для национальных парков или других охраняемых территорий, отделяющих их от земель интенсивного использования.

Рекомендуется отвести под водоохранно-защитные земли и леса ограниченного использования территорию общей площадью в 5 054 000 гектаров.

Предпочтительное использование:

1. Рекреационная деятельность на открытом воздухе
2. Организация контроля за дикой природой
3. Заготовка растительного сырья, сбор орехов, ягод и грибов
4. Экологическое образование и воспитание
5. Охота и рыболовство
6. Рубки ухода

Возможное использование:

1. Восстановительные рубки и заготовка дров

Леса, где произрастает сибирская сосна (кедр), охраняются как водозащитные и для воспроизводства орехов.

Siberian pine (cedar) forests are protected for watershed and cedar nut production purposes.

toric district, however, is not subject to the following preferred and conditional use lists.

Preferred Uses:

1. Preservation and appropriate maintenance of the site
2. Facilities to inform visitors of the significance of the site
3. Religious ceremonies and pilgrimages
4. Gathering of plant materials such as herbs, nuts, berries, mushrooms, and medicinal plants

Conditional Uses:

1. Picnic facilities
2. Sanitary facilities
3. Temporary retreat facilities and shelters

Forest and Watershed Protection Lands

Watershed Protection Lands and Limited Production Forests

Purposes, Policies, and Objectives: The primary purpose of this zone is to protect those forests and critical non-forest areas vital to the continued supply of pure water. High elevation forests and meadows, dark taiga over permafrost, and dry southern exposure forests difficult to regenerate are included, as are erosion prone lands and some large wetlands where not

2. Выпас скота

3. Дом егеря в отведённом месте

4. Дороги

Леса интенсивного хозяйственного использования (IUCN, категория VIII)

Цели и задачи: главное назначение этой зоны- обеспечить устойчивый урожай лесной продукции. Эти земли предназначены также для рекреационной деятельности на открытом воздухе и являются важной частью регионального ландшафта. Они должны управляться профессиональными лесничими и другими специалистами в области естественных ресурсов с использованием таких методов лесоводства, которые гарантируют получение устойчивых урожаев древесины и сохраняют почвенные, водные, рекреационные, эстетические ресурсы и живую природу. Светлохвойная тайга занимает большую часть этой зоны, но и деградированные земли, нуждающиеся в восстановлении лесного покрова, также входят в эту зону там, где они могут в будущем служить базой для заготовки древесины (при соответствующем управлении ими и восстановлении).

«Планирование является необходимым для обеспечения гарантии того, что территория используется с учетом необходимости получения стабильных урожаев. Основой управления этими территориями является такое ведение хозяйства, которое обеспечит сохранение продуктивности всей территории и ресурсов" (IUCN 1990).

Территория общей площадью 4 510 000 гектаров рекомендуется для лесов хозяйственного назначения.

Предпочтительное использование:

1. Заготовка древесины, за исключением сплошных рубок там, где лесосеки превышают пять гектаров

2. Рекреационная деятельность, включая охоту

3. Организация контроля за дикой природой

4. Сбор растительного сырья, такого как ягоды, грибы, орехи

Возможное использование:

1. Сплошные рубки на лесосеках, превышающих 5 гектаров

2. Выпасы домашнего скота

3. Условия для рекреационной деятельности

otherwise designated a park, zakaznik, or zapovednik. Also included are former forest lands that have been cleared and subjected to destructive uses that require restoration and which are not likely to become commercial forests in the foreseeable future. Few new roads should be constructed in this zone except as necessary for fire suppression. New roads built for fire suppression should be "put to bed" with drainage structures (e.g., waterbars), covered with slash and, where appropriate, seeded or planted.

A secondary purpose of this zone is to provide food and usable products from forests where tree cover will be maintained but where plant materials such as seeds, fruits, nuts, forage, tubers, berries, and mushrooms can be collected on a sustained basis. For example, a grove of "cedar" (Siberian pine - Pinus sibirica) could be protected in this zone to maintain a source of nuts and oil for individuals, local communities, or export. This is a forest managed for food and vegetable products rather than lumber or pulpwood. It is generally not grazed except in natural meadows during specified times of the year. Trees, shrubs, vines, and root crops may be interplanted as understory crops.

These zones often serve the additional

Территории, на которых к лесным ресурсам относятся бережно, дают лесную продукцию высокого качества.

Carefully managed forest resource areas can produce high quality forest products.

Photo courtesy George D. Davis

Photo courtesy Boyd Norton

Знаменитая
прозрачная вода
Байкала.
Мраморное
побережье.
Ушканий остров.
Забайкальский
национальный
парк.

Baikal's famous crystal clear waters at Marble Beach on Ushkanyi Island, Zabaikalsky National Park.

function of buffering national parks and other protected areas from more intensive land uses.

A total of 5,054,000 hectares of watershed protection lands and limited production forests is recommended.

Preferred Uses:

1. Open space recreation
2. Wildlife management
3. Gathering plant materials such as nuts, berries and mushrooms
4. Environmental education
5. Hunting and fishing
6. Sanitation cutting for forest protection

Conditional Uses:

1. Salvage and firewood cutting
2. Livestock grazing
3. Caretaker residence on approved homesite
4. Roads

Managed Forest Resource Areas (IUCN Category VIII)

Purposes, Policies, and Objectives: The basic purpose of this zone is to produce a sustainable yield of forest products. These lands also provide outdoor recreation and form an important part of the region's open space character. They will be managed by professional foresters and other natural resource specialists using silvicultural methods that insure sustainable timber harvests and also protect the region's soil, water, wildlife, recreation, and aesthetic resources. The light taiga forests comprise most of this zone; however, degraded lands in need of reforestation are also included where they will add to the future timber base if properly restored and managed.

"Planning programs to insure the area is managed on a sustained yield basis is a prerequisite. The major premise in the management of these areas is that they will be managed to maintain the overall productivity of the areas and their resources in perpetuity." (IUCN 1990)

A total of 4,510,000 hectares is recommended as managed forest resource areas.

Preferred Uses:

1. Silviculturally sound timber harvest except clearcutting where individual

4. Условия для экологического образования

5. Сооружения для общественных нужд

6. Лесопилки и другие объекты для лесопереработки

7. Добыча полезных ископаемых, включая добычу гравия и песка

Водные ресурсы и прилегающие земли

Озеро Байкал

Цели и задачи: назначение этой зоны - восстановить и защитить физические, химические и биологические ресурсы озера Байкал (с особым вниманием к сохранению эндемичных видов). Рыболовство и охота (омуль, нерпа и водоплавающие) должны быть разрешены, но только при условии, что это не повлияет на устойчивость состояния этих видов.

При дальнейшем зонировании акватории Байкала могут быть выделены зоны

рекреационного использования судов, коммерческого использования судов, научных исследований, священные места, места обитания важнейших видов и зоны, подлежащие первоочередному восстановлению. Рекомендованное в этом проекте создание десяти аква-заказников - первый шаг в этом процессе.

В настоящее время в озеро поступают многочисленные сточные воды. Это должно быть прекращено. (Стоки только Байкальского целлюлозно-бумажного комбината составляют 230 000 м^3 ежесуточно, на настоящий момент более половины байкальских вод прошло через системы комбината и загрязнено (**Stewart** 1990b). Не должно быть разрешено новых сбросов любых вредных веществ. Должен быть проведён анализ существующих сбросов и дано строго определённое время для того, чтобы свести до нуля сброс всех вредных веществ, включая (но не ограничиваясь) неорганические химические элементы, тяжёлые металлы и органические токсины.

Эндемичная фауна Байкал ассоциируется прежде всего с пелагической (глубоководной зоной озера), в то время как в мелководной зоне преобладает сибирская фауна.

Площадь поверхности озера Байкал составляет 3 150 000 гектаров.

Предпочтительное использование:

1. Обеспечение питьевой водой индивидуальных домов и муниципальных структур

2. Не оказывающая загрязняющего влияния рекреационная деятельность, включающая использование лодок, парусных судов, плавание, спортивную рыбалку

3. Туристические (коммерческие) путешествия по воде

Возможное использование:

1. Коммерческая добыча рыбы и других животных

2. Коммерческое бутылирование байкальской воды для питья

(Примечание. Из-за своего относительно небольшого размера береговая линия, прибрежная водная и береговая зоны озера и увлажнённые территории не показаны на карте рекомендуемого распределения земель)

Береговая полоса и прибрежная акватория озера

Цели и задачи: береговая полоса

cut units exceed five hectares

2. Open space recreation including hunting and trapping

3. Wildlife management

4. Gathering of plant materials such as nuts, berries and mushrooms

Conditional Uses:

1. Clearcutting where cutting units exceed five hectares

2. Domestic livestock grazing

3. Recreational facilities

4. Environmental education facilities

5. Public utility facilities

6. Sawmills and other wood processing facilities

7. Mineral extraction, including sand and gravel

Water Resources and Adjacent Lands

Lake Baikal

Purposes, Policies and Objectives: The purpose of this zone is to restore and protect the physical, chemical, and biological resources of Lake Baikal, with a focus on the preservation of endemic species. Harvesting of fish and wildlife (e.g., omul, nerpa, and waterfowl) should be permitted, but only to the extent that these resources are sustained in a healthy condition.

For further refinement, sub-zones within the lake could include recreational boating, commercial boating, scientific research, culturally sacred, critical species habitat, and priority remediation zones. The recommendation elsewhere in this report for the creation of ten aqua-

---

„Это большая потеря для нашего общества- утрата чувства гармонии с природой.''
Валентин Распутин
Baikal: The Sacred Sea of Siberia 1992

"It is a great loss to our society that we have severed our connection with that old sense of harmony with nature."

Valentin Rasputin
Baikal: The Sacred Sea of Siberia 1992

окружает не только озеро Байкал, но все озёра в бассейне. Деятельность, происходящая в этой зоне, оказывает непосредственное влияние на водные ресурсы озера. Поэтому оправдан высокий уровень защиты и контроля этой зоны.

Главная цель этой зоны - сохранить или улучшить существующие физические, биологические и эстетические характеристики береговой полосы. Назначение зоны- защитить качество воды и места обитания водных видов от происходящей на берегу деятельности, которая может оказать на них негативное воздействие.

Акватическая прибрежная зона включает все участки внутри озера с глубиной менее 50 метров. Байкальская Комиссия должна быть наделена полномочиями расширять эту зону, когда есть необходимость, подтверждённая результатами научных исследований. Береговая линия озера уходит вглубь берега на 400 метров от отметки самого высокого уровня воды, а там где расположены населённые пункты она равняется 50 метрам. Нужно провести оценку восприимчивости этой зоны к эрозии и способности распространения наземных загрязнителей (всасывающая способность; низкая способность песков к поглощению положительных ионов, что не подходит для размещения канализационных отходов) и расширить эту зону там, где это необходимо, для сохранения качества воды.

В береговой зоне значительную часть жизни обитают важнейшие наземные виды. Для обитания этих видов должны быть сохранены естественные природные коридоры нетронутой природы.

Предпочтительное использование:

1. Рекреационное использование

Возможное использование:

1. Откачивающие насосные станции для сбора мусора, расположенные только в городах, посёлках и сёлах

2. Лодочные станции, причалы, доки и пирсы, расположенные только в городах, посёлках и сёлах

3. Коммерческое использование рыбы и диких животных

4. Разведение акватических видов, свойственных для данной зоны

5. Фермы по разведению ондатры

Зона побережья

Цели и задачи: эта зона - продолжение

zakazniki is a first step in this process.

The lake currently takes numerous direct wastewater effluent discharges. These must be eliminated. (The Baikalsk pulp combine alone discharges 230,000 cubic meters of wastewater into the lake every day; more than half the water in Baikal has now passed through the pulp mill and become contaminated (Stewart 1990b).) No new discharges of any deleterious materials should be allowed. Existing discharges should be reviewed and each given a specific and expedient timetable for attaining zero discharge of all deleterious materials including but not limited to nutrients, heavy metals, and organic toxins.

The endemic Baikal fauna is associated primarily with the pelagic (deep water) zone of the lake, while the shallow areas are dominated by Siberian fauna.

The surface area of Lake Baikal is 3,150,000 hectares.

Preferred Uses:

1. Drinking water supply for individual homes and municipalities

2. Non-polluting recreation including boating, sailing, swimming, and sport fishing

3. Commercial boat tours

Conditional Uses:

1. Commercial harvesting of fish and wildlife

2. Commercial bottling of Baikal water for drinking

(NOTE: Because of their relatively small scale, the lakeshore and littoral, riparian, and wetland zones are not shown on the accompanying recommended land allocation map.)

Lakeshore and Littoral Zone

Purposes, Policies and Objectives: The lakeshore zone surrounds all lakes in the basin, not just Lake Baikal. Activities in this zone directly influence the water resources of the lake. Therefore, a high level of protection or control is warranted.

The principal objective in this zone is to maintain or enhance the existing physical, biological, and aesthetic characteristics of the shoreline. The purpose of the zone is to protect water quality and the habitat of aquatic species from activities on the immediate lakeshore that might harm the habitat or the species.

зоны береговой полосы, она включает коридоры вдоль всех притоков. Эти коридоры должны быть не менее 50 метров шириной вдоль берегов постоянных и временных (пересыхающих) ручьев, рек или в размер русла ежегодных подтоплений или половодий, в зависимости от того, какое из них шире. Назначение этой зоны - защитить качество воды и важные места обитания живой природы вдоль течений рек и береговой линии от различных типов деятельности, могущих принести вред.

Предпочтительное использование:

1. Рекреационные виды использования, включая охоту и рыболовство

Увлажнённые и болотистые местности

Цели и задачи: эта зона включает все увлажнённые и болотистые местности (см. Глава II, В и «Словарь терминов»), вне зависимости от размера, находящиеся вне обозначенных природоохранных территорий, и буферную зону шириной не менее 100 метров вокруг каждой такой местности. Региональные комитеты по экологии, работая совместно с Российской академией наук, должны составить карту всех увлажнённых и болотистых местностей к 31 декабря 1995 года.

Назначение этой зоны - защитить участки пресной воды в бассейне Байкала в увлажнённых и болотистых местностях. Увлажнённые земли играют весьма важную роль в защите от затоплений, поддержании уровня ручьёв и речек, при фильтрации селей и других загрязнителей и обеспечивают места обитания для диких животных и открытые пространства. Из-за этих ценных особенностей и трудностей освоения на этих территориях не должно быть разрешено никакого строительства (дорог или иных структур) или сельскохозяйственного использования.

Предпочтительное использование:

1. Места обитания животных и растительных сообществ
2. Сбор научной информации
3. Экологическое образование и воспитание

Возможное использование:

1. Ограниченная добыча рыбы и диких животных, птиц
2. Ограниченная заготовка леса в зимнее время

The littoral zone includes all areas with a water depth of less than 50 meters. The Baikal Commission should have the authority to extend this zone where scientific study supports a need. The land-lakeshore zone extends inland 400 meters from the mean high water mark except in settlement areas where it is 50 meters. It will be evaluated for susceptibility to erosion or ability to transport subsurface pollutants (e.g., quick percolating, low cation exchange capacity sands which are poor for sewage disposal), and extended where necessary to preserve water quality.

Critical upland species occupy the shore zone for a significant part of their life histories. Adequate undisturbed, natural corridors to the lakeshore will be protected for these species.

Preferred Uses:

1. Open space recreation

Conditional Uses:

1. Pump-out stations for sanitary waste holding tanks in cities, settlements, and rural communities only
2. Marinas, boatyards, launching areas, docks, and piers in cities, settlements, and rural communities only
3. Commercial uses of the fish and wildlife
4. Aqua-culture of native species
5. Ondatra fur farms

Riparian Land

Purposes, Policies and Objectives: This zone is an extension of the lakeshore zone

Прибрежная зона и пойма в рекомендуемом национальном постоянном заказнике в Баргузинской долине.

Wetlands and riparian zone in the recommended Barguzin Valley National Wildlife Refuge.

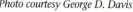
Photo courtesy George D. Davis

Photo courtesy George D. Davis

Воздушные выбросы промышленных предприятий Ангарской долины - главный загрязнитель Байкала.

Air pollution from the industrialized Angarsk Valley is a major pollutant of Lake Baikal.

3. Сбор ягод и трав

Воздушные ресурсы

Прилегающий воздушный бассейн

Цели и задачи: назначение этой зоны - помочь защитить земельные и водные ресурсы бассейна озера Байкал от недопустимо высоких уровней воздушных загрязнений, источник которых находится за пределами бассейна. В будущем в этом регионе предпочтительными источниками энергии должны стать природный газ и солнечная энергия. Эта зона включает прежде всего прилегающий воздушный бассейн к западу от озера, показанный на прилагающейся карте. Для уточнения границ воздушного бассейна Байкальская Комиссия должна использовать компьютерное моделирование.

Разные загрязняющие вещества (окислы формальдегида, серы, азота) попадают в озеро и на прилегающие территории из воздуха (**Stewart 1990b & Peterson 1990**; Воробьёв, 1988). Хотя некоторые из этих веществ поступают в результате выбросов из источников, расположенных на территориии бассейна, многие приносятся в результате выбросов из источников, расположенных западнее.

Байкальская Комиссия после публичных слушаний должна установить нормы максимально допустимых выбросов для всех загрязнителей бассейна до 31 декабря 1994 года. Нормы на территории бассейна Байкала могут отличаться от норм, установленных для прилегающего воздушного бассейна. В пределах прилегающего воздушного бассейна новые воздушные выбросы могут быть разрешены только при условии, если существ-

that includes corridors along all tributary streams. These corridors are to be not less than 50 meters wide on each side of permanent rivers, streams, and intermittent streams, or the width of the annual floodplain, whichever is greater. The purpose of this zone is to protect water quality and critical habitats from activities on the stream and river shorelines that may be harmful.

Preferred Uses:

1. Open space recreation, including hunting and fishing

Wetlands

Purposes, Policies and Objectives: This zone includes all wetlands (see chapter II(C) and Glossary for definition) not within designated protected areas, regardless of size, and a buffer area not less than 100 meters wide around each wetland. Regional goskomecologia, working with the Russian Academy of Sciences, should prepare a map of all wetlands in the watershed by December 31, 1995.

The purpose of this zone is to protect the freshwater wetlands of the Lake Baikal basin. Wetlands are valuable for their role in flood protection, maintaining streamflows, filtering sediments and other pollutants, and providing wildlife habitat and open space. Because of these high values and the severe difficulties of development, no development (structures or roads) or agricultural uses will be allowed in these areas.

Preferred Uses:

1. Sanctuary for fish, wildlife, and plant communities
2. Collection of scientific data
3. Environmental education

Conditional Uses:

1. Limited harvesting of fish and wildlife
2. Limited winter timber harvesting
3. Harvesting of berries and herbs

Air Resources

Adjacent Airshed

Purposes, Policies and Objectives: The purpose of this zone is to help protect land and water resources of the Lake Baikal basin from unacceptably high levels of air pollution originating outside the basin. In the future, natural gas and solar should be the preferred energy sources within this

ТЕРРИТОРИЯ ПО ЗОНАМ ЗЕМЛЕПОЛЬЗОВАНИЯ

(СОГЛАСНО „ГЕНЕРАЛЬНОМУ ПЛАНУ ИСПОЛЬЗОВАНИЯ ЗЕМЕЛЬ ДЛЯ ОБЕСПЕЧЕНИЯ УСТОЙЧИВОГО РАЗВИТИЯ БАЙКАЛЬСКОГО РЕГИОНА". Март 1993)

	В акрах	В гектарах	Процент (от общей площади территории)
Предлагаемая „зона ядра" „участка всемирного наследия" *			
Озеро Байкал	7 784 000	3 150 000	10
Заповедники	5 191 000	2 101 000	6
Национальные парки	13 816 000	5 591 000	17
Национальные постоянные заказники	5 045 000	2 042 000	6
Национальные реки**	2 350 000	951 000	3
Охраняемые ландшафты	4 149 000	1 679 000	5
Этнические территории	14 180 000	5 730 000	18
Памятники природы (182 пямятника)			менее 1
Всего:	52 515 000	21 244 000	65
Предлагаемая „буферная зона" „участка всемирного наследия"			
Пахотные земли	1 242 000	503 000	2
Пастбищные и сенокосные земли	2 780 000	1 125 000	3
Дачи и садовые домики	36 000	15 000	менее 1
Земли для промышленности	190 000	77 000	менее 1
Городские и районные парки и зеленые полосы	28 000	12 000	менее 1
Курорты и рекреационные территории интенсивного использования	109 000	44 000	менее 1
Водоохранно-защитные земли и леса ограниченного использования	12 488 000	5 054 000	15
Леса интенсивного хозяйственного использования	11 145 000	4 510 000	14
Городские и сельские поселения			менее 1
Всего:	28 018 000	11 340 000	35
Итого:	80 533 000	32 584 000	100
Предлагаемая зона влияния на „участок мирового наследия"			
Прилегающий воздушный бассейн	57 050 175	23 087 891	

* Территории выделяются в отдельную категорию, если существует более одного участка, относящегося к той или иной зоне
** за исключением находящихся на выше названных территориях

вующие выбросы тех же самых загрязнителей из источников внутри бассейна будут уменьшены вдвое в сравнении с количеством новых выбросов.

Площадь рекомендуемого прилегающего воздушного бассейна, полностью расположенного в Иркутской области, составит приблизительно 23 088 000 га. Если Байкальская Комиссия установит, что значительное количество воздушных загрязнений происходит с севера или востока, границы прилегающего воздушного бассейна должны быть расширены, чтобы включить местонахождения источников этих загрязнений.

Предпочтительное использование: не

zone. This zone includes the primary airshed of the Lake Baikal watershed to the west of the lake, as illustrated on the accompanying map. The Baikal Commission should use computer modeling to refine the airshed boundaries.

A number of deleterious materials — such as formaldehyde and sulfur and nitrogen oxides — are deposited in the lake and within its watershed from the air (Stewart 1990b, Peterson 1990, Vorob'yev 1988). Although some of these materials are emitted from sources within the watershed, many are transported from sources to the west. Those emitted from sources within the watershed are dealt with elsewhere in this document (Appendix I).

AREA BY LAND USE ZONE
from the
GENERALIZED LAND USE ALLOCATIONS FOR
SUSTAINABLE DEVELOPMENT OF THE LAKE BAIKAL REGION
March 1993

	Acres	Hectares	Percent
Proposed World Heritage Site Core Area*			
Lake Baikal	7,784,000	3,150,000	10
Scientific Reserves	5,191,000	2,101,000	6
National Parks	13,816,000	5,591,000	17
National Wildlife Refuges	5,045,000	2,042,000	6
National Scenic Rivers**	2,350,000	951,000	3
Protected Landscapes	4,149,000	1,679,000	5
Natural Anthropological Reserves	14,180,000	5,730,000	18
Natural Landmarks (182 sites)			<1
Subtotal:	52,515,000	21,244,000	65
Proposed World Heritage Site Buffer Area			
Arable Lands	1,242,000	503,000	2
Pasture & Native Hay Lands	2,780,000	1,125,000	3
Dachas & Garden Cottages	36,000	15,000	<1
Industrial Lands	190,000	77,000	<1
Urban & Raion Parks & Greenways	28,000	12,000	<1
Resorts & Intensive Use Recreation Areas	109,000	44,000	<1
Watershed Protection Lands & Limited Production Forests	12,488,000	5,054,000	15
Managed Forest Resource Areas	11,145,000	4,510,000	14
Cities & Rural Settlements			<1
Subtotal:	28,018,000	11,340,000	35
TOTAL:	80,533,000	32,584,000	100
Proposed World Heritage Site Influence Zone Area			
Adjacent Airshed	57,050,175	23,087,891	

* Areas categorized as more than one land use area are included in each
** Except those in above areas

применимо

Возможное использование: не применимо

В. Рекомендуемые нормы

Ниже приводятся рекомендуемые нормы для всех типов землепользования, вне зависимости от зоны. Они автоматически применяются ко всем "предпочтительным" типам использования земель и так же должны учитываться при выдаче всех разрешений на "возможное использование земель". Они рекомендуются в дополнение к уже существующим нормам и стандартам, а не заменяют их. В случае возникновения проблемной ситуации применяются наиболее жёсткие нормы.

The Baikal Commission, after public hearings, should establish maximum emission standards for all pollutants for the airshed on or before December 31, 1994. The standards within the watershed may differ from the standards set for the adjacent airshed. As a minimum, new emissions of air pollutants within the designated adjacent airshed may be allowed only if the existing emission of the same pollutants within that airshed is reduced by twice the amount of the new pollutants.

The recommended adjacent airshed zone includes approximately 23,088,000 hectares, entirely within the Irkutsk Oblast. If the Baikal Commission determines that significant air pollution is also

Сельскохозяйственное использование

1. Не применять химические удобрения и пестициды в зоне „ядра" „участка всемирного наследия."

2. Не культивировать земли и не использовать химические удобрения, пестициды и инсектициды в стометровой зоне вдоль берегов любых постоянных или временных рек и ручьёв.

3. Культивацию земель на склонах круче 5 процентов (3 градуса) проводить перпендикулярно склону (т. е., следуя контуру склона); для уменьшения эрозии производить чередование фуражных и зерновых культур.

4. Не возделывать земли на склонах круче 15 процентов (9 градусов).

5. Продуктивные сельскохозяйственные земли использовать только для сельскохозяйственных нужд, избегая другое использование их, за исключением тех территорий, которые должны быть сохранены в своём естественном состоянии.

6. Для избежания выпасов скота в местах произрастания зерновых, на склонах круче 30 процентов (17 градусов) и вдоль берегов ручьёв и рек и береговой линии озера (исключая специально разрешённые места для водопоя) использовать заграждения или пастухов.

7. Для уменьшения эрозии почв, восстановления эродированных территорий и увеличения их экономической целесообразности и продуктивности производить ротацию мест выпасов крупного рогатого скота и овец с помощью изгородей (наиболее экономичными будут однорядные электрические) или регулировать с помощью пастухов.

8. Для сохранения наиболее распространенных фуражных кормов при использовании пастбищных земель применять практику чередования выпасов.

9. Для восстановления гумусного слоя деградированных земель использовать компост (органический) или навоз.

10. При проведении мер по уничтожению вредителей предпочтение должно быть отдано методам биологического контроля.

11. При ротации паровые земли засевать однолетними травами, используемыми как зелёные удобрения.

12. Не распахивать песчаные почвы, подверженные ветровой эрозии, а засадить их подходящими видами деревьев или травами.

13. На лёссовых и других типах почв,

entering the Baikal basin from the north or east, it should extend the adjacent airshed to include such sources.

Preferred Uses: Not Applicable

Conditional Uses: Not Applicable

C. Performance Standards

The following performance standards apply to all land use and development regardless of zone. They apply automatically to all preferred uses and should be incorporated in all permits for conditional uses. They are in addition to, and do not pre-empt, existing norms and standards. In the event of conflicts, the most stringent norm will apply.

Agricultural Uses

1. No chemical fertilizers, herbicides, or pesticides will be used in the core area of the World Heritage Site.

2. No cultivation or use of chemical fertilizers, herbicides, or pesticides will take place within 100 meters of any river, permanent stream, intermittent stream, or wetland.

3. Cultivation on slopes in excess of 5 percent (3 degrees) will be perpendicular to the slope (i.e., will follow the contour); forage and crops will be rotated to reduce erosion.

4. No cultivation on slopes in excess of 15 percent (9 degrees) will take place.

5. Activities that would diminish or preclude the use of viable agricultural soils for agricultural purposes will be avoided, except for those areas to be protected in their natural condition.

6. Fencing or herding will be used to keep livestock out of crop lands, off all slopes exceeding 30 percent (17 degrees), and off streambanks and lakeshores except at approved watering locations.

7. Cattle and sheep grazing will be restricted by fences (single strand electric would be most economical) or herding to reduce erosion, restore eroded areas, and increase economic efficiency and productivity by rotational grazing.

8. Pastures and range lands will be managed through such practices as rotational grazing so that preferred forage species persist.

9. Compost of animal and other organic wastes will be used to restore humus to degraded lands.

Photo courtesy George D. Davis

Распашка неподходящих для этой цели почв и интенсивные выпасы вызывают сильнейшую эрозию.

Plowing inappropriate soils and overgrazing both result in unacceptable erosion.

подверженных овражной эрозии, для подачи воды использовать постоянные траншеи с травянистым покровом или укреплённые другим способом.

14. Для максимального сохранения качества навоза как добавки к почвам и уменьшения его потенциальных возможностей как загрязнителя воды навоз должен вноситься быстро или храниться под навесом.

15. Минеральные удобрения должны храниться и транспортироваться так, чтобы уменьшить их потери и «утечку».

16. Способ внесения удобрений определяется в зависимости от качества и особенностей почв.

Развитие и использование освоенных земель

1. Никаких новых сооружений не должно быть видно с озера Байкал, за исключением тех случаев, когда они расположены в границах уже существующих городов или поселений или местах, отведённых для курортов.

2. Минимум 10 процентов площадей всех городов и поселений отвести под парки, зеленые полосы и другие типы открытых пространств.

3. Коммерческие территории создавать для обслуживания прилегающих к ним районов и располагать компактно, а не растянутыми линиями вдоль дорог.

4. Жилые районы отделять от коммерческих и промышленных территорий зелёными поясами.

5. Санитарно- гигиенические структуры обеспечить системой очистки канализационных стоков, безводными

10. Integrated pest management, with emphasis on natural predators and other biological controls, will be given priority.

11. In crop rotation, fallow land will be planted to a green manure crop such as annual ryegrass whenever feasible.

12. Sandy soils susceptible to wind erosion will not be plowed but will be retired from cropping and planted with appropriate grass and/or tree species.

13. Permanent, grassed or otherwise stabilized waterways will be used on all loess and other soils subject to gully erosion.

14. Manure will be spread promptly or stored under cover to maximize its value as a soil additive and minimize its potential as a waterway pollutant.

15. Mineral fertilizers will be stored and transported in ways that minimize loss and runoff.

16. The use of mineral fertilizers will be based on soil requirements determined by careful soil analysis.

Development and Developed Area Uses

1. No new primary structures will be visible from Lake Baikal unless they are located within existing cities and settlements or designated resort areas.

2. A minimum of 10 percent of all cities and settlements will be devoted to parks, greenways, and other open space uses.

3. Commercial areas will be planned to serve surrounding neighborhoods and designed in compact form, not as linear strips along roads.

4. Residential areas will be separated from commercial and industrial areas by greenbelts.

5. Sanitation will be provided by a public sewage disposal system, waterless composting toilets, pit privies with the bottom of the pit at least one meter above seasonal high groundwater level, or privies with a holding tank that is periodically pumped out.

6. Pit privies will be located at least 30 meters from any domestic water source, permanent stream, or lakeshore.

7. Sand and gravel extraction will not be allowed within 100 meters of a river, stream, lake, wetland, public road, or

компостными туалетами, выгребными ямами, дно которых будет, по меньшей мере, на один метр выше уровня сезонных грунтовых вод; или ямами со специальными ёмкостями, содержимое которых будет периодически откачиваться.

6. Выгребные ямы располагать на расстоянии по меньшей мере 30 метров от любого местного источника воды, реки или ручья, берега.

7. Не разрешать добычу песка и гравия в стометровой зоне вдоль рек, ручьёв, озёр, увлажнённых территорий, общественных дорог или каких-либо владений.

8. Не вести никакого строительства на склонах круче 15 процентов (9 градусов).

9. Здания, построенные за пределами городов или населённых пунктов, должны располагаться ниже хребтов, чтобы сохранить естественный топографический и растительный профиль.

10. Дороги, системы общественных коммуникаций и другие линейные конструкции должны отвечать топографии местности, диагонально пересекать склоны, чтобы не выделяться на их фоне.

11. При освоении и использовании земель свести до минимума вырубку деревьев и другие нарушения естественного состояния растительных комплексов.

12. Производить восстановление растительности на опустошенных поверхностях земель немедленно и во всех случаях не позднее одного полного вегетационного периода после разрушения.

13. Использовать такие средства для дезинфекции, которые способны поддерживать биостатические условия во всей системе водораспределения.

14. Во всех новых поселениях и на всех промышленных производствах требовать до момента заселения или до начала эксплуатации создания системы трёхступенчатой очистки стоков, отвечающей стандартам, определённым для озера Байкал.

15. Системы размещения стоков, их конструкции должны отвечать общепринятым международным стандартам (см. Библиографию).

16. При строительстве новых дач требовать сооружение соответствующих санитарно-гигиенических структур для водоснабжения и канализационных стоков.

17. Свалки для твёрдых отходов:
a) размещать на глубоких почвах со средней проницаемостью и с хорошей дренажной системой;

adjoining property.

8. No structures will be built on slopes exceeding 15 percent (9 degrees).

9. Buildings outside cities and settlements will be located below the crest or ridge line to preserve a natural topographic and vegetative profile.

10. Roads, utilities, and other linear alterations will follow topography, diagonally traversing slopes to avoid forms that stand out against the terrain.

11. Development activity will minimize tree clearing and other disturbance of natural vegetation.

12. Re-vegetation of exposed soil surfaces will be done as soon as possible and in any event not later than one full growing season after initial exposure.

13. Water distribution systems will use disinfectants that maintain biostatic conditions throughout the distribution system.

14. All new settlements or industrial sites will be required to have tertiary sewage treatment designed to meet Lake Baikal standards prior to occupation or use.

15. Internationally accepted sanitary design criteria will be used for designing and operating sewage disposal systems (see Bibliography).

16. All future dacha development will require adequate sanitary facilities for water supply and sewage disposal.

17. Solid waste disposal landfills will:

Строительство не должно разрешаться в поймах или на крутых склонах.

Development should not be allowed in floodplains or on steep slopes.

Photo courtesy George D. Davis

б) располагать на расстоянии по меньшей мере 100 м от ручьёв, рек, озёр, болот, публичных дорог или прилегающих владений;

в) не размещать близ пойменных мест и на склонах круче 15 процентов (9 градусов)

г) не размещать на территориях с высоким сезонным уровнем воды или в местах, где материнская порода расположена в двух метрах от дна свалки.

18. Свалки для твёрдых отходов обеспечить изолирующей прокладкой и приспособлениями для сбора текучих веществ и хранения их, а также для сбора и утилизации метана.

19. Свалки огородить, требования захоронения отходов должны соблюдать, вход должен находиться под контролем.

20. Создать сеть локальных заводов по переработке мусора.

Промышленное использование

1. Все создаваемые совместные предприятия должны учитывать требование о необходимости капиталовложений в развитие таких сфер в населённых пунктах, как рекреационные территории, канализационные системы и т. п.

2. Иностранные фирмы, занимающиеся бизнесом в Байкальском бассейне, должны соблюдать все законы и нормы экологической защиты, установленные в их собственной стране, а так же законы и нормы, установленные правительством Российской Федерации и Байкальской Комиссией.

3. Стремление сделать выбросы безвредными (незагрязняющими) должно стать конечной целью для всех источников промышленных воздушных и водных выбросов, т. е. чтобы сбросы и выбросы, попадающие на территории, находящиеся непосредственно за пределами промышленных зон и районов добычи полезных ископаемых не оказывали разрушительного воздействия на прилежащий воздушный или водный бассейн. До тех пор, пока эта цель не будет достигнута, все новые промышленные предприятия должны соблюдать установленные нормы и для того, чтобы получить разрешение на новые выбросы, нужно добиться снижения количества выбросов из других источников в бассейне и на прилегающих территориях вдвое в сравнении с новыми выбросами. Это даст существующим источникам загрязнения экономический стимул снизить воздушные и водные

a) be located on deep, moderately permeable, well-drained soil;

b) be located at least 100 meters from any stream, river, lake, wetland, public road, or adjoining property;

c) avoid floodplains, and slopes exceeding 15 percent (9 degrees);

d) avoid areas with a seasonal high water table or bedrock within two meters of the bottom of the landfill.

18. Solid waste landfills will be lined and provided with facilities for leachate collection and disposal, and methane collection and utilization.

19. Landfills will be fenced, disposal requirements will be strictly enforced, and entry will be controlled.

20. Local recycling facilities will be established.

Industrial Uses

1. All joint ventures will contain a requirement for investment in community facilities such as recreational areas, community sanitation systems, and the like.

2. Foreign companies doing business in the basin will comply with all environmental protection laws and standards of their home country as well as those of the Russian Federation and Baikal Commission.

3. The ultimate goal for all industrial air and water emissions will be non-degradation, i.e., discharges to areas outside the immediate vicinity of industrial or mining activities will not degrade the surrounding airshed or watershed. Until that goal can be attained, all new industries will be limited to the prevailing norms and required to reduce emissions elsewhere in the watershed or adjacent airshed by twice the amount they will pollute. This will give existing polluters an economic incentive to reduce existing air and water emissions and sell their "pollution rights" to new industry.

4. Contracts and joint ventures with any foreign company will contain full and strict terms for environmental protection and require a substantial performance bond.

5. Roundwood, except ancillary pulpwood, will not be exported from the Lake Baikal watershed in order to insure that at least primary value-added forest products

выбросы и уступить своё «право на загрязнение" новым промышленным предприятиям.

4. В условиях контрактов с любыми иностранными фирмами и при создании совместных предприятий должны быть учтены строгие меры, относящиеся к охране окружающей среды и требования продемонстрировать кредитоспособность.

5. Для обеспечения по меньшей мере первоначальной прибавочной стоимости лесной продукции, получаемой в регионе, круглая древесина, за исключением древесных отходов, не должна экспортироваться за пределы бассейна Байкала, за исключением той, что не может быть переработана на местных перерабатывающих предприятиях, в этих случаях она будет облагаться существенным налогом на экспорт.

6. Для предотвращения утечки токсичных веществ и щелочных агентов и попадания их в природную среду, использование их свести до минимума и осуществлять под строгим контролем.

7. Все места предполагаемой и существующей добычи полезных ископаемых, включая места добычи песка и гравия, должны быть восстановлены в соответствии с принятым планом о месторождениях, где подробно описывается

manufacturing takes place in the region. The exception would be the excess of local manufacturing capacity on which a substantial export tax would be levied.

6. The use of toxic substances and leaching agents will be minimized and placed under strict controls, to insure that such substances do not enter the natural environment.

7. All mineral prospecting and extraction sites (including sand and gravel sites) will be restored in accordance with an approved site plan that fully describes restoration practices that will be used to return the site to conditions that closely approximate the natural landscape and contour and which insure that technological waste and garbage will be removed from the site and properly disposed of when operations cease. The restoration plan will clearly describe the anticipated use for the site following restoration and such use will be compatible with adjacent land classifications.

8. Mineral extraction, including sand and gravel, will not be allowed within 100 meters of a river, stream, lake, wetland, public road, or adjoining property.

9. Oil, chemical storage, and other potentially polluting facilities will be

Качество воды должно быть защищено: неприемлемые методы добычи полезных ископаемых не должны использоваться.

Water quality must be protected from inappropriate mining techniques.

Photo courtesy James C. Dawson

Мраморный карьер возле Слюдянки.

Sludyanka marble mine.

программа восстановления мест, где проводилась добыча полезных ископаемых и воссоздания условий, максимально приближенных к естественным, где также предусматривается удаление производственных отходов и мусора после прекращения работ. План рекультивации должен содержать чёткое описание последующего использования месторождения, которое не должно противоречить классификации земель по типу использования.

8. Не производить добычи полезных ископаемых, в том числе песка и гравия, в стометровой зоне вдоль рек, ручьёв, озера, увлажнённых и заболоченных земель, шоссе и прилегающих землевладений.

9. Склады для хранения нефти и химических веществ проектировать и строить с учётом сейсмических условий, так, чтобы избежать разрушений во время землетрясений. Они также должны быь обеспечены дополнительными ёмкостями с защитными прокладками для избежания утечки текучих веществ. Использовать для этих конструкций бетон, а не глину или подобные ей материалы.

10. На всех новых предприятиях должно быть отдано предпочтение использованию в качестве источников энергии природного газа и солнечной энергии.

11. Не разрешать сбросов, оказывающих влияние на качество грунтовых вод.

Использование земель для транспортных нужд и систем связи

1. Все новые рекламные знаки вдоль путевых коридоров должны соответствовать всем стандартам (размер, цвет, освещенность и т. п.), разработанным Байкальской Комиссией до 1 января 1995 года.

designed and constructed with an awareness of seismic conditions so they will not rupture during earthquakes. They also will have lined secondary containment structures to prevent both horizontal and vertical movement of leaking liquids. Concrete containment structures will be used rather than clay liners or other materials.

10. Natural gas and solar will be the preferred energy sources for all new industry.

11. No subsurface discharge of effluent potentially degrading to ground water quality will be permitted.

Transportation and Communication Uses

1. New commercial signs within travel corridors will conform with signing standards (size, colors, lighting, etc.) to be developed by the Baikal Commission by January 1, 1995.

2. Pre-existing signs within travel corridors will be brought into compliance with the Baikal Commission's sign standards by December 31, 1999.

3. No sustained highway grades will exceed 7 percent (4 degrees).

4. No roads will be built on slopes exceeding 30 percent (17 degrees).

5. New telephone, gas, thermal, and electric distribution lines in scenic highway corridors will be buried underground unless it is demonstrated to be unfeasible to the satisfaction of the regional goskomecologia, and unless aesthetic impacts can be minimized by alternative techniques.

6. New transmission lines will be located to avoid parklands, reserves, and refuges and to minimize aesthetic impact on public corridors and popular recreation, historic, or cultural sites.

7. Vegetation along utility rights-of-way will be controlled by means other than the use of herbicides.

8. New electrical and thermal generating stations will incorporate best available air pollution control technology.

Nature Conservation and Recreation Uses

1. All animal and plant life will be protected in reserves, parks, refuges, and

2. Существовавшие до этого знаки вдоль дорог привести в соответствие со стандартами, установленными Байкальской Комиссией до 31 декабря 1999 года.

3. Уровень наклона постоянных дорог не должны превышать 7 процентов (4 градуса).

4. Не строить дорог на склонах круче 30 процентов (17 градусов).

5. Новые линии телефонной связи, газопроводы, теплопроводы и линии электропередач вдоль живописных участков скоростных дорог проводить под землёй, за исключением тех случаев, когда это, по мнению местных органов Госкомприроды, невыполнимо и когда влияние на эстетику окружения может быть сведено до минимума с помощью применения специальных технологий.

6. Новые линии передач располагать так, чтобы они не проходили по территориям парков, заповедников и заказников и свести до минимума влияние на эстетику путей сообщения и общественных мест отдыха, мест исторического, культурного значения.

7. Растительность вдоль полос отчуждения контролировать средствами, исключающими использование гербицидов.

8. Новые электростанции и теплостанции оснастить наилучшими доступными технологиями контроля за загрязнением воздуха.

Охрана природы и рекреационное использование земель

1. Жизнь всех растений и животных на территориях заповедников, парков, заказников, курортов и рекреационных зон охраняется.

2. Для санитарно-гигиенических нужд используются безводные компостные туалеты или системы двухступенчатой очистки.

3. Проводники, работающие в экологических лагерях и с туристическими экспедициями ежегодно проходят подготовку по правилам техники безопасности, оказания первой помощи и естественной истории.

4. Туристические базы и коммерческие организации, связанные с рекреационной деятельностью, вносят средства в фонд для поисково-спасательных работ.

5. Гостиницы и крупные туристические комплексы предоставляют место для аренды частным лицам и организациям, желающим организовать такие типы бизнеса, как прачечные и магазины для

recreation and resort areas.

2. Waterless, composting toilets, or secondary sewage treatment facilities will be used for sanitation.

3. Guides for ecology camps and eco-tourism expeditions will receive annual safety, first aid, and natural history training.

4. Tourist base camps and other commercial recreation ventures will contribute to a search and rescue fund.

5. Hotels and similar large tourism facilities will provide space in the facilities to individuals and organizations wishing to establish businesses such as laundries and stores catering to the tourist trade.

Forestry Uses

1. All forestry measures and all types of forest uses will be carried out in accordance with the regional standard documents regarding the specificity of forest ecosystems of the Lake Baikal basin and with requirements of the Baikal Law.

2. A primary task of the regional forestry authorities will be to prevent forest fires.

3. Cutting in the Lake Baikal watershed will be in accordance with the regional rules of cutting which set forth maximum slopes to be cut, maximum clearcut sizes, methods of harvest, and similar standards (Bizyukin et al. 1991). In addition, the following standards and guidelines will be adhered to unless specifically waived on a case by case basis by professional resource specialists after field inspection:

Выпас овец, бухта Ая.

Sheep grazing over Aya Bay.

Photo courtesy George D. Davis

Photo courtesy Anita L. Davis

туристов.

Лесопользование

1. Все лесохозяйственные меропри-ятия и все виды лесных пользований осуществляются в соответствии с реги-ональными нормативными документами, учитывающими специфику лесных экосис-тем бассейна Байкал и отвечающими требованиям «Закона о Байкале».

2. Первоочередной задачей для лесо-водов региона должна быть охрана лесов от пожаров.

3. Рубки в лесах бассейна озера Байкал проводить в соответствии с реги-ональными правилами рубок, устанав-ливающими предельно допустимую крутизну склонов, размер лесосек, способы рубок и технологию лесосечных работ (Бизюкин и др.). Кроме того, следующие стандарты и правила будут соблюдаться (за исключением отдельных случаев, специально рассматриваемых специалистами):

а. Не проводить сплошных рубок на лесосеках шире 100 метров или площадью более пяти гектаров, за исключением восстановительных рубок после сильных пожаров, вспышек эпидемий или болезней. Рекомендуется проведение выборочных рубок.

б. Не прокладывать по склонам круче 10 процентов (6 градусов) дороги для лесозаготовок, если они превышают 50 метров, дороги не должны пересекать местность пер-пендикулярно контурам.

в. Не проводить лесозаготовок в

a. Clearcutting strips wider than 100 meters or units larger than five hectares will not take place except in salvage operations following extensive fire, insect, or disease loss. Regeneration cuts will be encouraged.

b. No timber harvest roads will exceed a 10 percent (6 degrees) slope sustained for more than 50 meters and will not cross contours perpendicularly.

c. No timber harvesting will take place within 100 meters of a lakeshore, river, permanent or intermittent stream.

d. Except for salvage cuttings, no timber harvesting will take place within: 1000 meters of lakes larger than two square kilometers, 600 meters of smaller lakes, 500 meters of rivers over 500 kilometers in length, 400 meters of rivers 201-500 kilometers in length, 300 meters of rivers 101-200 kilometers in length, 250 meters of rivers 51-100 kilometers in length, 150 meters of rivers 11-50 kilo-meters in length, and 100 meters of shorter streams and wetlands.

e. Roads and skid trails will be located to protect soil and water resources and will include drainage features (e.g., cul-verts, waterbars, ditches) adequate to prevent erosion.

f. Timber harvest roads and skid trails will be "put to bed" with drainage struc-tures, including waterbars, seeded, and covered with slash whenever they will be inactive for more than 12 consecu-tive months.

стометровой зоне вдоль берегов постоянных или временных (пересыхающих) рек и ручьев.

г. Не проводить вырубки леса (за исключением восстановительных) в зонах шириной: 1 000 м вокруг озёр площадью более 2 кв. км, 600 м вокруг небольших озёр, 500 м по берегам рек длиннее 500 км, 400 м по берегам рек длиной от 201 до 500 км, 300 м по берегам рек длиной от 101 до 200 км, 250 м по берегам рек длиной 51-100 км, 150 м по берегам рек длиной 11-50 км, 100 м по берегам небольших рек и вокруг увлажнённых мест и болот.

д. Все дороги и трелёвочные пути обеспечить дренажными устройствами (дренажные каналы, канавы, накопители воды), необходимыми для предотвращения эрозии, и располагать их так, чтобы не разрушать водные ресурсы и почвы.

е. Дороги для лесозаготовок и трелёвочные пути обеспечить дренажной системой (сделать канавы, засадить растительностью) и покрывать слегами и ветвями, если они не будут использоваться более 12 месяцев.

ж. На местах всех вырубок для продолжения естественного процесса оставлять в среднем от 3 до 5 сухостойных деревьев на гектар.

з. Переходы через реки сооружать под прямым углом и не располагать их в глубоких местах.

и. Не проволакивать брёвна через речки и ручьи или вдоль них.

к. Складирование леса/брёвен производить в местах, не заметных со стороны общественных дорог и троп, расчищать их и восстанавливать растительность, когда использование этих дорог прекращается.

л. Свести до минимума практику сжигания порубочных остатков, поскольку это разрушает почву, истощает питательный запас и губительно влияет на восстановление природы.

м. Не производить сплав леса в плотах и сигарах по Байкалу.

н. Вне зависимости от установленных местных стандартов не производить вырубок леса или сооружения дорог на склонах круче 30 процентов (17 градусов).

g. An average of 3-5 dead trees per hectare will be left standing in all forest cuttings for the benefit of wildlife.

h. Stream crossings will be at right angles to the stream and avoid pools.

i. Logs will not be skidded in or across streams.

j. Log landings will be located out of sight of public roads and trails and cleaned up and revegetated when no longer in use.

k. The practice of slash burning will be minimized because it damages soil, severely depletes nutrients, and is harmful to regeneration and wildlife.

l. Logs will not be rafted on Lake Baikal.

m. Regardless of the local standard, no timber harvesting or road construction will take place on slopes exceeding 30 percent (17 degrees).

4. Forest management practices will assure adequate natural regeneration, or funding will be available prior to harvest for artificial regeneration. Sites where regeneration cannot be assured within five years after harvest will not be harvested, except for sanitation cuts, and will be removed from the timber base upon which the annual cut is calculated.

Неприемлемые методы заготовки леса разрушают продуктивность участков и влияют на качество воды.

Inappropriate logging methods destroy site productivity and lower water quality.

Photo courtesy George D. Davis

Photo courtesy George D. Davis

4. Все виды пользования лесом будут предусматривать меры по его естественному восстановлению или соответствующие фонды для осуществления искусственной регенерации будут созданы до начала рубок. Места, восстановление которых не может быть произведено в течение пяти лет, не будут использоваться для проведения вырубок, за исключением санитарных рубок, и они не будут учитываться при расчётах ежегодных вырубок леса.

5. В кедровых насаждениях (сибирская сосна) не разрешается проведение никаких рубок, за исключением санитарных рубок при массовом размножении энтомо- и фитовредителей леса или вспышках эпидемий.

6. Заготовка древесины в лесах, произрастающих на многолетней мерзлоте или мерзлотных почвах, будет разрешена только в зимний период, а сплошные рубки не разрешаются.

7. Использование современной техники и технологии для лесосечных работ разрешается только после того, как они пройдут испытание и получат оценку специалистов.

Использование озера, рек и побережий

1. Не разрешать новых сбросов.

2. Не использовать биогенные вещества и химические соединения, содержащие нитриты, нитраты и фосфаты.

5. In Siberian pine (cedar) forests no timber harvesting will be permitted except for sanitation cuttings when necessary to combat major insect or disease outbreaks.

6. Only winter harvesting will be allowed in areas of permafrost or frozen soils and no clearcutting will be permitted.

7. Use of new machinery and technologies for timber harvest will be allowed only after thorough testing and evaluation by resource professionals.

Lake, River, and Riparian Area Uses

1. No new wastewater discharges will be permitted.

2. Nutrient enrichment and the use of chemicals containing nitrites, nitrates, and phosphates will be avoided.

3. Marinas and harbors will be located in deep-water areas to minimize the need for dredging and in natural inlets to avoid the need for breakwaters. They will not be located in areas where significant shoreline erosion is probable, in or adjacent to wetlands or areas of high biological or aesthetic value, or in areas where no public need for a new marina has been shown. Floating piers or piers on pilings should be used to provide access to boats, rather than dredging. If dredging is permitted, spoil material will not be deposited in lake or river water. Restrooms, pump-out facili-

Байкал освобождается из-под власти зимы.

Winter's tight grip on Baikal loosens.

3. Для уменьшения необходимости драгирования и для избежания необходимости сооружения молов в естественных бухтах гавани и пристани следует располагать на глубоководных территориях. Они не должны находиться в местах, где возможна эрозия береговой линии, на увлажнённых или прилегающих к ним территориях или местах высокой биологической или эстетической ценности, а также в местах, где нет общественной необходимости для создания новых гаваней. Для обеспечения доступа к судам должны использоваться плавучие пирсы или пирсы на «подушках», а не драгирование. Если драгирование разрешено, вынутый грунт не должен сбрасываться в воды озера или реки. Суда должны быть обеспечены туалетными комнатами, приспособлениями, откачивающими канализационные стоки, и приёмниками для мусора и отходов.

4. Моторизованные суда должны проходить ежегодный технический осмотр и контроль за уровнем загрязнения ими окружающей среды.

5. Все суда должны быть оснащены фонарями, спасательными жилетами и другим оборудованием, необходимым для обеспечения безопасности, в соответствии с требованиями, установленными Байкальской Комиссией. Команды коммерческих судов должны ежегодно проходить подготовку по правилам технической безопасности и оказания первой помощи в соответствии с программой, утверждённой Байкальской Комиссией.

6. Двигатели судов должны проходить ежегодный осмотр и быть освидетельствованы на предмет их соответствия требованиям, установленным для озера Байкал региональными комитетами по экологии или Байкальской Комиссией.

7. Коммерческие и все другие суда вместимостью 10 или более пассажиров должны подвергаться ежегодному осмотру и освидетельствованию на предмет обеспеченности санитарными условиями и емкостями для канализационных стоков с последующей регулярной откачкой на специально приспособленных откачивающих станциях.

8. Береговая растительность рек и ручьёв должна быть сохранена для создания тенистых мест и стабилизации температуры воды.

Г. Политика и карта: процесс внесения поправок

Политика землепользования, отдающая

ties for boat sewage, and trash receptacles for other boat wastes will be provided.

4. Motorized boats will have an annual safety and pollution control inspection.

5. All boats will be equipped with lighting that complies with standards developed by the Baikal Commission, and with life vests and other safety equipment as required by the Baikal Commission. Commercial boat crews will receive annual safety procedure and first aid training in courses approved by the Baikal Commission.

6. Boat engines will be inspected annually and certified to meet all pollution standards set for Lake Baikal by regional goskomecologia or the Baikal Commission.

7. Commercial boats and all other boats with a design capacity of 10 or more persons will be inspected annually and certified to contain sanitary facilities with holding tanks which will be pumped out regularly in approved pump-out facilities.

8. Sufficient river and stream shoreline vegetation will be preserved to maintain shade and stabilize water temperature.

D. Policy and Map Amendment Process

A land use policy favoring sustainable development within recognizable environmental limits must accommodate change without compromising principle. Hence it must contain a means for correction and amendment.

The Baikal Protection Law should establish a Baikal Commission to continually monitor the effectiveness of the land allocation policy in achieving the principal objective — the non-degradation of the waters of Lake Baikal. The Commission should be encouraged to periodically re-evaluate the policy in three vital respects and to recommend any desirable amendments to the government of the Russian Federation for adoption. These three respects are (a) the overall goals of the plan and the purposes, policies, and objectives as they relate to the particular zones that make up the map; (b) the actual boundaries of the zones as shown on the map; and (c) the lists of preferred and conditional uses for each of the zones.

If, over the years, it becomes apparent that certain non-agricultural zones are

Photo courtesy George D. Davis

*Долина реки
Селенги.*

*The Selenga River
Valley.*

предпочтение стабильному развитию с учётом установленных экологических ограничений, должна отражать изменения, но без нарушения своих основных принципов. Для этого она должна содержать механизм внесения изменений и поправок.

Закон «О защите Байкала» должен создать Байкальскую Комиссию для постоянного мониторинга эффективности политики землепользования в достижении главной задачи- прекращения деградации вод Байкала. Комиссия должна периодически производить анализ политики землепользования по трём главным аспектам и рекомендовать для утверждения правительством Российской Федерации любые необходимые поправки. Эти три аспекта таковы: а) общие задачи плана и назначение, методы и цели в их отношении к отдельным зонам, выделенным на карте; б) реальные границы зон, как они показаны на карте; в) список предпочтительных и возможных типов использования для каждой зоны.

Если с течением лет станет очевидно, что некоторые несельскохозяйственные зоны подходят для каких-то типов сельского хозяйства, неиспользуемых на этой территории, Комиссия может рекомендовать изменить характер назначения этой зоны. Если назначение какой-либо зоны значительно изменится, может возникнуть необходимость изменить саму классификацию зоны.

Время или наличие новой информации может потребовать внесения поправок в карту классификации размещения определённых зон. Например, возрастающее рекреационное использование

suited for some type of agriculture not now practiced in the area, the Commission should be free to recommend a change in the purposes, policies, and objectives for that zone. If the purposes and objectives for a particular zone change extensively, the very definition of the zone may require amendment.

New data or the passage of time may make it necessary to amend the initial map classification of a particular location. For example, increasing recreational use of a portion of managed forest resource area might make it appropriate to reclassify the area as a republic or oblast park. A zoning boundary change would then be desirable.

Similarly, a particular use listed for a certain zone may prove to have unacceptable impacts — on water quality, for example. If so, the use list should be altered.

In any of these circumstances, the Baikal Commission, the only entity with basin-wide scope and responsibilities, should conduct fact-finding public hearings to determine the desirability of such amendments. If, after a public hearing, the Commission recommends amendment of the policy to the Russian Federation government, such amendment will be adopted upon affirmative vote of the Parliament.

In addition, the Baikal Commission should be authorized on its own initiative, following public hearings and upon a two-

отдельных участков лесов хозяйственного назначения может стать поводом для пересмотра классификации этой территории и объявления её «республиканским» или «областным» парком. В этом случае будет желательно изменение границ зоны.

Подобным же образом какой-либо тип землепользования, определённый для зоны, может оказать недопустимые влияния, например, на качество воды. Если это произойдёт, перечень типов землепользования должен быть изменён.

Если будет иметь место любое из перечисленных выше обстоятельств, Байкальская Комиссия, единственная структура, круг задач и ответственностей которой охватывает весь бассейн, должна организовать публичные слушания и обсудить факты для определения желательности таких поправок. Если после публичных слушаний Комиссия рекомендует Правительству Российской Федерации внести поправки в политику землепользования, эти поправки должны быть приняты Парламентом на основании большинства голосов.

Дополнительно Байкальская Комиссия должна иметь полномочия по своей инициативе, на основании результатов публичных слушаний и на основании двух третей голосов, уточнять список «предпочтительных» и «возможных» типов землепользования и регулировать границы 15 зон землепользования: пахотных; пастбищных и сенокосных земель; городских и сельских поселений; дач и садовых домиков; промышленных, транспортных земель и полос отчуждения; земель коммуникационных средств и полос отчуждения; земель, предназначенных для оборонных нужд; республиканских и областных парков и временных заказников; городских и районных парков и зелёных полос; историко-культурных земель; земель водоохранно-защитной зоны и лесов ограниченного использования; лесов интенсивного хозяйственного использования; увлажнённых и болотистых местностей и прилегающего воздушного бассейна.

Право уточнять список «предпочтительных» и «возможных» типов землепользования Комиссия утратит после 31 декабря 1995 года, поскольку к этому времени перечень типов землепользования будет адекватно отражать нужды людей и возможности и пределы возможностей ресурсов. Любые уточнения после этого срока будут предполагать участие российского правительства.

thirds vote, to amend the preferred and conditional use lists and to adjust the boundaries of 15 land use zones: arable lands, pasture and hay lands, cities and rural settlements, dachas and garden cottages, industrial lands, transportation facilities and corridors, communication and energy facilities and corridors, defense lands, republic and oblast parks and temporary reserves, urban and raion parks and greenways, historic and cultural lands, watershed protection and limited production forests, managed forest resource areas, wetlands, and adjacent airshed. The authority to amend the preferred and conditional use lists of these 15 zones should terminate on December 31, 1995, since by that time the lists should adequately reflect the needs of the people and the capabilities and limitations of the resources. Any further adjustments would require action by the Russian government.

Участники проекта знакомятся с петроглифами. Прибайкальский национальный парк.

Study team inspects petroglyphs, Pribaikalsky National Park.

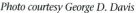
Photo courtesy George D. Davis

IV. РЕАЛИЗАЦИЯ ПРОГРАММЫ

IV. IMPLEMENTATION

Цели и задачи данной программы могут быть осуществлены только при наличии органа, полномочия которого в области землепользования распространяются на весь бассейн, представляют интересы местных правительств, но превосходят их права, обеспечивая справедливое и последовательное осуществление политики землепользования на территории всего бассейна.

Сохранение Байкала и обеспечение устойчивого экономического развития в бассейне Байкала требует как согласованных действий правительств разных уровней, так и усилий местных жителей и посетителей. Это не произойдёт легко или быстро. Однако при правильном внедрении и осуществлении политики результат может стать примером для всего мира.

А. Законодательство

Для создания Байкальской Комиссии и наделения её необходимыми полномочиями, для обеспечения адекватного последовательного и постоянного осуществления целей программы на всех уровнях правительства необходим соответствующий законодательный акт, утверждённый правительством Российской Федерации. Рекомендуемые структура, полномочия и функции Байкальской Комиссии описываются в следующем разделе.

Не менее важно принятие правительством Российской Федерации законодательства, гарантирующего всем гражданам право на всю информацию, относящуюся к решениям в области землепользования и право предъявлять официальные иски Комиссии или другим правительственным организациям чтобы обеспечить соответствующее и последовательное осуществление политики землепользования, правил и законов.

Необходим дополнительный закон Российской Федерации, создающий комплексную систему природоохранных территорий - национальных парков, национальных рек, национальных постоянных заказников, этнических территорий, памятников природы и научных заповедников - о которой говорится в настоящей программе.

Б. Байкальская Комиссия. Административная структура

Водосборный бассейн озера Байкал политически и административно разделён между Иркутской областью, Читинской областью, Республикой Бурятией и Республикой Монголией. Иркутская, Читинская области и Республика Бурятия - административные

The goals and objectives of this program can be achieved only with a basin-wide land use authority to represent yet transcend local governments, insuring fair and consistent application of the land use policy for the entire basin.

A concerted effort at several levels of government and diligence from both residents and visitors are needed to preserve Lake Baikal and provide a sound economy for the people of its basin. It will not be easy or quick. However, if properly conceived and implemented, the result will be an example for all the world.

A. Legislation

Enabling legislation will be necessary at the Russian Federation level to create a Baikal Commission and give it adequate powers to establish and implement program objectives at all levels of government. The recommended structure, powers, and functions of the Baikal Commission are set forth in the next section.

Equally important, Russian Federation legislation is needed to guarantee all citizens the right to all relevant information regarding land use decisions and the right to bring legal action against the Commission or other governmental agencies to insure fair and consistent application of land use policy, regulation, and law.

Additional Russian Federation legislation is also needed to create the comprehensive system of protected areas — national parks, national scenic rivers, national wildlife refuges, natural anthropological reserves, natural landmarks, and scientific reserves — called for in this report.

B. Baikal Commission - Administrative Structures

The Lake Baikal drainage basin is divided politically among the Irkutsk Oblast, the Chita Oblast, the Republic of Buryatia, and the Republic of Mongolia. Irkutsk, Chita, and the Buryat Republic are constituent governments of the Russian Federation. The Republic of Mongolia is an independent nation undertaking a similar land use policy and allocation program that is expected to be completed early in 1994.

Each of the Russian constituent governments is

Photo courtesy Boyd Norton
Мраморные утёсы. Остров Ольхон.   Marble Cliffs, Olkhon Island.

101

образования внутри Российской Федерации. Республика Монголия- независимое государство, разрабатывающее сходную программу политики землепользования и распределения земель, завершение разработки которой ожидается в начале 1994 года.

Каждое из российских административных государственных образований разделено на более мелкие территории, называемые „районами". Районы делятся на города, посёлки и сёла. Таким образом, в управлении программой землепользования в бассейне участвуют четыре уровня правительства и десятки административных образований.

Озеру и его притокам, однако, безразличны нюансы политической географии. Вне зависимости от того, где находится источник загрязнения, в Чите, Иркутске или в Бурятии, характер его влияния на озеро от этого не изменяется. Повсюду должны применяться одинаковые правила, и действовать они должны единообразно.

Управление комплексным планом землепользования и рационального распределения земель в бассейне Байкала ставит сложную проблему взаимоотношений между политическими органами. Различные административные структуры принимают различные решения по вопросам распределения земельных средств, в зависимости от существующей системы принятия решений и правительственного уровня, на котором эти решения принимаются.

Необходимо определить уровень правительства, достаточно независимый, чтобы можно было принимать сбалансированные и основательные решения, при минимуме политического давления и достаточной заинтересованности в тщательном изучении вопроса.

В целом решения по вопросам землепользования, принятые на слишком высоком правительственном уровне, рискуют оказаться безразличными к местным нуждам и не учитывающими состояние окружающей среды. Решения, принятые на слишком низком уровне правительства, часто излишне подчеркивают местные нужды экономического развития и занятости населения, подвергая риску окружающую среду. Например, новая фабрика может создать рабочие места для расположенных рядом поселений, но загрязнения воздуха и воды будут распространяться по направлению ветров и течению рек.

Решения по вопросам землепользова-

subdivided into smaller units of government, raions. Raions are further subdivided into cities, settlements, and rural areas. Thus, four levels of government — and dozens of administrative units — figure in the administration of a basin-wide land use program.

The lake and its tributaries, however, are indifferent to the nuances of political geography. Whether a source of pollution is in Chita, Irkutsk, or Buryatia, its effect on the lake is the same. The same rules must apply throughout, and they must be applied uniformly.

Administration of a comprehensive land allocation and use policy throughout the drainage basin thus poses a complex problem of relationships between and among political jurisdictions. Different administrative structures will give different results in land allocation cases, depending on the decision-making apparatus established and the level of government at which decisions are made.

The objective is to identify the level of government sufficiently removed that it can make balanced and informed decisions with public input and minimal political pressure, and sufficiently involved that it will be diligent in the fact-finding process.

In general, land use decisions made at too high a level of government risk being indifferent to local needs and insensitive to environmental implications. Decisions made at too low a level of government may overemphasize the local need for economic development and jobs, risking environmental damage. For example, a new factory may produce jobs in its immediate location, but sends its air and water pollution far downwind and downstream.

Land use decisions made in Moscow by the central government have been demonstrably insensitive to both local needs and the environment. Clearly, land use decisions relating to the Baikal basin should not be made in Moscow, far removed from the environmental consequences. Yet land use decision-making at any established lower level of government would result in fragmented and uneven decision-making — since each represents only a fraction of the drainage basin of Lake Baikal.

Decisions should be made by a political jurisdiction having the same boundaries as the basin itself. No such political jurisdiction exists, however, so it is neces-

ния, принятые центральным правительством в Москве, демонстрируют непонимание и местных нужд, и состояния окружающей среды. Абсолютно ясно, что решения по вопросам землепользования в бассейне Байкала не должны приниматься в Москве, находящейся далеко от экологических последствий результатов этих решений. Решения, принятые на уровне любого местного правительства, будут фрагментарными и несбалансированными, поскольку относиться они будут только к отдельным частям единой территории бассейна.

Решения должны приниматься политическим органом, имеющим границы полномочий, совпадающие с границами бассейна. Но поскольку такого политического органа не существует, необходимо принять специальные решения для этого региона. Поэтому рекомендуется создание Байкальской Комиссии, которая обеспечит участие всех уровней управления и будет нести ответственность перед общественностью, и фокусом её внимания будет весь бассейн как экологически целостный организм.

Наши рекомендации таковы:

1. Правительству Российской Федерации следует принять „Закон о защите Байкала" (который дальше называется просто „Законом о Байкале"), предусматривающий создание Байкальской Комиссии.

2. Байкальская Комиссия должна стать координирующим органом на российской части бассейна озера Байкал, внедряющим „Закон о Байкале" и управляющим землепользованием в регионе в соответствии с действующим законодательством Российской Федерации.

3. Органы управления Байкальской Комиссии должны находиться в Улан-Удэ с отделениями в Иркутске и Чите.

4. Комиссия должна состоять из административного совета, секретариата, двух научных центров и бюро экспертов.

5. Административный совет должен быть принимающим решения исполнительным органом Комиссии. Секретариат должен быть административным органом совета, научные центры должны давать рекомендации по научным вопросам. Бюро экспертов должно обеспечивать конкретное техническое решение вопросов, помогая административному совету в принятии решений. При административном совете Байкальской Комиссии должна быть создана рабочая группа, занимающаяся решением проблем, возникающих между

sary to make special arrangements for the region. Thus, a Baikal Commission is recommended; a commission that will facilitate the involvement of all levels of government and will be responsive to the general public while still focusing on the basin as a single ecological entity.

Our specific recommendations follow:

1. The Russian Federation should adopt a Baikal Protection Law, referred to herein simply as the "Baikal Law," creating a Baikal Commission.

2. The Baikal Commission should be the coordinating authority within the Russian portion of the Lake Baikal watershed to implement the Baikal Law, thereby governing land use within the region, in a manner consistent with the laws of the Russian Federation.

3. The headquarters of the Baikal Commission should be in Ulan-Ude with field offices in both Chita and Irkutsk.

4. The Commission should consist of an Administrative Council, a Secretariat, two Scientific Centers, and a Bureau of Experts.

5. The Administrative Council should be the decision-making, executive body of the Commission, the Secretariat should be the administrative arm of the Council, and the Scientific Centers should advise it on scientific policy matters. The Bureau of Experts should provide concrete input of a technical nature to assist the Council in its decision-making. Within the Ad-

Профессор Алексей Яблоков, Советник Президента Ельцина, и директор проекта Джордж Дэвис обсуждают предлагаемую классификацию земель.

Prof. Alexei Yablokov, Counsellor to President Yeltsin, and project director Davis discuss proposed land classifications.

Photo courtesy Betty Smith

"Учитывая особую планетарную значимость озера Байкал, Иркутская и Читинская области и Республика Бурятия будут содействовать усилиям мирового сообщества в решении экологических проблем Байкальского региона."

Глава Администрации Иркутской области Ю. А. Ножиков
Глава Администрации Читинской области Б. П. Иванов
Председатель Совета Министров Республики Бурятия
В. Б. Саганов
1992 год

"Considering the global significance of Lake Baikal, the Irkutsk and Chita Oblasts and the Buryat Republic will assist in the efforts made by the world community for the resolution of the ecological problems of the Baikal region."

Irkutsk Oblast Governor Y. A. Nozhikov
Chita Oblast Governor B. P. Ivanov
Buryat Republic Chairman V. B. Saganov
1992

Республикой Бурятией, Иркутской и Читинской областями в связи с вопросами, относящимися к реализации комплексной программы землепользования.

6. Административный совет должен состоять из следующих 8 членов: двух представителей правительства Республики Бурятии, двух представителей администрации Иркутской области, двух представителей администрации Читинской области и двух представителей правительства Российской Федерации. Члены административного совета должны работать на постоянной основе.

7. Настоящая «Государственная программа политики землепользования для российских территорий бассейна озера Байкал», в дальнейшем именуемая просто «программой политики землепользования», должна стать составной частью и «Закона о Байкале» и любой программы по обеспечению охраны и рационального использования природных ресурсов в бассейне озера Байкал.

8. Комиссия должна иметь право рекомендовать нормы водных и воздушных выбросов для бассейна и прилегающего к озеру Байкал (с севера и запада) воздушного бассейна для последующего утверждения Парламентом Российской Федерации.

9. Программа политики землепользования должна состоять из: а) письменно

ministrative Council of a Baikal Commission there should be a working group that will negotiate solutions to problems that develop among the Buryat Republic, the Chita Oblast, and the Irkutsk Oblast in connection with the implementation of a comprehensive land use program.

6. The Administrative Council should have eight members as follows: Two people representing the administration of Irkutsk Oblast, two people representing the administration of the Chita Oblast, two people representing the government of the Buryat Republic, and two people representing the government of the Russian Federation. They should be salaried, full-time employees of the Commission.

7. This *Comprehensive Program of Land Use Policies for the Russian Portion of the Lake Baikal Region*, referred to herein simply as the comprehensive land use program, should be incorporated as an integral component of both the Baikal Law and any program for the protection and rational use of the resources and land in the Baikal Region.

8. The Commission should have the responsibility to recommend air and water emission standards for the basin and the adjacent airshed to the north and west of Lake Baikal for approval by the Russian Federation Parliament.

9. The comprehensive land use program should consist of (a) a written compilation of goals and objectives for land use within the region, (b) a map which shows the division of land into zones, and (c) procedures for implementing the comprehensive land use program. The comprehensive land use program should govern all land use in the basin.

10. The goals and objectives should take into account the growth and development needs of the region and its environmental sensitivities and vulnerabilities. It should clearly list the purposes, policies and objectives for each zone, and for each zone the "preferred" land uses and the "conditional" land uses, based on the particular capabilities and vulnerabilities of the land within the zone. The lists of preferred uses and conditional uses should be the principal means for determining the acceptability of new land uses within a given zone.

11. The map should classify all the lands of the region into the zones specified

оформленного изложения целей и задач землепользования в регионе; б) карты, отражающей классификацию земель по зонам, и в) механизма осуществления этой программы землепользования. Программа политики землепользования должна регулировать всё вопросы землепользования в бассейне.

10. Цели и задачи должны принимать во внимание потребности роста и развития региона, и ранимость и хрупкость окружающей природной среды. Цели, задачи и политика для каждой зоны должны быть ясно изложены. Для каждой зоны должен быть составлен перечень «предпочтительных» и «возможных» типов использования земель, учитывающий особенности и «слабые места» земель в каждой зоне. Перечень «предпочтительных» и «возможных» типов использования должен быть главным документом при определении допустимости нового типа использования земель в той или иной зоне.

11. Карта должна классифицировать все земли региона в соответствии с зонами, предложенными программой политики землепользования. Расположение земель внутри определённой зоны будет автоматически определять назначение,

in the comprehensive land use program. A location's classification within a particular zone would automatically identify the particular purposes, policies, and objectives that govern that location's use and development. The lists of preferred and conditional uses specified for that zone would be the principal means of determining the permissibility of a proposed new land use at that location.

12. The set of procedures should establish how the comprehensive land use program would be implemented, as well as how the ecological expertise and permit system would work, how the public would be involved in the process, etc.

13. The Commission should develop performance standards for new and existing development (these standards would be similar to the "norms" customary in Russian legislation). It should also serve as a forum for consultations among the goskomecologias of Chita, Irkutsk, and Buryatia on norms appropriate to development within the basin.

14. In developing performance standards and guidelines, norms, and other regulatory or policy matters, public hearings should be held at which public input

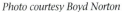

Утесы, бухта Ая.

Bluffs above Aya Bay.

методы и задачи, позволяющие использование того или иного участка и характера развития. Перечень «предпочтительных» и «возможных» типов использования должен быть главным документом при определении допустимости нового типа использования земель внутри каждой зоны.

12. Должна быть разработана последовательность процедур для внедрения «комплексной программы землепользования», а также для системы разрешений и экологической экспертизы, участия общественности во всех этих процессах и т. п.

13. Комиссия должна разработь рекомендуемые стандарты для новых и существующих типов пользования (эти стандарты будут близкими системе «норм» в российском законодательстве). Комиссия также должна быть своеобразным форумом для консультаций по вопросам стандартов в бассейне между комитетами по экологии Бурятии, Иркутской и Читинской областей.

14. При разработке рекомендуемых стандартов, методов, норм и других правил или вопросов политики землепользования должны быть организованы публичные слушания, на которых следует поощрять участие общественности. Проекты предлагаемых стандартов, норм или методов и результаты экологической экспертизы, проводимой Комиссией или региональными комитетами по экологии по поводу анализа возможного воздействия предлагаемых норм или иной деятельности, должны быть доступны общественности.

15. В реализации программы политики землепользования должно участвовать несколько существующих правительственных структур. Если предлагаемый новый тип использования земель входит в перечень «предпочтительных типов использования» для выбранной зоны, использование может осуществляться без дополнительного специального разрешения. Система разрешений должна регулировать все новые типы использования земель, входящие в перечень «возможного использования». Для любого «возможного» использования требуется разрешение соответствующего комитета по экологии Иркутской, Читинской областей или Бурятии. При выдаче разрешений в рамках своих полномочий они должны применять унифицированные стандарты и методы и нормы, установленные Комиссией совместно с региональными комитетами по экологии. Если новый тип предполагаемого использования не входит в перечень «предпочтительных» или

would be encouraged. Drafts of proposed standards, norms, or policies would be made available, together with an ecological expertise prepared by the Commission or the regional goskomecologia, which examines the potential impact of proposed norms or other actions.

15. Implementation of the comprehensive land use program should involve several existing governmental structures. If a proposed new land use is among the preferred uses for the zone in which it is located, the use should go forward without the need for a permit. A permit system should govern all new uses on the list of conditional uses for the zone in question. Any proposed conditional use would require a permit from the goskomecologia of Chita Oblast, Irkutsk Oblast, or Buryatia as appropriate. In administering the permit program within their respective jurisdictions, they would apply the uniform performance standards and guidelines, as well as the norms, developed by the Commission in consultation with the regional goskomecologia. If a proposed new use is not on the list of preferred uses or the list of conditional uses for the zone in question, that use would be prohibited.

16. Applicants for a permit for any new land use should be required to prepare an ecological expertise, or environmental impact statement, that addresses basic environmental questions. The regional goskomecologia, in reviewing the application, should carefully scrutinize the ecological expertise. It should issue a permit, if: 1) the use is found to be compatible with the purposes, policies and objectives of the zone in which it is proposed; 2) the ecological expertise as evaluated by the goskomecologia indicates that the land use can and will be undertaken without negative environmental consequences; and, 3) the land use can and will conform to the applicable performance standards for the zone and the basin-wide norms. Lacking any one of these three criteria, the proposed land use must be rejected, no permit issued, and no financing made available.

17. The Commission should have authority to halt for up to six months any activities for which permits have been issued contrary to the standards, guidelines, and norms referred to in paragraph 15.

18. A regional goskomecologia should conduct a public hearing on any new con-

«возможных", этот тип использования должен быть запрещён.

16. Обращающиеся за разрешением на новый тип использования земель должны предоставить результаты экологической экспертизы или заключение о возможном влиянии на окружающую среду. Региональный комитет по экологии, рассматривая просьбу о разрешении, должен тщательно проанализировать заключение экологической экспертизы. Разрешение должно быть выдано, если: 1) предполагаемое использование соотносится с целями и назначением зоны, в которой предполагается землепользование; 2) экологическая экспертиза, по оценке комитета по экологии, свидетельствует, что использование земли будет происходить без отрицательных последствий для окружающей среды; 3) использование земли может и будет соответствовать стандартам для зоны и нормам для бассейна в целом. Если хотя бы один из этих трёх критериев нарушается, предложенный тип использования земель должен быть отвергнут, разрешение не может быть выдано и финансирование на эти цели не должно производиться.

17. Комиссия должна иметь право приостанавливать на срок до шести месяцев любые действия, на осуществление которых были выданы разрешения с нарушением норм и стандартов, упомянутых в параграфе 15.

18. Региональные комитеты по экологии должны организовывать публичные слушания относительно любого нового «возможного типа использования", если доказательства соответствия одному из трёх критериев не были очевидными, а также если общественность проявляет интерес к проекту или требует организации публичного обсуждения проекта по каким-либо другим причинам. Во время слушаний вопрос должен быть всесторонне рассмотрен с помощью экологической экспертизы, с учётом мнений экспертов и соответствующих данных.

19. Процедура получения разрешения для «возможного использования" должна быть открыта для общественности на любой стадии. Каждый региональный комитет по экологии должен вести доступный общественности список проектов, рассматриваемых на предмет получения разрешения. В этом списке должно быть указано название проекта, его спонсор, дано краткое описание и ожидаемая дата принятия решения. Общественность

ditional use if proof of conformity with any one of the three criteria for approval is not self evident, or if public interest in the project is demonstrated, or if asked to conduct such a hearing by the Commission for any reason. At the hearing, the issues would be thoroughly evaluated with the help of the environmental expertise, testimony of experts, and relevant data.

19. Procedures for applications for conditional use permits should be open to the public at every stage. Each regional goskomecologia should maintain a current list, available to the public, of every project being considered for a permit. The list should give the title of the project, its sponsor, a brief description, and the date on which a decision is expected. The public should have access to application materials, the ecological expertise, and any documentation accompanying them.

20. Any citizen or nongovernmental organization should have the right to appeal any decision pursuant to the Baikal Law, the comprehensive land use program, and any and all associated rules, standards, etc., made by a regional goskomecologia, including decisions on permits or the denial of a request for a public hearing. A Special Environmental Court should be established specifically for that purpose under the Baikal Law. Any individual citizen or nongovernmental organization should have the right to bring suit in the Special Environmental Court to compel the Commission and/or the regional goskomecologias to perform their statutory duties under the Baikal Law or any other applicable environmental statute or regulation.

21. All existing enterprises having water and/or air discharges should be required to present to the Commission for consideration, analysis, and approval their plans and their projected dates for achieving the norms recommended by the Commission.

22. The Baikal Commission should cooperate with the Republic of Mongolia to maximize consistency and effectiveness of land use policies and allocations in the watershed.

Finally, the authors of this report found very little communication and sharing of information among political units, government agencies, and scientific institutions. The consequence is duplication of efforts, work at cross purposes, consider-

должна иметь доступ к запросам на разрешение, к материалам экспертизы и любой сопровождающей их документации.

20. Любой гражданин или неправительственная организации должны иметь право апелляции любого решения, относящегося к «Закону о Байкале», программе политики землепользования и любым другим правилам, стандартам и т. п., установленным региональными комитетами по экологии, относящимся к этим вопросам, включая разрешения или отказы на запрос о публичных слушаниях. Для этих целей «Законом о Байкале» должно быть предусмотрено создание Специального экологического суда. Любой гражданин или неправительственная организация должны иметь право подать иск в Специальный экологический суд для принуждения Комиссии и/или региональных комитетов по экологии к исполнению их уставных обязанностей в соответствии с «Законом о Байкале» или другими экологическими правилами или инструкциями.

21. Все существующие в настоящее время предприятия, являющиеся источниками водных сбросов или воздушных выбросов должны представить Байкальской Комиссии для рассмотрения, анализа и утверждения план и сроки достижения норм, рекомендованных Комиссией.

22. Байкальская Комиссия должна сотрудничать с Монгольской Республикой для достижения максимально последовательного и эффективного осуществления политики землепользования и распределения земель в бассейне.

Авторы данного проекта заметили, что обмен информацией и связи между политическими организациями, правительственными и научными учреждениями весьма ограничены. Следствием этого является дублирование работы, разработка сходных заданий, серьёзные разочарования, решения, принимаемые на основе неполных сведений. Существование Байкальской Комиссии должно изменить эту ситуацию, но помимо этого, должны быть сделаны попытки, обеспечивающие координацию и кооперацию в работе всех правительственных и научных учреждений. Президенту Российской Федерации следует рекомендовать министрам обеспечить кооперацию и координацию работы всех министерств в бассейне Байкала.

B. Финансовая сторона

Для обеспечения своевременного, по-

able frustration, and decisions based on incomplete data. The Baikal Commission should improve this situation, but efforts must also be made to insure that all government agencies and scientific institutions in the region coordinate and cooperate. The Prime Minister of the Russian Federation should instruct the ministers to insure that all ministries cooperate and coordinate their work in the Baikal basin.

C. Financial

Financial resources to insure timely, fair, and consistent program implementation are critical to the restoration and preservation of Lake Baikal. During these difficult times it is not realistic to depend entirely on local governments for all necessary funds to implement this prototype program, the Russian Federation must shoulder some of the initial burden. And it must be augmented by the international community — the World Bank, International Monetary Fund (IMF), foreign governments, rural development agencies, and environmental organizations. Such external assistance must be specific to the implementation of an environmentally sound and sustainable program for the Lake Baikal World Heritage Site.

First, however, the Buryat Republic and the Chita and Irkutsk Oblasts must show their commitment to, and confidence in, this land use policy by pledging significant funds to implement it. The success of the program will most affect their people. If they do not invest in it they cannot expect others to.

The Russian Federation investment should include annual payment of at least nominal taxes on national park, reserve, wildlife refuge, river, and other protected area lands. Such payments would reflect the importance of such areas to the nation as a whole, as well as recognizing that although these set-asides promote the tourism industry they also limit the potential tax base of local government. Likewise, the Russian Federation must provide adequate annual funding for the national protected areas system in the Lake Baikal basin. Furthermore, the Russian Federation should use a portion of its Ecological Fund for grants and low interest loans for pollution control equipment and for the start-up costs of the Baikal Commission.

следовательного и адекватного осуществления программы, чтобы восстановить и сохранить озеро Байкал, необходимы финансовые ресурсы. В настоящее трудное время нереалистично рассчитывать на финансирование настоящей программы-модели только из фондов местных правительств: Российская Федерация должна разделить часть этой ноши. Это должно быть также поддержано международным сообществом - Всемирным банком, Международным Валютным фондом, иностранными правительствами, агентствами по развитию сельских территорий, экологическими организациями. Такая внешняя помощь должна быть направлена прямо на осуществление экологически безопасной программы устойчивого развития для озера Байкал как «участка всемирного наследия".

Однако, сначала, Республика Бурятия, Иркутская и Читинская области должны продемонстрировать свою приверженность и доверие данной политике землепользования, выделив существенные фонды для её внедрения. Успех программы скажется прежде всего на жителях этих территорий. Если эти правительства сами не сделают капиталовложений, не следует ожидать этого от других.

Капиталовложения Российской Федерации должны включать ежегодные отчисления от, по меньшей мере, номинальных налогов на национальные парки, заказники, заповедники, реки и другие природоохранные территории. Эти платежи будут отражать как значение таких территорий для нации в целом, так и признание того, что хотя эти особо выделенные территории способствуют развитию индустрии туризма, они уменьшают потенциальный фонд местных правительств, облагаемый налогами. Более того, Российская Федерация должна обеспечить соответствующее ежегодное финансирование системы национальных охраняемых территорий в бассейне Байкала. Российская Федерация должна также использовать часть своего Экологического фонда для субсидий и низкопроцентных займов на приобретение оборудования для контроля за загрязнением окружающей среды и на первоначальные расходы по созданию Байкальской Комиссии.

Для осуществления данной программы землепользования следует обратиться в Международный Валютный Фонд или Всемирный Банк за займом для: 1) содействия приватизациии промышленности, имеющей самую современную технологию

An IMF or World Bank loan, conditioned on the implementation of this land use program, should be sought for the Baikal region to: 1) facilitate industrial privatization, including state-of-the-art pollution control technology, 2) convert the Baikalsk cellulose mill to a non-polluting industry, and, 3) construct a modern communications, transportation, and sewage treatment infrastructure. The international conservation community should actively campaign for such a loan as an example of the kind of ecologically sound investment such institutions should be making.

The United States Agency for International Development should assist in the search for private investors through its Trade and Development Program and its U.S.-Asian Environmental Partnership Program for businesses, government, and communities working together. At the request of the Russian government, the United States Peace Corps, Environmental Protection Agency, Forest Service, National Park Service, Fish and Wildlife Service, and other agencies should undertake important advisory roles in the implementation of this program.

The private Baikal Fund should establish an international fund for investment in ecologically sound demonstration enterprises including ecotourism.

Commercial investment in the region

Продажа сборных сибирских бревенчатых домов - потенциал для экологически безопасного экономического развития

Marketing pre-cut Siberian log homes holds potential for ecologically sustainable economic growth.

Photo courtesy Boyd Norton

Берег бурых медведей.

Jagged peak above Brown Bear Coast.

контроля за загрязнением, 2) перепрофилирования Байкальского целлюлозного комбината в безвредное производство и 3) внедрения современных инфраструктур для средств связи, транспорта и системы очистки стоков. Международное сообщество по сохранению окружающей среды должно активно поддержать кампанию по получению подобного займа, как пример экологически обеспеченного капиталовложения.

"Агенство Соединённых Штатов по международному развитию" (The US Agency for International Development) через свои программы "Торговли и развития" и "Американо-азиатского экологического партнерства для бизнесменов, правительства и сообщества" должно оказать помощь в поиске частных инвесторов. По просьбе российского правительства такие американские организации, как "Корпус мира", "Агенство охраны окружающей среды", "Лесная служба", "Служба национальных парков", "Служба рыбного хозяйства и дикой природы" и другие, должны взять на себя важную роль консультантов при реализации этой программы.

Независимый Фонд Байкала должен создать международный фонд для капиталовложений в экологически чистые предприятия, включая экотуризм.

Коммерческие капиталовложения в

must be limited to that which is sustainable and which is compatible with this land use program. All public or private commercial enterprises, except agriculture, should pay a small "Baikal environmental surcharge" on their use of the natural resources of the basin. Examples include a "bed tax" (collected on tourist rentals of overnight facilities) and a severance tax on timber and minerals. Proceeds from such surcharges should go toward: 1) community redevelopment to improve the quality of life of the residents of the region and, 2) the operating expenses of the Baikal Commission and regional goskomecologia. Such a dedicated fund must be established to fund the on-going work of the Baikal Commission and the goskomecologias. Other sources of revenue for this fund could include filing fees for land use permits, reflecting the size and complexity of the proposed project, and a one percent basin-wide sales tax. It is likely that the political acceptability of the latter would hinge on the assurance that it would be used solely for the protection of Lake Baikal.

D. Refinement at Local Level

This comprehensive land use program

регионе должны ограничиваться только теми, которые обеспечат экологическую безопасность и стабильность развития и не противоречат целям данной программы землепользования. Все частные или государственные коммерческие предприятия, за исключением сельскохозяйственных, должны вносить небольшую „байкальскую плату" за использование природных ресурсов бассейна. В качестве примера можно назвать налог на „койко-место" (основывающийся на предоставлении условий для ночлега туристам) и налог на добычу полезных ископаемых и лесных ресурсов. Деньги эти должны использоваться на:

1) обустройство поселений для улучшения уровня жизни людей, живущих в этом регионе, 2) покрытие расходов Байкальской Комиссии и региональных комитетов по экологии. Должен быть создан специальный фонд для финансирования работы Байкальской Комиссии и комитетов по экологии. Другими источниками поступлений в этот фонд должны стать плата за оформление разрешений на землепользование, отражающая размер и сложность предполагаемых проектов и однопроцентный налог на продажу в бассейне. Вполне вероятно, что основой для принятия последнего (налога на продажу) будет уверенность в том, что эти средства будет целиком использоваться для охраны озера Байкал.

Г. Внесение корректировок на местах

Настоящая комплексная программа землепользования разрабатывалась в широком, обобщённом масштабе. Для того, чтобы быть наиболее эффективной, она должна постоянно уточняться, чтобы наиболее точно отражать возможности и пределы возможностей земли и социальные нужды людей. Зачастую это лучше всего может быть осуществлено на местном уровне при техническом содействии и контроле Байкальской Комиссии.

Работая вместе с Байкальской Комиссией и учёными, районы, рекомендуя уточнение границ зон землепользования в буферной зоне „участка всемирного наследия" на своих территориях, должны использовать принципы, на которых основывается настоящая программа.

Отсутствие системы распределения отдельных районов городов или населённых пунктов по характеру и интенсивности использования часто вело к

has been developed at a broad, generalized scale. To be most effective it must be continually refined to more accurately reflect the capabilities and limitations of the land and the social needs of the people. Frequently, this will best be accomplished at the local level, with technical assistance and oversight from the Baikal Commission.

Working cooperatively with the Baikal Commission and the scientific community, raions should apply the principles of this program to their territories to recommend refinements of the boundaries of the land use zones that lie in the World Heritage Site buffer area.

The lack of a systematic assignment of specific areas of a city or settlement for specific types and intensities of use has often led to conflicts caused by mixing diverse and incompatible uses. Factories

„Страж".
Прибайкальский
национальный
парк.

*A gnarled sentinel,
Pribaikalsky National
Park.*

Photo courtesy Boyd Norton

Забайкальский национальный парк.

Zabaikalsky National Park.

созданию проблем, вызванных смешением несопоставимых типов использования. Фабрики, являющиеся причиной интенсивного движения и серьёзными загрязнителями атмосферы находятся рядом со школами, больницами и жилыми кварталами, создавая угрозу здоровью населения и окружающей среде. По мере расширения приватизации при отсутствии контроля зонирования нет гарантии того, что частные лица, которые будут покупать землю, будут защищены от неприемлемого использования прилегающих к их землям участков. Конфликты, финансовый риск и деградация окружающей среды - вот результат, который может быть следствием этого.

Должны быть созданы органы для разработки и управления комплексных планов зонирования, которые будет соответствовать принципам распределения земель и правилам, установленным на более высоком правительственном уровне, в том числе Байкальской Комиссией.

Д. Внедрение

Законы и политика, даже самые совершенные, не защитят Байкал и не создадут устойчивую, нормально развивающуюся экономику, если они не будут реализовываться. Реализация должна быть строго последовательной,

generating heavy traffic and emitting pollutants are mixed with schools, hospitals and residential dwellings, endangering public health and marring the public environment. As privatization advances there is no assurance, absent zoning controls, that individuals who purchase properties will be protected from adjacent incompatible development. Conflict, financial risk, and environmental degradation can be the expected result. Zoning authorities should be established to develop and administer comprehensive zoning plans that are consistent with land use allocation principles and practices established by higher levels of government, including the Baikal Commission.

E. Enforcement

Laws and policies will not protect Lake Baikal or build a sound, sustainable economy, no matter how carefully crafted, unless they are enforced. Enforcement must be scrupulously fair if the program is to retain citizen support. All citizens, foreign investors, and government agencies must be treated alike; there can be no double standard.

The Baikal Commission and regional goskomecologias should have the overall

чтобы данная программа сохранила поддержку граждан. Отношение ко всем гражданам, иностранным вкладчикам капитала и правительственным агенствам должно быть абсолютно одинаковым, не может быть двойных стандартов.

Байкальская Комиссия и региональные комитеты по экологии должны иметь полные права, чтобы гарантировать осуществление законов, правил и политики, на которых основывается программа. Эти права могут быть усилены правом на задержку передачи прав на землевладение до момента, пока предполагаемый владелец не продемонстрирует свои намерения относительно использования земли в соответствии с требованиями программы и соблюдение всех установленных норм. («Акт о владении" в Соединённых Штатах сделал западные земли доступными для частного землевладения, но реальные права на владение не вступали в силу до тех пор, пока владелец не подготавливал землю для использования такими действиями, как обнесение изгородями, возделывание земель и строительство дома).

Индивидуальные граждане и организации должны помогать контролировать осуществление политики землепользования; они должны воспринимать

responsibility to insure that the laws, regulations, and policies that constitute the program are enforced. This responsibility might be augmented by withholding the transfer of land ownership until the prospective owner has demonstrated the intent to use the land as the program requires and has met all applicable standards. (The Homestead Act in the United States made western lands available for private ownership, but actual ownership did not pass until the homesteader had improved the land for agricultural use by such actions as fencing, cultivating, and building a house.)

Individual citizens and organizations must help monitor land use policy enforcement; they must view the program as theirs and understand its benefits for the future. All citizens and private organizations must have the right to bring a legal action to force the appropriate agency to enforce land use laws, regulations, and permit conditions.

The penalties for violating the laws, regulations, norms, or permit conditions designed to preserve Lake Baikal should include not only fines and jail terms as appropriate but also the restoration of

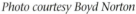

Облака над Байкалом.

A cloud looms over Baikal.

Photo courtesy Boyd Norton

эту программу как свою собственную и понимать её пользу для будущего. Все граждане и частные организации должны иметь право прибегать к помощи закона, чтобы заставить соответствующие агентства выполнять закон о землепользовании, правила и установленные нормы.

Наказания за нарушение законов, правил, норм или условий, на которых выданы разрешения, разработанные для защиты озера Байкал, должны включать не только штрафы и тюремное заключение (в случае необходимости), но и требования восстановления земель или вод, которым нанесён ущерб.

Е. Мониторинг

Комплексная программа землепользования, описываемая в настоящем документе, и карта обнаружат недостатки, которые в настоящее время невозможно предугадать. Поэтому, существенно, чтобы не только осуществление программы, но и экологическое здоровье бассейна озера Байкал тщательно контролировалось. Комплексный план мониторинга должен быть разработан Байкальской Комиссией с помощью ˮБайкальского международного центра экологических исследований ˮ в Иркутске и ˮМеждународного центра социально-экологических проблем Байкальского регионаˮ в Улан-Удэ.

Принципы ˮгибкого управленияˮ важны для успешного осуществления программы. Характер данных и их истолкование с течением времени будет изменяться. Систематический мониторинг облегчит осуществление необходимых изменений по мере накопления опыта. Три момента, соответственно, следует принять во внимание при осуществлении мониторинга:

1. Весомость, точность и полноту информации, фактов, допущений, характеристик возможностей земель, социальных нужд и т. д.

2. Оценку эффективности решений относительно зон землепользования, допустимых и предпочтительных типов использования, рекомендуемых норм, процесса внесения поправок и т. п.

3. Соответствие - последовательность осуществления политики.

Когда будет сокращена численность вооружённых сил, много молодых мужчин и женщин будут искать возможности трудоустройства. Нужно рассмотреть возможность перемещения некоторых сумм, предназначавшихся на

lands and waters damaged by the violation.

F. Monitoring

The comprehensive land use program described in this report and map will have shortcomings that cannot be foreseen. Therefore, its application and also the ecological health of the Lake Baikal watershed must be carefully monitored. A comprehensive monitoring plan should be developed by the Baikal Commission with the assistance of the Baikal International Center for Ecological Research in Irkutsk and the International Center for Socio-Ecological Issues of the Baikal Region in Ulan-Ude.

The principle of "adaptive management" is essential to implementation. Information and its interpretation will change over time. Systematic monitoring will facilitate needed program adjustments as experience is gained. Accordingly three categories of monitoring should be considered:

1. Validation and extension of information, facts, assumptions, land capability, social needs, etc.

2. Effectiveness of decisions regarding land use zones, preferred and conditional use lists, performance standards, procedures for amending the program, etc.

3. Compliance — the degree to which the program is being followed.

Finally, as armed forces are reduced, many young men and women will be searching for employment. Consideration should be given to transferring some of the defense savings to form these disciplined and skilled young people into a "green army" of environmental educators, maintenance workers, and law enforcement personnel. What better way to begin adult life than working in the cause of preserving the Earth?

G. Summary

We are convinced that the time left to save Lake Baikal as a pristine body of water and to develop a sustainable economy that will improve the lives of those living in the Baikal region is running out. The Buryat Republic and the Chita and Irkutsk Oblasts must join together in support of a Baikal Law that will do more than maintain the status quo and protect

военные нужды, для создания «зелёной армии», где дисциплинированные и опытные молодые люди будут распространять экологические знания, в качестве рабочих и персонала, следящего за выполнением законов. Можно ли найти лучший путь начать взрослую жизнь, чем работать во имя сохранения Земли для будущего?!

Ж. Заключение

Мы убеждены, что время, отпущенное на сохранение чистоты озера Байкал и развитие устойчивой экономики, которая призвана способствовать улучшению уровня жизни людей Байкальского региона, иссякает. Республика Бурятия, Иркутская и Читинская области должны объединить свои усилия в поддержке «Закона о Байкале», что будет способствовать не только сохранению существующего сегодня положения и политических прерогатив. Российская Федерация должна ввести этот закон в действие, поддерживать его осуществление как с финансовой стороны, так и административно. России дан поистине исторический шанс, время не ждёт. Озеро Байкал и люди, живущие здесь, заслуживают большего.

their jurisdictional prerogatives. The Russian Federation must enact such a law and support its implementation through both financial and leadership resources. Russia has been given a truly historic moment; it will not wait. Lake Baikal and its people deserve no less.

«....экология тесно связана не только с экономикой, но и с политикой. Ни одна страна сама не может решить эту проблему: мы все связаны"

Алексей Яблоков, профессор.
Советник Президента Б. Ельцина
Tomorrow Will Be Too Late, 1989 год

"...ecology is closely associated not only with the economy but also with politics. None of the countries on their own can solve this problem: all of us are linked together."

Prof. Alexei Yablokov
Counsellor to President Yeltsin
Tomorrow Will Be Too Late 1989

ПРИЛОЖЕНИЯ

ПРИЛОЖЕНИЕ I
ПРОБЛЕМНЫЕ ВОПРОСЫ И РЕКОМЕНДАЦИИ

А. Эстетические аспекты

Бассейн озера Байкал - одно из самых прекрасных мест на земле, но здесь уже очевидны следы деградации. Чтобы туризм стал существенной частью региональной экономики, красота региона - и природная, и созданная человеком - должна быть сохранена, а в некоторых случаях - восстановлена. Бассейн озера Байкал должен отражать и сохранять природную красоту, красоту архитектуры и пейзажа, отличающую сегодня многие места этой территории. Особое внимание должно быть обращено на эстетическую привлекательность путей сообщения в регионе: дорог, водных и железнодорожных путей, пешеходных троп.

В дополнение к нормам, установленным в главе III, рекомендуется:

1. Байкальской Комиссии, после публичных слушаний, утвердить стандарты цвета, размера, освещения и дизайна для новых рекламных знаков, размещаемых в бассейне, до 31 декабря 1995 года. Знаки, не соответствующие этим стандартам, должны быть заменены до 31 декабря 1999 года.

2. Байкальской Комиссии провести инвентаризацию живописных видов, открывающихся с шоссейных и других дорог, и, для их сохранения, установить правила землепользования.

3. Для содействия строительству традиционных сибирских бревенчатых домов установить поощрительные меры (связанные с налогами и другие).

4. Провести инвентаризацию исторических зданий и мест и обеспечить их охрану. Для стимулирования их сохранения и реставрации следует использовать поощрительные меры (связанные с налогами и другие).

5. При проведении работ, связанных с вопросами землепользования в бассейне, обеспечить участие специалистов в области ландшафтной архитектуры.

6. При застройке сельских местностей учитывать характер ландшафта; строительство в поселениях должно отражать характерные сибирские черты.

Б. Сельское хозяйство и консервация почв

Ветровая эрозия очень сильна, особенно эрозия песчаных почв, находящихся к югу и юго-востоку от Улан-Удэ. Водная эрозия сильна на лёссовых почвах, особенно в долинах к югу и западу от Улан-Удэ. По всему региону наблюдается значительная поверхностная эрозия. Причины её: перевыпасы, культивация земель и лесозаготовки вверх и вниз по склонам, а не вдоль склонов, возделывание неподходящих земель, ничем не ограниченный доступ стад к крутым склонам, берегам ручьёв и озёр.

Сельскохозяйственное производство скота, зерновых и сена значительно ниже возможностей.

Причины этого: неэффективное использование удобрений, разведение породы овец, неподходящей для этого региона, перевыпасы и неконтролируемые выпасы скота, культивация и использование для заготовки сена неподходящих низкопродуктивных земель. Нынешнее создание ферм, слишком маленьких, чтобы быть выгодными, усугубит эту проблему.

Изучение бассейна Великих озёр "Международной объединённой комиссией" показало, что годовые нагрузки, оказываемые на сельскохозяйственные земли взвесями твёрдых и органических веществ, выраженных в килограммах на гектар, равны или превосходят нагрузки, испытываемые городскими землями (Loehr, 1979). Учёные Лимнологического института подсчитали, что ежегодная нагрузка биогенных веществ от одной свинофермы в регионе больше, чем ежегодная нагрузка, оказываемая биогенными веществами из сбросов очистных сооружений в Улан-Удэ (Сутурин, 1991). Известно также, что существуют многочисленные проблемы из-за неправильного хранения в регионе сельскохозяйственных химикатов (Шапхаев, 1991).

В дополнение к нормам, установленным в главе III, рекомендуется:

1. При составлении детальных почвенных карт в первую очередь составить карты для территорий, обозначенных на карте распределения земель как "пахотные".

2. При создании частных ферм правительство должно обратить внимание на то, чтобы размер каждой фермы был достаточным для обеспечения их экономической жизнеспособности.

3. Для уменьшения ветровой и водной эрозии на культивируемых равнинных землях использовать ветрозащитные полосы и чередование полос зерновых культур и паровых земель.

4. Для предотвращения эрозии на продуктивных почвах склонов следует использовать ротацию зерновых и кормовых культур.

5. Отвести воду из верховий существующих оврагов, засадить их для создания постоянного растительного покрова, и огородить для предотвращения доступа скота.

6. Запретить участки-загоны для кормления животных.

7. Как по экологическим, так и по экономическим соображениям, выращивание полевых культур должно производиться на наиболее продуктивных почвах и территориях (например, на равнинных чернозёмах). Маргинальные почвы и крутые участки не следует использовать для полеводства, их нужно превратить в постоянные пастбища или там, где выпадает достаточно дождей, восстановить лесонасаждения. Главным принципом при культивации

земель должно быть: „Вкладывай в лучшее, остальное оставь в покое".

8. Для увеличения продуктивности и питательных качеств сено выращивать на продуктивных землях с использованием лучших сортов.

9. Естественные луга использовать для пастьбы животных, а не для заготовки сена.

10. Следует тщательно взвесить необходимость использования азотных удобрений на хороших почвах, где наблюдается недостаток азота. Использование нитратных удобрений должно контролироваться и быть запрещено там, где наблюдается присутствие нитратов в грунтовых водах.

11. Запрет на использование официально неразрешённых и/или экологически опасных пестицидов и гербицидов, таких, как ДДТ, должен осуществляться более строго и последовательно.

12. Следует поощрять традиционные методы ведения фермерского хозяйства, такие как разведение видов животных, лучше всего приспособленных к местным условиям, и использование пастушеского скотоводства там, где во многих случаях могут использоваться изгороди, но где практика пастушеского скотоводства зарекомендовала себя как действенная и экологически безвредная.

В. Качество воздуха

Загрязнение воздуха в Байкальском регионе должно контролироваться для поддержания хорошей видимости в этом в высшей степени живописном регионе, для предотвращения выпадения в бассейне токсичных и кислотных осадков, приносимых с воздухом, а также для улучшения здоровья и состояния населения в целом.

На качество воздуха в бассейне Байкала оказывают влияние как стационарные, так и подвижные источники загрязнений. Стационарные источники включают электростанции, теплостанции, работающие на угле и жидком топливе, Байкальский и Селенгинский целлюлозно-бумажные комбинаты, Петровский металлургический завод, сельскохозяйственные и промышленные предприятия, например, связанные с производством строительных материалов. Неиндустриальные источники загрязнения включают отопительные системы частных домов и небольшие котельные.

Подвижные источники загрязнения включают: автомашины, строительные и сельскохозяйственные механизмы. По данным ТерКСОП, примерно 60 процентов всех воздушных загрязнений - выбросы из подвижных источников (РСФСР, 1990).

В число главных загрязнителей из стационарных источников входят: пыль, окиси азота, окиси серы, альдегиды, фенолы, углекислый газ, углеводород, радиоактивные изотопы (такие, как Sr^{90}, Cs^{137}, U), металлы, особенно тяжёлые металлы (Pb, Be, Cd, Cu, Cr, Zn, Hg и т. п.), и другие органические вещества, такие, как бензопирины и меркаптаны (Госкомэкология, 1991; Иркутский Областной Совет,

1991). Изучение осадков тяжёлых металлов и радиоактивных изотопов показало, что разными источниками выбрасывается большое количество урана - в 100 раз превышающее уровень фона для снега и в 40 раз - уровень фона для почвы. Ископаемое топливо, используемое некоторыми стационарными источниками, имеет высокий уровень содержания серы, тяжёлых металлов и радиоактивных изотопов, которые при сгорании сильно влияют на качество воздуха.

Значительную долю загрязнений из подвижных источников составляют твёрдые частицы и пыль, углекислый газ, окиси азота, окиси серы, углеводорода, свинца (при использовании топлива, содержащего свинец) (Госкомэкология, 1991, Иркутский Областной Совет, 1991).

Трудно определить количество загрязнителей, происходящих из разных источников, поскольку данные неточные. В 1985 году общее количество промышленных выбросов в атмосферу составляло 1 236 000 тонн в Иркутской области, 204 000 тонн в Бурятской АССР (Галазий, 1991). При определении количества атмосферных загрязнителей в Республике Бурятии в 1990 году получили цифру 276 100 тонн: 148 700 тонн (54 %) из стационарных источников и 127 400 тонн (46 %) из подвижных источников.

Как это видно из приводимых ниже данных (Госкомэкология, 1991), измеренные концентрации уровня загрязнений в Бурятии с 1978 по 1990 год превосходят предельно допустимые концентрации (ПДК), установленные в 1987 году (Центральный Комитет).

В дополнение к загрязнениям воздуха из источников в самом бассейне, значительное количество загрязнений происходит извне, особенно из промышленных городов, расположенных к северу и западу от Байкала. Преобладающие западные ветры приносят большое количество загрязнений в озеро и его бассейн (Госкомэкология, 1991). Основные зоны воздушных влияний на озеро Байкал должны быть адекватно определены. Похоже, модели типа источник - приёмник не существуют.

Часто происходят термальные инверсии. Спокойные состояния воздуха сочетаются с периодами, когда низинные ветры приносят загрязнения и вызывают ненормальное состояние воздушной атмосферы. Топография территории усложняет проблему инверсии.

Не позволяет уменьшить количество твёрдых и газообразных загрязнителей плохое оборудование стационарных источников, только 31 % их имеет приспособления для задержания загрязнителей, а большинство - устаревшие и нуждаются в ремонте (Госкомэкология, 1991; Улан-Удэ, 1991). Только 6 % стационарных источников имеют газоочистители.

Для производства электричества и /или горячей воды для коммунальных отопительных систем часто используется угольное топливо. Несмотря на относи-

Данные по некоторым видам загрязнений в Бурятской АССР (1978-1990)

Загрязнитель	Измеренные уровни загрязнений % к ПДК*
Частицы и пыль:	
Среднегодовые	130 %- 200 %
Максимальные разовые концентрации	300 % -900 %
Углекислый газ:	
Среднегодовые	не превышает
Максимальные разовые концентрации	200 %- 500 %
Двуокись азота:	
среднегодовые	не превышает - 150 %
максимальные разовые концентрации	150 % - 160 %
Двуокись серы:	
среднегодовые	не превышает
максимальные разовые	не превышает
Бензопирины	500 % - 1 300 %
Метилмеркаптаны	790 %

Примечание: * Основываются на ПДК, установленных „Нормами допустимых воздействий на экологическую систему озера Байкал (на период 1987 - 1995 г. г.)".

тельно низкую концентрацию серы в угле, предприятия, его использующие, часто нарушают установленные для озера Байкал стандарты качества воздуха по наличию окисей серы, поскольку нет приспособлений для десульфации летучих газов. Кроме того, выбросы окисей азота и твёрдых частиц тоже превышают установленные нормы.

Модификация процесса работы на электростанциях, такая, как установление контроля температуры сгорания и соотношения количества подачи воздуха и топлива, поможет уменьшить выбросы, но это может произойти за счёт эффективности производства энергии. „Бурятэнерго" строит новую большую электростанцию в Улан-Удэ, которая, похоже, увеличит воздушные загрязнения, если там не будет установлено соответствующего оборудования для контроля за загрязнениями воздуха.

Посетители Селенгинского и Байкальского целлюлозных комбинатов испытывают серьёзное воздействие на респираторные пути. Вероятно, продолжительное воздействие воздуха этого качества может разрушить здоровье людей, работающих и живущих на близлежащей территории. Ущерб, нанесённый местным экосистемам земли и воды воздушными выбросами этих предприятий, хорошо отражён документально (Тарасова, 1991). Галазий сообщил, что значительные лесные территории разрушены в результате воздушных выбросов с Байкальского целлюлозно - бумажного комбината (Galazy 1991).

До 32 процентов выбросов из подвижных источников загрязнений не соответствуют установленным нормам, не установлены нормы допустимых выбросов для дизельной техники. Не распространено использование очищенного от свинца горючего топлива, поэтому количество выбросов свинца довольно большое. Вклад подвижных источников в общую концентрацию загрязняющих веществ, в отличие от стационарных, за последние несколько лет не уменьшился.

В дополнение к нормам, изложенным в главе III, рекомендуется:

1. Байкальской Комиссии, после публичных слушаний, установить нормы воздушных загрязнений для прилегающего воздушного и самого водосборного бассейнов. Нормы для последнего могут быть более жёсткими, чем для первого. Например, никаких новых воздушных выбросов не должно быть разрешено из источников внутри водосборного бассейна без соответствующего трёхкратного уменьшения выбросов тех же загрязнителей из какого-либо другого источника на территории этого бассейна; в то время как из источников внутри прилегающего воздушного бассейна не должно быть разрешено новых выбросов без соответствующего двукратного уменьшения выбросов тех же загрязнителей из другого источника на территории этого прилегающего воздушного бассейна.

2. За норму выбросов для экологически опасных загрязнителей считать нулевые выбросы.

3. Стационарные источники, особенно работающие на угле, и термальные электростанции оборудовать самой современной технологией контроля за воздушными загрязнениями или переоборудовать для использования природного газа, как только будет обеспечено необходимое снабжение им.

4. На стационарных источниках загрязнений и по всему водосборному бассейну Байкала смонтировать установки для контроля за влиянием воздушных выбросов из стационарных источников загрязнений. Каждая из них должна иметь достаточный штат, чтобы можно было осуществлять постоянный забор проб твёрдых частиц, двуокисей серы, окисей азота, двуокисей углерода, углеводорода и других загрязняющих веществ.

5. На территории бассейна Байкала организовать 2 или 3 региональных лаборатории (например, в Листвянке, Северобайкальске и Улан-Удэ), оборудовать их современными приборами, такими, как адсорбирующий атомный спектрометр и газовые хроматографы. Это дорогостоящее оборудование

может использоваться совместно организациями, контролирующими качество питьевой воды, стоков и атмосферы. Должен быть выделен постоянный долговременный бюджет, гарантирующий соответствующее использование этого оборудования. Следует разработать программу контроля качества лабораторных анализов.

6. Все стационарные источники оборудовать пылеуловителями, которые будут отделять твёрдые частицы. Существующие очистители должны быть по возможности быстрее усовершенствованы и/или отремонтированы.

7. Горючие вещества, содержащие много загрязнителей, должны использоваться для сжигания только в смеси с горючими веществами с малым содержанием загрязнителей, чтобы соответствовать установленным стандартам.

8. Там, где это возможно, использовать альтернативные источники энергии, такие, как солнечная (Байкальский регион отличается большим количеством безоблачных дней) и ветровая.

9. На стационарных объектах установить приборы, регулирующие температуру сгорания, пропорции подачи воздуха и топлива, материалов и соответствующее оборудование для уменьшения количества воздушных выбросов и стоимости энергии.

10. Загрязнители, поступающие в воздух из подвижных источников, должны контролироваться более эффективно. Один из методов - использование очищенного от свинца и/или обогащенного кислородом топлива. Должна быть предложена установка оборудования для контроля за загрязнением на всех транспортных средствах и введение системы ежегодного контроля всех транспортных средств (сходная с системой, применяемой в штатах Аризона и Калифорния в США).

11. Строго соблюдать нормы воздушных загрязнений на всей территории региона.

12. Отрегулировать систему общественного транспорта и расписание его движения таким образом, чтобы уменьшить количество загрязняющих выбросов из движущихся средств за счёт увеличения результативности движения. Все новые транспортные средства должны быть оборудованы каталитическими конвертерами (поглотительными фильтрами). Следует опробовать посменный характер работы для уменьшения перегрузок или простоя транспорта.

13. Поддерживать организацию совместных предприятий с иностранными фирмами, специализирующимися в области технологии контроля за выбросами (например, переговоры об оборудовании для Гусиноозёрской электростанции, происходящие между „Бурятэнерго" и немецкой фирмой, работающей с оборудованием по десульфаризации горючих газов). Такие предприятия и местное производство оборудования по контролю за воздушными загрязнениями должны получать определённые преимущества.

14. Вести непрерывное изучение воздействия воздушных загрязнений на состояние здоровья населения. Рекомендуется установить пределы нагрузок для людей, такие, как используются в Соединённых Штатах „Службой профессиональной безопасности и здоровья" (Occupational Safety and Health Administration), и использовать методологию, подобную используемой „Американской ассоциацией промышленных гигиенистов" (American Conference of Governmental Industrial Hygienists). Это особенно важно для таких промышленных территорий, как Байкальск, Петровск, Селенгинск и Улан-Удэ.

15. Сооружение дамб для гидроэлектростанций как альтернативного чистого источника энергии из-за высокой сейсмической активности в этом регионе и ценности прибрежных земель производить с крайней осторожностью.

16. Наблюдения за острыми и хроническими влияниями воздушных загрязнений, приносимых в бассейн Байкала извне, на состояние здоровья населения, на акватические и наземные сообщества должны осуществляться на постоянной долговременной основе.

Г. Улучшение структуры развития населённых пунктов

Многим поселениям в бассейне, особенно расположенным близко к озеру, нужно воспользоваться переходом к рыночной экономике и приготовиться к экономическому развитию, главным образом, за счёт туризма. Во многих случаях это потребует больших капиталовложений извне, но многое может быть сделано и самими жителями.

Поселения, находящиеся в отдалении от Байкала, также нуждаются в программах обновления. Областное и республиканское правительство, а также Байкальская Комиссия должны оказать поддержку таким программам. Эти программы в качестве важнейших экономических элементов часто будут включать туризм, производство продукции из лесоматериалов и добычу полезных ископаемых. Эти основные виды экономической деятельности должны использоваться для покрытия расходов на развитие и улучшение условий в каждом поселении.

И хотя нужды и задачи в каждом поселении будут различными, в качестве типичного примера, наверно, можно назвать Большое Голоустное (небольшое поселение на западном берегу Байкала). Здесь существуют возможности восстановления части культурного и природного наследия Байкала и нормально развивающейся экономики. Голоустное многие годы зависело от лесоперерабатывающей промышленности. Когда недавно леспромхоз переехал на другое место, большинство рабочих мест для жителей посёлка было потеряно. Бывшее место расположения предприятия - полоса вдоль берега между селом и озером примерно в 10 гектаров - выглядит как лунный пейзаж. Этот участок был выровнен и место может использоваться для прекрасного парка с музеем,

игровыми площадками и приспособлениями для отдыха. Дельта реки в северной части посёлка может быть восстановлена как место для наблюдения за птицами, любительской рыбалки и других подобных этим видов отдыха, а также для научных исследований. По соседству может быть расположен российско-американский экологический молодёжный лагерь. Возле берега уже есть глубокая, искусственно сделанная бухта, которая может быть идеальным местом для гавани. Использование местной рабочей силы и капитала совместного предприятия, которое может создать маленькую гостиницу или другие условия для туристов, думается, принесёт серьёзную экономическую выгоду. Местные жители уже продемонстрировали своё желание и намерения, начав реставрацию старой местной Никольской церкви, не использовавшейся почти 70 лет.

Специальные рекомендации предлагаются в главах III („Рекомендуемые нормы)" и IV („Финансовая сторона").

Д. Культурные ресурсы

Бассейн Байкала имеет богатую культурную историю и многонациональное население. Буряты, одна из трёх главных групп монгольского народа, и эвенки северной Бурятии, потомки тунгусов, являются представителями коренного населения и живут здесь на протяжении веков. Значительный процент составляет русское население, чьи предки начали заселять берега Байкала и сибирские земли в 17 веке. Представители разных национальностей - поляков, украинцев и др. - проживают здесь более века. Все они внесли весомый вклад в формирование культурных традиций региона.

Уникальные коллекции древних восточных медицинских и философских манускриптов, записи шаманских ритуальных текстов и книжные собрания декабристов и сибирских библиофилов, первоклассные коллекции древнерусской живописи и древнебурятского и тибетского религиозного искусства, богатые краеведческие коллекции - это только часть того культурного наследия, которое накапливалось здесь веками. Соответствующие экспозиции помогут развитию экономики туризма.

В регионе много археологических памятников. Только на территории Ольхона более 500 известных мест, включающих поселения, крепости, ирригационные системы, петроглифы, места захоронений и т. п..

Многовековые культурные традиции бурят и эвенков значительно пострадали в дореволюционное и советское время. Буддистские дацаны (бывшие своеобразными хранилищами духовной и материальной культуры бурят) и православные церкви были разрушены вместе с хранящимися в них сокровищами.

Традиционное для эвенков оленеводство серьёзно пострадало при сооружении Байкало-Амурской железнодорожной магистрали (БАМ) и в результате советской экономической политики в целом. Сегодня в бассейне проживает всего несколько тысяч эвенкийского населения.

Люди, живущие в регионе, стараются восстановить многие старые традиции и забытые ремёсла: плетение из конского волоса ещё не забыто в Бурятии; не перевелись знаменитые бурятские чеканщики и ювелиры; возрождается искусство танки- буддийской иконы; бурятские живописцы и керамисты, воспитанные на традициях разнообразных культур, тонко чувствуют традицию коренную, восточную.

Бережно сохранённые русскими старообрядцами традиции предков тесно переплелись с обычаями коренного населения Сибири. Это не только образ жизни и обряды, но также песенные фольклорные традиции и ремёсла.

Культурный потенциал региона огромен и включает профессиональные и самодеятельные театры, народные и государственные музеи, частные коллекции произведений искусства и библиотеки. Но не всегда он используется в полной мере, и зачастую культурные ресурсы региона остаются невостребованными.

В плачевном состоянии находятся здания многих библиотек и музеев, и потому их сокровища остаются недоступными. Из-за отсутствия выставочных залов работы художников и народных мастеров остаются неизвестными зрителям. Слабая полиграфическая база не позволяет публиковать заслуживающие внимания произведения как современных, так и старых авторов. Есть в регионе и талантливые архитекторы и умельцы- плотники, реставраторы, готовые и желающие работать над восстановлением и воссозданием красоты - не меньшей, чем создана их предками.

Рекомендации:

1. Должна быть проведена полная инвентаризация культурного и священного наследия региона и создан Охранный реестр.

2. Должен быть создан специальный фонд для развития культуры и принята программа снижения налогов для предприятий или отдельных граждан, делающих капиталовложения в развитие культуры или отчисляющих средства в фонд культурных организаций.

3. Налоги на произведения художников и мастеров - ремесленников должны быть минимальными.

4. Археологические, этнографические и исторические места и объекты должны быть отреставрированы и сохранены в соответствии с их значением. Следует избегать неподходящего использование прилегающих к ним земель.

5. Развитие культурных учреждений и сооружения зданий по индивидуальным проектам должно финансироваться правительством, также должны быть разработаны программы строительства новых и реконструкции уже существующих художественных галерей, студий и т. п..

6. Особое внимание должно уделяться куль-

турному образованию в школах, чтобы воспитать у жителей региона осознание собственной культуры и чувство гордости за свою землю.

7. Особый упор должен быть сделан на традиционное использование коренным населением отдельных участков бассейна Байкала.

8. Следует поощрять культурные обмены с Западом и профессиональную подготовку специалистов на Востоке.

9. Всем местам, традиционно считающимся местным населением священными, должна быть обеспечена законодательная защита и особый режим использования.

E. Экономическое развитие

Сельское хозяйство

В настоящее время состояние сельского хозяйства в бассейне Байкала весьма плачевное. Производство растительных культур и животноводство неэффективны ни с точки зрения производительности труда, ни с точки зрения производства единицы продукции на гектар. Вне зависимости от того, будут в сельском хозяйстве преобладать колхозные и совхозные типы хозяйствования или нормой станет приватизация, для успешной конкуренции при рыночной экономике продуктивность хозяйствования должна быстро увеличиваться. Это подразумевает значительное увеличение урожайности полеводческих культур и продуктивности мяса и молока, что также требует увеличения производительности труда ещё более быстрыми темпами.

Сельское хозяйство может стать вторым или третьим важнейшим источником прибыли в бассейне Байкала, если увеличится продуктивность, будет принята программа приватизации, определяющая земли под контроль наиболее способных управлять ими, и правительством не будут вводиться нецелесообразные ограничения цен на сельскохозяйственные продукты. Сельское хозяйство не станет высоко продуктивным за короткий промежуток времени, вне зависимости от изменений, которые будут предприняты, но значительное улучшение, безусловно, возможно.

Взять один простой пример, средние надои молока от одной коровы в Бурятии составляют около 1 500 литров в год. В других странах, где молочное хозяйство занимает важное место, надои составляют в три или четыре раза больше. Одной из причин такой низкой продуктивности является разведение мясо-молочной породы, вместо просто молочной. Однако это не самая главная причина крайне низкой продуктивности. Главные причины - отсутствие хороших кормов и посредственное управление.

Проблемы хозяйствования и управления, может быть, наиболее очевидно проявляются в преобладании несоответствующего использования земель. Некоторые почвы в регионе абсолютно непродуктивны: такие, как песчаные почвы к югу от Улан-Удэ. Производство зерна невыгодно на этих почвах,

возврат урожаем только в 2,5 раза превосходит количество использованных семян. Но тем не менее наблюдается широкое использование именно этих почв под пашню. Распространена распашка лёссовых почв на крутых склонах, несмотря на высокий риск сильной эрозии и недостаточность противоэрозийных мер.

Плохое хозяйствование проявляется также и в том, как используются азотные удобрения для пшеницы. Возможно из-за плохого оборудования, возможно из-за отсутствия внимания операторов часто наблюдается чередование полос либо удобрённых чрезмерно, либо недостаточно. В первом случае это вызывает полегание посевов, во втором - плохой рост, в обоих случаях уменьшается урожай.

Вполне очевидно, что плохое распределение труда и других хозяйственных средств характерно для таких форм хозяйствования, как колхозы и совхозы. Поскольку управляющие приобретают средства за искусственные цены, которые не соотносятся со спросом и предложением, у них нет стимулов к поиску более рационального использования и комбинации средств. Таким образом, при распределении труда, необходимые работы остаются невыполненными, в то время как ненужные операции продолжают выполняться.

В дополнение к нормам, изложенным в III главе, рекомендуется:

1. Правительствам региона использовать предоставленную законодательством Российской Федерации возможность проведения приватизации сельскохозяйственных угодий. Они не должны ограничиваться попытками только распределения садовых участков и „домашних" ферм (обеспечивающих продуктами питания семью фермера), но должны также предоставлять большие, экономически жизнеспособные участки земли. Маленькие участки земли помогут людям решить насущные проблемы пропитания, но они мало решают проблемы людей, занятых в промышленном производстве и надолго создадут другие проблемы, связанные с землевладением.

2. Как только первоначальная приватизация будет завершена, разрешить фермерам продавать землю другим фермерам, так, чтобы рынок позволил лучшим фермерам увеличить участки своих владений.

3. Технику, в настоящее время находящуюся под контролем колхозов и совхозов, предоставить в распоряжение частных фермеров на основе контрактов или долгосрочной аренды. Частные фермеры должны иметь доступ к удобрениям, горючему и другим необходимым средствам наравне с государственными фермами.

4. Правительство должно оказывать поддержку исследований в области сельского хозяйства и консультационным службам, используя значительные научные силы региона.

5. Если приватизация будет происходить медленно, чрезмерно большие государственные сельскохозяйственные предприятия нужно разделить на

более удобные в управлении хозяйства. Хотя существуют серьёзные споры по поводу их оптимального размера, такие, как хозяйство к югу от Улан-Удэ, с площадью 37 000 гектаров, где побывала наша группа, скорее всего, не могут работать эффективно.

6. Постоянно улучшать породы стадных животных, как с точки зрения продуктивности, так и приспособляемости к местным условиям. Новые породы следует разводить при постоянном наблюдении. Например, с улучшением системы кормления и управления могут значительно увеличить производство молока коровы породы Голштейн-Фрисиан.

7. По мере приватизации экономики правительство должно оказывать поддержку созданию молочных и других торговых кооперативов, что поможет фермерам получать справедливую долю от розничной цены.

Туризм

Потенциал Байкальского региона для туризма не используется. Условий для отдыха мало и в большинстве они не отвечают требованиям для иностранных путешественников. Степень деградации мест размещения туристических баз значительна, особенно вдоль береговой линии, что вызвано "диким", или нерегулируемым, туризмом.

Туризм в Байкальском регионе будет расти. И это имеет экономический смысл, поскольку район обладает уникальными природными ресурсами, что даёт преимущество именно этой сфере развития экономики. Здесь хорошо развиты воздушные и железнодорожные системы сообщений, и регион удобно расположен по отношению к быстро развивающимся странам Тихоокеанского региона.

Вопрос в том, как использовать блестящую возможность экономического развития, основывающегося на туризме, обеспечивающем качество впечатлений так, чтобы сохранить качество воды и природных территорий. Один из путей - сосредоточиться на экотуризме, таком типе путешествий, который близок природе, основывается на активном отдыхе на воздухе с привлечением культурных и естественных ресурсов и может включать элемент приключения или деятельную рекреационную активность. Он не требует большого развития инфраструктур, поскольку посетители обычно хотят "простоты".

Туризм сегодня - самая быстро растущая индустрия мира, и предполагаемые затраты на него к 1996 году составят более 3 биллионов долларов. Самые быстро растущие отрасли этой индустрии - "путешествие- приключение" и экотуризм (Hawkin and Ritchie, 1991). Район озера Байкал имеет необходимые ресурсы для обеспечения успеха на туристическом рынке, и нужно создать условия для этого.

Слаборазвитая инфраструктура для туризма не является непреодолимым препятствием. Доходы, полученные от таких групп, как группы экологического туризма и "путешествий -приключений", которые можно организовать, даже не имея полностью развитой инфраструктуры, могут быть использованы для создания условий, которые помогут привлечь соответствующий интерес. Государственная монополия на туризм должна быть прекращена.

Множество мелких хороших и разнообразных типов сервиса, необходимого туристам, трудно или невозможно найти в бассейне Байкала, и поэтому возможности дохода в местный бюджет не реализуются. Причины, создавшие эту ситуацию - государственная поддержка только крупных предприятий и изъятие доходов от иностранного туризма из местного бюджета - должны быть устранены.

Рекомендации:

1. Статуса "участка всемирного наследия" для бассейна озера Байкал нужно добиваться немедленно. Это обеспечит Байкальскому региону заслуженную всемирную известность и как магнит послужит для привлечения туристов в место одного из природных чудес мира.

2. Должна быть создана комплексная система природоохранных территорий, включающая национальные парки, 26 постоянных заказников, систему национальных живописных рек, места культурных и исторических достопримечательностей, памятники природы, охраняемые ландшафты и этнические территории, о которых уже шла речь в этой программе.

3. Должна быть создана система "Информационных центров для посетителей" в Иркутске, Северобайкальске, Улан-Удэ и Чите. Нужно создать фильм, адресованный приезжим и местным жителям, рассказывающий о регионе, для демонстрации в этих "центрах". В "центрах" должна находиться модель озера и региона, выставки, посвященные природе, книги и сувениры, доступные для приобретения, изготовленные местными ремесленниками.

4. Монополия "Интуриста" на иностранный туризм должна быть прекращена, и правительства Бурятии, Иркутской и Читинской областей должны создать свои собственные туристические агентства для развития этой индустрии с опорой на частный бизнес в сфере обслуживания.

5. В сфере туризма должны преобладать небольшие бизнесы, поскольку Байкальский регион имеет преимущество для развития этой индустрии. Такие небольшие бизнесы доказали, что они являются главным источником развития и роста рабочих мест даже в наиболее развитых экономических системах.

6. Местные предприятия, обслуживающие туристическую индустрию, должны иметь право устанавливать свои цены; официальные ограничения на владение иностранной валютой должны быть отменены.

7. Главным фокусом "байкальского опыта" в туризме должен быть опыт близости к природе, к естественному окружению и диким животным.

8. Репутация "байкальского гостеприимства"

должна быть подкреплена подчеркнутым дружелюбием и качеством обслуживания. Работники, служащие в туристическом бизнесе, должны быть подготовлены именно к такому обслуживанию и должны иметь вознаграждение в виде чаевых (небольшой награды за хорошее обслуживание), что должно поощряться и обеспечит дополнительную добавку к зарплате. Частным туристическим организациям, обеспечивающим высокое качество обслуживания и соблюдение экологических правил, должно быть обеспечено рыночное стимулирование.

9. Скромные капиталовложения следует сделать в развитие небольших гостиниц и ресторанов с особым вниманием к значительному улучшению конструкций для санитарных нужд. Следует модернизировать существующие туристические базы и перестроить их для того, чтобы улучшить условия для санитарных нужд, восстановить разрушенные (деградирующие) территории вокруг них, улучшить экологическое образование и воспитание и условия для приёма иностранных посетителей.

10. Туристическая реклама и стратегия развития туризма должна ориентироваться на иностранных туристов, достаточно состоятельных, чтобы приехать на Байкал, и чей интерес к отдыху на открытом воздухе требует минимума условий, т. е. тех, кто нацелен на пешие или лодочные (байдарочные или на каяках) походы, фотографирование, любительскую рыбалку на удочку.

11. Нужно подыскивать капитал для развития лечебных курортов на Аршане в Тункинском национальном парке и в Ямаровке Красночикойского района.

12. Следует способствовать открытию новых авиалиний в Улан-Удэ и Иркутск и улучшению авиаобслуживания.

13. Транссибирская железная дорога должна предложить „Байкальский экспресс" в обоих направлениях - как с запада, так и с востока, с выставками и сопровождающими их знающими натуралистами.

14. Нужно восстановить поезд с паровозом, следующий из порта Байкал до Култука, и обслуживающий персонал в униформе проводников должен знакомить с Байкалом. В Култуке нужно предложить дополнительные маршруты - по озеру и через Тункинский национальный парк.

15. Местные экскурсоводы, капитаны экскурсионных судов, служащие парка и все, кто находится в постоянном контакте с туристами, должны быть специально подготовлены в области естественной и культурной истории Байкальского региона. Для экскурсоводов может быть установлен ежегодный приз в области экологического образования.

16. Местные ремесленники и художники должны получить подготовку в создании скульптуры, живописи, керамических изделий, фотографии, изделий из дерева и камня с целью изготовления сувениров и накопления долларов для местной экономики.

17. Разговорники, включающие перевод самых распространённых русских выражений на английский, немецкий и японский языки должны быть доступны для отдельных граждан и бизнесов, занимающихся обслуживанием иностранных туристов.

18. Нужно подготовить для туристов на нескольких языках, включая английский, немецкий, японский недорогие, привлекательно оформленные материалы образовательного и поясняющего характера. Эти материалы должны включать карты (которые сами окупят расходы), отражающие размещение парков, пляжей, территорий для лагерных стоянок, основные туристские тропы, места исторических и культурных интересов, места, где можно наблюдать за дикими животными, расписания движения автобусов, теплоходов, поездов.

19. Информативный материал, брошюры для туристов, семинары должны быть подготовлены так, чтобы посетители могли стать „зелёными голосами" в защиту озера Байкал.

20. Для экотуристов следует спланировать туры для наблюдения за дикой природой. Нужно обустроить места для наблюдения за птицами, например, проложить тропы вдоль некоторых болот. Места обитания диких животных должны быть защищены и охота запрещена.

21. Следует организовать лодочные и конные экскурсии, знакомящие с культурной и естественной историей.

Системы традиционного хозяйствования

Экономическое развитие, особенно „этнических территорий" (естественных антропологических заповедников), должно соединять рациональное использование природных ресурсов с культурными традициями и опытом местных жителей. Естественные особенности и красота региона также должны восприниматься как величайшая ценность.

Планы экономического развития должны включать следующие традиционные системы хозяйствования: производство сельскохозяйственной продукции, скотоводство, сбор естественной продукции, производство древесной продукции, добычу полезных ископаемых, создание небольших местных предприятий или совместных предприятий для производства продуктов питания или медицинской продукции, экотуризм, производство ремесленных товаров с использованием кожи, шерсти, дерева, минералов. Эти системы существуют во всём мире на протяжении длительного периода исторического развития. Некоторые из них присущи и бурятской культуре, другие - нет, но они легко привились в кочевой и осёдлой жизни бурят.

Рекомендации:

1. Производство сельскохозяйственной продукции

а. определить уровень максимально возможного производства продукции, которую можно получить, используя традиционные методы хозяйствования.

б. Определить, можно ли усовершенствовать

эти методы использованием таких приёмов, как ротация зерновых и паровых земель, использование зелёных удобрений, ротация выпасов и т. п.

2. Скотоводство

а. Определить уровень максимально возможной нагрузки на пастбища, виды трав, способствующие улучшению качества фуража, содержание протеин, и количество сена для ежегодных заготовок.

б. Определить экономическую выгоду (доход-расход) содержания каждого вида животных.

в. Разработать и распространять образовательные программы о принципах генетического отбора для улучшения поголовья скота.

3. Сбор естественной продукции

а. Учесть все виды растительной и животной продукции, используемые местными жителями в качестве продуктов питания, для медицинских целей, при отправлении обрядов, для ремесленных изделий и т. д. в соответствии с их местонахождением, способностью к воспроизведению и временем сбора.

4. Производство древесной продукции

а. Крупные коммерческие заготовки леса должны быть запрещены.

б. Произвести инвентаризацию местных лесов по типам, классу, размерам и возможностям использования (например: пиломатериалы, дрова, ремесленные изделия, лодки и т. п.)

в. Определить местные потребности в каждом из названных выше продуктов.

5. Добыча полезных ископаемых

а. Следует запретить крупномасштабную добычу полезных ископаемых.

б. Добыча полезных ископаемых в небольших и средних масштабах может быть разрешена только там, где может быть гарантировано незагрязнение прилегающих земель.

в. Неместные добывающие компании должны получать разрешение на работу в определённых участках только при условии, что по меньшей мере 25 процентов добытых ископаемых будет предоставлено местным предприятиям для производства продукции местными ремесленниками; там, где это неприемлемо, эквивалентная денежная выплата должна быть сделана в местные фонды для осуществления экономических и социальных проектов.

6. Небольшие местные предприятия

а. Экспорт непереработанных природных ресурсов с территории региона должен быть сведён до минимума, чтобы увеличить до максимума количество рабочих мест и обеспечить прибавочную стоимость для местных фондов.

б. Нужно организовывать небольшие предприятия по переработке продуктов питания и медицинской продукции, подходящей для экспорта, как молоко, масло, сливки, сыр, мясо диких и домашних животных, дикие ягоды, кедровые орехи и естественные медицинские средства.

в. Нужно организовать подготовку местных ремесленников для производства изделий из дерева, полезных ископаемых (нефрита, мрамора, золота, серебра и т. д.) и изделий из материалов животного происхождения (кожи, рогов, конского волоса и т. д.).

г. Необходимо оказать помощь местным ремесленникам и мастерам в приобретении необходимых приспособлений и навыков в организации сбыта продукции.

д. Нужно организовать небольшие лагеря с домиками и юртами возле источников, рек и озёр, которые представляют потенциальный интерес для туристов.

е. Для туристов должны быть организованы пешие, конные и лодочные маршруты в сопровождении экскурсоводов - знатоков естественной и культурной истории.

ж. Для обеспечения полноценных туристических впечатлений не следует строить новых дорог в местах, определённых как "этнические территории".

Лесная промышленность

Район Байкала имеет преимущества в области производства продукции лесной промышленности, поскольку большая часть территории бассейна покрыта огромной сибирской тайгой. Но леса серьёзно пострадали от человеческой деятельности, не принимавшей во внимание ни выгоду от получения стабильного урожая, ни будущую плату за беззаботные и чрезмерные лесозаготовки. Более того, темнохвойная тайга в принципе - ресурс, не поддающийся восстановлению: возможности обеспечения лесной промышленности устойчивыми урожаями предоставляет, в основном, светлохвойная тайга.

Переработка лесных ресурсов тоже страдает из-за отсутствия внутри экономической системы реального ценообразования, отражающего относительный недостаток товаров. Квоты на заготовленную древесину обычно устанавливаются без учёта разного качества её, при переработке древесины используется устаревшая и непродуктивная технология, продукция эта почти не представлена на мировых рынках. Более того, слишком много древесины экспортируется с низкой (или отсутствующей) прибавочной стоимостью, и возможности занятости населения не используются. Эти недостатки должны быть устранены.

Значительные производственные мощности, работающие на лесных ресурсах, могут быть развёрнуты в районе Байкала, не принося такого ущерба озеру, как целлюлозно - бумажные комбинаты. Леса региона могут и должны играть важную роль при перестройке национального рынка и более значительную роль на заморских рынках. Вполне вероятно, что спрос на сборные конструкции в Российской Федерации в течение следующих нескольких лет резко возрастёт. Финансирование этого производства может осуществляться с помощью

продуманных договоров о совместных предприятиях, исключающих экспорт необработанной древесины и включающих соблюдение строгих экологических стандартов. В отдаленной перспективе громадный российский рынок один может потреблять всю производимую в Байкальском регионе древесную продукцию, но экспортный рынок, особенно в Тихоокеанском регионе, тоже должен осваиваться.

Хотя региональные ресурсы представлены, главным образом, мягкой древесиной и твёрдой древесиной низкого качества, можно организовать производство простой недорогой мебели, ремесленных изделий из дерева и сборных строительных материалов, включая бревенчатые дома. Все эти типы производства обеспечат трудовую занятость и доход, учитывая их возможную связь с индустрией туризма и неплохо развитые транспортные пути.

При рациональном и заботливом управлении продуктивными местами, район озера Байкал может основывать развитие своей экономики в значительной степени на производстве древесной продукции, сохраняя другие естественные ценности лесных ресурсов. Однако нельзя продолжать производство бумаги и другой целлюлозной продукции - плата за это слишком высока: состояние окружающей среды и здоровье людей. Потеря рабочих мест, которая произойдёт при закрытии Байкальского комбината, может быть компенсирована созданием современного предприятия по производству древесной продукции, которое не будет оказывать загрязняющего влияния, а также развитием туризма, сельского хозяйства и добычей полезных ископаемых.

В дополнение к нормам, изложенным в главе III, рекомендуется:

1. Создание предприятий лесоперерабатывающей промышленности, за исключением целлюлозных и работающих с применением химических веществ, на территории бассейна Байкала следует поощрять, но учитывать при этом необходимость сохранения стабильности лесов продуктивной зоны.

2. Особые усилия следует приложить для создания предприятий, способных перерабатывать отходы древесины, в настоящее время не использующиеся.

3. Создание совместных предприятий, внедряющих современные технологии, обеспечивающих занятость и капиталовложения в общественные сооружения в регионе, следует поддерживать с помощью налогов и других поощрительных мер, но с учётом необходимости сохранения лесов продуктивной зоны.

4. Следует развивать экспортный рынок для такой уникальной продукции, как сборные бревенчатые сибирские дома.

5. Местным лесопильням освоить новую технологию распила для более полного использования сырья и обеспечения высокого качества продукции.

6. Закрыть Байкальский целлюлозный комбинат и заменить его приемлемыми предприятиями по производству лесной продукции, а также туристическими.

Промышленное производство

Промышленное производство в бывшем Советском Союзе долгое время было ущербным из-за неразумной правительственной политики по организации производства продукции, распределения и международной торговли. В то время, как правительство делало чрезвычайно большие капиталовложения, промышленность оставалась далёкой от удовлетворения потребительских спросов или конкуренции на свободном рынке, конкуренции за дефицитные факторы производства, такие, как земля, труд, капитал и предпринимательство. Диспропорции и дефицит производственных товаров остаются хроническими, производительность труда низкой, возможность конкуренции на международном рынке ограниченной и возрастает рост экспорта необработанного сырья и полуфабрикатов в обмен на иностранные товары.

Существуют также экологические ограничения, снижающие продуктивность. Результатом влияния суровой сибирской природы является то, что "первоначальные капиталовложения громадны, а возврат незначителен. Стоимость сооружений в два- три раза превышает среднюю стоимость по стране в относительно развитых районах вдоль Транссибирской магистрали и в четыре - восемь раз - в отдалённых районах.... Одна треть капиталовложений уходит на покрытие стоимости инфраструктуры... затраты на оборудование, значительно превышают среднюю стоимость по стране, расходы на содержание их и ремонт также высоки" (Mote, 1983).

Все эти недостатки могут быть исправлены экономическими реформами, которые создадут условия для конкуренции. Это включает: решительную попытку приватизации предприятий там, где это возможно; разделение очень крупных, функционально и пространственно, предприятий, на множество фирм небольшого размера; быстрое внедрение технологий, существующих в других промышленных странах с помощью партнёрства и совместных предприятий; особое внимание к таким предприятиям и видам производства, которые дадут прибавку к стоимости местных ресурсов, обеспечат занятость местного населения.

Рекомендации:

1. Тщательно определить размещение промышленных зон, учитывая наличие Транссибирской железнодорожной магистрали и предложить налоговые и другие преимущества для новых предприятий, способных обеспечить устойчивое развитие, которые могут быть созданы в этих зонах. Промышленные предприятия не должны располагаться далеко от городских поселений: необходимые инфраструктура, рабочие руки и сфера обслуживания есть в населённых пунктах, размещать предприятия где-то в отдалении означает создавать дополнительные высокие расходы и плохие условия жизни.

2. Большинство крупных предприятий должно быть разделено на более мелкие. Только те предприятия, крупный размер которых необходим для достижения низкой стоимости единицы продукции, должны управляться как крупные подразделения: например, производство электроэнергии. Любые сохранившиеся монопольные производства при частном владении и контроле должны регулироваться правительством, для избежания монопольных цен.

3. Предприятиям должно быть разрешено определять свои собственные планы и цены, по которым они будут предлагать свою продукцию.

4. Предприятия должны организовывать совместную работу с иностранными фирмами, чтобы получить капитал, доступ к передовой технологии и выход к новым рынкам сбыта. Среди преимуществ, которые они могут при этом использовать: подготовленная рабочая сила, богатые природные ресурсы, хорошая транспортная (железнодорожная и воздушная) система.

5. Налогообложение, планирование землепользования и другие действия, контролируемые местными властями, не должны строиться на предпочтительном отношении к государственным или полугосударственным предприятиям.

6. Местные власти должны попытаться привлечь производственные мощности такого размера и характера, которые будут стабильно развиваться в бассейне. Должны поддерживаться такие предприятия, как создающие сборные сибирские бревенчатые дома, бутылирующие байкальскую воду и строящие деревянные лодки на экспорт. Те предприятия, что вывозят необработанное сырьё на большие расстояния или оказывают разрушительное влияние на окружающую среду, - плохой выбор.

Ж. Экологическое и культурное образование

Восстановление и защита озера Байкал зависит от информированности общества.

Жители региона и посетители этих мест должны стать главными защитниками озера. Для того, чтобы сделать это успешно, защитники должны обладать фактами и пониманием естественного мира Байкала. Экологическое образование и воспитание важно для детей и взрослых, поскольку оно поможет сохранить озеро ныне и в будущем.

Рекомендации:

1. Нужно подготовить разнообразную разъясняющую информацию по экологии Байкала. Учёные должны подготовить указатели характерных типов деревьев, цветов, птиц и диких животных, а также редких и исчезающих видов. Художникам следует подготовить иллюстративный материал для указателей "Птицы Байкала", "Цветы Баргузина", "Жизнь нерпы", "История соболя", "Птицы степи" и других подобных путеводителей.

2. При финансовой поддержке туристических агентств и заинтересованных групп защиты природы нужно создать "Путеводитель по Байкальскому региону", содержащий разнообразную информацию, снабжённый картами аэросъёмок, цветными фотографиями, живым и подробным описанием "байкальского опыта".

3. Нужно составить программы экологического образования для различных групп, школ, туристов, местных руководителей.

4. Нужно организовать курсы подготовки преподавателей экологических наук.

5. Как альтернатива военной службе должен быть создан "Экологический корпус" для защиты парков, проведения научных исследований и подготовки экскурсоводов- экологов.

6. Следует подготовить методические материалы и семинары, чтобы выработать этику сохранения и защиты природы и помочь посетителям, студентам и туристам стать серьёзной силой в защите Байкала.

7. Нужно разработать программы курсов управления (менеджмента) природными ресурсами, административного управления парками, рыбными ресурсами и дикими животными, программы экологических наук для включения их в университетские курсы.

8. Должен быть подготовлен материал для экологического образования в школах; экологическое образование должно быть обязательным в начальной и общеобразовательной школе.

9. Следует создать организацию, подготавливающую и издающую материалы по экологическому образованию.

10. Экологические лагеря, в которых будут преподаваться экология и охрана природы, должны быть созданы на трёх уровнях: а) лагеря в начальных школах с проведением научных занятий на озере, организацией передвижных выставок, походов; б) полевые лагеря для экотуризма с изучением научных подходов за границей - для учеников средних школ, студентов и взрослых; с) экологические институты, задачей которых будет профессиональная подготовка в таких областях, как экология и естественные науки, а именно: лесоведение, дикая природа, управление водосборным бассейном, сохранение почв.

11. Программы экологического образования должны использовать знание и опыт местных людей, особенно представителей коренных культур.

12. Для сбора и распространения информации о состоянии озера Байкал и его бассейна нужно создать региональный центр экологического образования. Центр должен собирать информацию в таких научных учреждениях как Байкальский экологический музей, Баргузинский заповедник, Бурятский научный центр, Институт токсикологии, Читинский институт природных ресурсов, Международный центр экологических исследований, Международный центр социально- экологических проблем, Сибирское отделение Российской академии наук. Отделения этого центра должны размещаться в Чите, Иркутске, Северобайкальске и Улан-Удэ.

3. Управление рыбными ресурсами и дикой природой и их использование

Разнообразные ресурсы диких животных и рыбы в бассейне Байкал как барометр отражают состояние экологического здоровья региона. К сожалению, их количество значительно меньше настоящих возможностей региона. Это отражает деградацию, происходящую в бассейне: разрушение среды обитания перевыпасами, загрязнением и разрушением лесов; антропогенное использование почти всех степных районов; использование отдельных видов выше разумных пределов при промышленной, спортивной охоте и рыболовстве.

Результаты этого отражаются в количестве видов, официально названных среди находящихся под угрозой исчезновения: 28 млекопитающих, 72 птицы, 7 земноводных и пресмыкающихся, 5 видов рыб, 23 насекомых, 132 растения - это только в Бурятии (Институт биологии, 1988). Скудость дикой природы очевидна даже случайным посетителям.

„Влияние промышленных выбросов не только уменьшает жизнеспособность живых организмов Байкала, их рост и плодородие, но также ведёт к их разрушению. Доказательство тому - массовая гибель рыбы и нерпы в 1987 году. Согласно подсчётам, основывающимся на неполных статистических данных, более 10 % популяции Байкальского тюленя вымерло зимой 1987 - 1988 годов. Для предотвращения загрязнения Байкала власти должны предотвратить сброс стоков, потому что, даже будучи очищенными, они всё равно разрушительны для водных организмов. Выбросы в озеро или атмосферу должны быть полностью запрещены." (Galazy 1991)

„История бакланов на Малом море, когда-то столь многочисленных, что их гнёзда занимали все каменистые выступы, печальна. Их гнёзда до сих пор там, но красивые птицы исчезли. Яйца собирались и птенцы, чьё мясо особенно ценилось, продавались в местном магазине. В 1963 году на Малом море был убит последний баклан. На Ольхоне больше нет косуль, последняя была убита 25 лет назад; последний изюбр (большой сибирский северный олень) - в 1966... из-за сбора яиц уменьшаются колонии серебристых чаек. Орлан - белохвост - тоже кандидат на включение в список исчезающих видов Байкала." (Galazy, 1980 из Nocireva, 1976).

Разнообразные и здоровые популяции рыбы и диких животных могут быть одним из наиболее значительных источников экономического развития региона. Если регион озера Байкал станет „участком всемирного наследия" и значительная часть его экономики будет основываться на экотуризме, популяции диких животных должны быть восстановлена до естественных для региона размеров.

Рекомендации:

1. Создать в бассейне озера Байкал 26 новых рекомендованных национальных постоянных заказников (природных резерватов).

2. Создать постоянные национальные заказники (например, на острове Ольхон) и научные заповедники (например, Алтачейский и Боргойский) в степных районах бассейна и восстановить их, чтобы в них могли обитать жизнеспособные популяции всех видов животных, характерных для степи.

3. Провести инвентаризацию популяций диких животных и рыб силами профессиональных биологов, не имеющих отношения к тем, кто использует эти виды для каких-либо нужд. Уровень добычи должен основываться на результатах этой инвентаризации с учётом необходимости увеличения размера популяций до естественных для мест обитания и стабилизации численности этих популяций. Численность популяций и нормы добычи должны контролироваться и пересматриваться ежегодно.

4. Все виды диких животных, включая хищников, должны быть защищены, а добыча разрешена только по лицензиям; нужно установить умеренный уровень добычи, обеспечивающий их сохранение.

5. Доход от продажи лицензий на охоту и рыбную ловлю должен использоваться для изучения рыб и диких животных и внедрения закона.

6. Коренное население, использующее традиционные методы добычи, должно получать приоритет в охоте и рыболовстве.

7. Популяции видов млекопитающих, птиц, рыб и зоопланктона, существующих во многих природных системах и относительно легко поддающихся мониторингу, не являющихся редкими и не находящихся под угрозой исчезновения, должны использоваться как суррогатный показатель состояния здоровья экосистемы в целом, служа своеобразным индикатором.

8. Нужно разработать систему классификации увлажнённых и болотистых земель, чтобы применяемые меры защиты и управления соответствовали ценности этих земель.

9. Уровень озера Байкал больше не должен изменяться людьми, за исключением проверки возможности восстановления увлажнённых земель в районе Верхней Ангары (и других), разрушенных Иркутской плотиной. Понижение уровня воды на 30 сантиметров позволит учёным проверить экологическую возможность возврата уровня воды на отметку 1950 года.

10. Пресноводный тюлень - нерпа (Phoca sibirica) должен быть признан видом глобального значения и крайне ценным объектом наблюдения для посетителей. К этому виду следует относиться заботливо и защищать его лежбища по мере возрастания количества туристов. Разрешённая добыча нерпы должна постепенно снижаться и со временем прекратиться. Не только нерпа, но все эндемики озера Байкал должны быть признаны видами глобального значения и обеспечены защитой.

11. Основные места обитания диких животных, необходимые для их выживания, должны быть учтены и сохранены.

12. Поддержка естественной стабильности и

разнообразия видов диких животных должна считаться более важной, чем попытка искусственно увеличить популяцию каких-либо животных в ущерб другим.

13. Фокусом программы управления рыбными ресурсами и дикой живой природой должны быть эндемики и виды, характерные для региона.

14. Не следует разводить виды, не типичные для региона.

15. Количество представителей того или иного вида не должен превосходить естественные возможности экологических ниш вместить тот или иной вид.

16. Коммерческое рыболовство на Малом море должно быть запрещено. Кроме того, в нерестовый период следует запретить лов омуля на Селенге, Баргузине, Кичере и Верхней Ангаре, а также в их дельтах и в Чивыркуйском заливе.

II. Лесоведение

Прошлый опыт заготовки леса отражается в нормах вырубок, которые не могут быть стабильными на протяжении долгого времени, значительной эрозии, возникшей из-за прокладки дорог и трелёвочных путей, различных изменениях полезных видов, потере ценных мест обитания животных, эстетической деградации, деградации территорий с высокой потенциальной ценностью как охраняемых природных территории. В некоторых случаях такая практика была заменена значительно улучшенным менеджментом лесозаготовок, но слишком часто эта разрушительная практика продолжает существовать. Задачей лесоведения в бассейне озера Байкал должно быть разумное лесоводство и стабильность урожаев на тех территориях, которые определены для лесозаготовок, заботливое отношение к сохранению всех лесных ресурсов.

Лесные пожары ежегодно уничтожают значительное количество лесных ресурсов бассейна, и это вызывает эрозию почв и уменьшение продуктивности участков. Разумное управление лесами должно включать эффективные пожарозащитные меры и стратегию борьбы с пожарами.

В дополнение к нормам, изложенным в III главе, рекомендуется следующее:

1. Определить объем, классификацию возраста, уровень роста и ежегодные потери леса от пожаров, насекомых и болезней для земель, обозначенных на карте распределения земель, прилагающейся к проекту, как "леса интенсивного хозяйственного использования". Участки со склонами, превосходящими 30 % (17 градусов), и руслами ручьёв, исключить из всех подсчётов. Максимальный объём ежегодных рубок определять на основе этой информации и утвердить как нормы. Целью этого является выравнивание возрастных классов древесины и установление относительно постоянного объёма ежегодных вырубок, равномерно распределяемых между административными районами, чтобы свести до минимума колебания трудовой занятости и доходов и

избежать причинения ущерба ресурсам.

2. План лесопользования и управления дикой природой для всего бассейна должен быть разработан междисциплинарной группой специалистов, представлен для публичных слушаний и утверждён.

3. Если на лесных территориях, разрушенных пожарами или в результате человеческой деятельности, естественная регенерация не происходит в течение трёх лет после разрушении - высаживать деревья характерных для этих мест видов.

4. Несмотря на признание того, что пожары часто играют важную экологическую роль, оказать мерам противопожарной безопасности и тушения пожаров приоритетное внимание.

5. За техническим содействием по восстановлению бореальных лесов, в том числе относительно техник и методов лесовосстановления, следует обратиться в "Лесную службу США" и в "Корпус мира США".

К. Международные экономические отношения

Байкальский регион и вся территория Российской Федерации долго были изолированы от большей части мира в сфере торговых и других выгодных контактов. Эта изоляция сейчас прекращается, но присоединение к международному торговому сообществу будет нелёгким. Отсутствие опыта в подобных вопросах в Байкальском регионе очевидно, и структуры, которые содействовали бы этим контактам, отсутствуют.

В настоящее время торговый обмен подорван сильными искажениями в результате монополизации производства и распределения, искажениями цен, ограничениями на коммерческие сделки в виде государственной торговли, системы квот, лицензий, путаницей в курсах обмена валют и другими запретами. Только когда эти официальные препятствия будут устранены, люди региона смогут понять выгоду преимуществ свободной экспортной деятельности.

На длительную перспективу, наиболее важной целью является создание необходимых структур, разрешающих больше торговых обменов, но важно и размещение прямых иностранных инвестиций. Такие инвестиции не только увеличат капитал, но обеспечат много непрямых выгод, таких, как новые технологии, новые методы управления, новые каналы для торговли и установления взаимоотношений. Иностранные инвестиции, однако, могут быть сделаны только при наличии гарантий правительства, что они не будут конфискованы, что валюта может быть обменена, что доход может быть репатриирован и бюрократические препятствия будут устранены. Шаги в этом направлении уже были предприняты российским правительством; правительства более низкого уровня должны придерживаться тех же принципов. Во взаимоотношениях с иностранными вкладчиками капитала особенно важна единая политика правительств всех уровней.

На ближайшую перспективу ситуация другая.

Если использовать ресурсы так, чтобы обеспечить их стабильность, это не создаст начального капитала, необходимого для осуществления программ, столь насущных сейчас; но эксплуатировать сейчас свои природные ресурсы настолько, чтобы обеспечить все необходимые программы, - идти на риск разрушения Байкала. Поэтому внешняя помощь оправдана, если она совершается с целью создания стабильной и правильно регулируемой рыночной экономики.

Рекомендации:

1. Российская Федерация, Республика Бурятия и Байкальская Комиссия должны разработать программу помощи для обеспечения стабильности развития, и международное сообщество должно помочь созданию фонда для её осуществления. Программа должна основываться на принципах, изложенных в настоящем документе. Это должна быть экологически безопасная программа стабильного экономического развития, с упором на стажировки, техническую помощь и новые технологии. Она должна учитывать статус „участка всемирного наследия".

2. Все официальные ограничения на владение иностранной валютой должны быть отменены. Фирмы, производящие товары и сервис, обеспечивающие валюту, должны контролировать её сами.

3. Правительства Байкальского региона должны способствовать демонополизации ключевых секторов экономики (таких, как туризм), приносящих выгоду.

4. Искусственные цены российской экономики должны быть приведены в соответствие с ценами мирового рынка, чтобы производители получили руководство к установлению нормальных цен для регулирования своей деятельности.

5. Производители и поставщики должны иметь право свободно устанавливать цены, по которым они будут предлагать свои товары, и выбирать рынок для сбыта товаров.

6. Правительства всех уровней должны отменить все существующие законодательные и административные барьеры для международных торговых обменов, такие, как запрет на владение иностранной валютой, лицензии, административные проволочки, ограничения на путешествия и на способы, какими производители или поставщики будут распоряжаться своими товарами.

7. Любые ограничения на торговые соглашения, применяемые для защиты местной промышленности или удовлетворения местных нужд в предметах потребления, должны быть оформлены в виде тарифов, а не квот, и применяться только как временные меры.

8. Долговременная стратегия должна ориентироваться на производство промышленных товаров и туризм, а не экспорт сырья.

9. Правительства Байкальского региона должны поддерживать законодательство, гарантирующее защиту капитала иностранных вкладчиков от конфискации, репатриацию доходов и денег, полученных от реализации деловых активов.

10. Региональные и местные правительства должны активно поддерживать либерализацию торговли и ограничений, влияющих на иностранные капиталовложения. На местах должны помочь иностранным вкладчикам (с приемлемыми финансовыми и другими характеристиками) приобретать материалы, труд, землю, необходимые им для осуществления бизнеса.

11. Должен быть установлен ясный и объективный критерий отбора предложений о капиталовложениях. Критерий должен ограничиваться анализом финансового состояния, экологической политики или экологических характеристик фирмы, выдвинувшей предложение.

12. Должно быть разрешено делать капиталовложения во все секторы экономики, с возможными ограничениями на некоторых территориях, считающихся территориями стратегического или военного значения. Особенно должны поощряться капиталовложения в сферу обслуживания.

13. Следует определить возможности перепрофилирования предприятий, ранее занимавшихся выпуском военной продукции, на производство товаров, могущих найти сбыт на мировом рынке, и найти иностранные инвестиции для увеличения капитала.

14. Правительства Байкальского региона должны использовать помощь компетентных частных лиц и организаций западных стран в получении информации о финансовых и экологических показателях фирм, желающих создать совместные предприятия на их территории и оказывающих консультативную помощь относительно развития промышленности.

Л. Землевладение и права собственности

Вопросы собственности на землю и отношения людей к земле в Российской Федерации находятся в решающей стадии. По мере приватизации земель должны быть приняты разные решения, решения, которые повлияют на экономику, экологию и повседневную жизнь сегодняшнего и многих будущих поколений. Эти решения должны быть сделаны осторожно, ибо путь развития нации в значительной степени будет определяться ими.

К счастью, в мире есть богатый опыт в области подобных решений. Ясно, например, что сельскохозяйственные земли и большинство застроенных земель выиграют от частного владения при рыночной конкуренции, в то время как земли обороны, транспорта, природоохранные, водозащитные и рекреационные должны оставаться общественной собственностью. Меньше определённости с землями лесов хозяйственного назначения. В разных местах в мире были серьёзные проблемы и с частным, и с общественным владением ими, главным образом, из-за длительности временных периодов между рубками, жёсткого политического давления предприятий из-за спроса на лес и трудностей определения ценности непотребительских ресурсов. Российская Федерация

имеет возможность выработать подход, предлагающий разумную и стабильную практику лесоведения и лесохозяйствования. Сделав это, покажет пример другим.

Какие права должны быть включены в право собственности на землю? Соединённые Штаты 200 лет назад приняли политику, согласно которой права на любое использование земель передаются вместе с правом собственности. С того времени общественность борется за ограничение некоторых прав, входящих в право на землевладение, чтобы избежать вредных воздействий на общество, таких, как экономический ущерб, наносимый соседям, и разрушение окружающей среды. Для обеспечения хотя бы частичного контроля использования земли её владельцами, возникла концепция "зонирования".

Проблема обычно не возникает до момента изменения характера использования земли; поэтому, думается, в России сейчас подходящее время для общественности через правительственные организации определить эффект и приемлемость предполагаемого использования земель. В Российской Федерации эта проблема может быть сведена к минимуму и люди, включая владельцев земли, смогут понять, какие типы использования будут разрешены и какие - нет.

"Земельный кодекс", принятый в 1991 году, определяет законодательные рамки будущего землевладения в Российской Федерации. Согласно этому закону, землевладение даёт многие разнообразные права, традиционные в Соединённых Штатах и в других странах. Одна из целей - защитить частное землевладение от правительственного вмешательства и обеспечить компенсацию в тех случаях, когда права использования и занятия земель незаконно урезаются. Многими полномочиями наделяются местные Советы, а права присвоения и использования полезных ископаемых и других земельных компонентов передаются вместе с собственностью на землю. Закон содержит структуру зонирования для определения типов использования земель, и ответственность за планирование использования земель возлагается на различные уровни правительства. В целом, однако, структура "Земельного кодекса РСФСР" не включает эффективные средства для осуществления оптимальных с экологической точки зрения решений об использовании земель.

Рекомендации:

1. Приватизация земли в басейне Байкала должна осуществляться энергично, но в настоящее время ограничиться землями сельскохозяйственными, землями населённых пунктов (включая жилые, коммерческие и промышленные земли в составе городов и сельских поселений) и промышленными землями, согласно их обозначению на карте, отражающей распределение земель.

2. Все земли лесов хозяйственного назначения (продуктивных лесов) в настоящее время должны остаться общественной собственностью.

3. Все природоохранные земли, земли рекреаци-онного, оздоровительного назначения и земли историко-культурные, водозащитные и лесов ограниченного использования, побережье и акватическая зоны должны навсегда остаться общественной собственностью.

4. Изменение характера использования земель не должно входить в право на владение землёй, если тип предполагаемого использования не входит в перечень "предпочтительных типов использования", относящийся к данной зоне. Изменения характера использования земель на один из "возможных типов использования" могут быть разрешены соответствующим авторитетным органом после анализа, но это не должны входить в право на владение землей.

5. Право частного владения небольшими участками, менее 50 га, сельскохозяйственных и садовых земель не должно даваться навечно, это должна быть средняя по продолжительности аренда, примерно на 10 - 20 лет. Маленькие земельные наделы могут продемонстрировать нежизнеспособность в ближайшие десятилетия и право полной собственности затруднит включение этих земель в экономически жизнеспособные структуры.

6. При распределении фермерских земель местное правительство должно проанализировать опыт ведения фермерского хозяйства, оценить знания обращающегося за разрешением, и реальность предполагаемой продуктивности. Обладающие лучшей квалификацией должны получить преимущество доступа к лучшим землям.

7. При первоначальном распределении земель в районах должны быть установлены ограничения на количество гектаров земель для ферм, которые могут быть выделены желающим. Это необходимо для обеспечения всех граждан правом распоряжения землёй. Но эти ограничения должны принимать во внимание размер, необходимый для достижения эффективных результатов.

8. Изъятие земель государственными организациями (как предлагается в статье 99 "Земельного Кодекса РСФСР") с целью создания предприятий для производства товаров или сферы обслуживания, которые могут быть созданы частными лицами, должно быть запрещено.

9. Официальные документы, содержащие описание границ и перечисление прав на использование, должны быть выданы всем, приобретающим право владения землёй. Копии этих документов должны быть внесены в современную компьютиризованную систему записей гражданских актов.

10. На территориях, где проживает коренное население, при использовании природных ресурсов и развитии экономической деятельности должны действовать принципы и ограничения, обеспечивающие законодательную и административную защиту интересов коренного населения.

M. Оценка стоимости земель и налогообложение

Земля - главный ресурс для многих видов про-

дуктивной деятельности; без сомнения, это самый главный из всех ресурсов. Как и другие ресурсы, она может использоваться по-разному. Выбор между возможными типами использования всегда нелёгок, поскольку определение величины расходов и доходов каждого из них сложно, а изменение технологии или экономических условий могут быстро сделать любой тип использования устаревшим. В сегодняшний век информации такие перемены случаются со всё возрастающей скоростью.

Поэтому, важно иметь наиболее гибкую систему для распределения земель и других ресурсов, учитывающую возможности их конкурентного использования. Свободный рынок везде продемонстрировал преимущества этого. В сельскохозяйственных зонах, населённых пунктах (включая жилые районы, коммерческие и промышленные, дачные земли) и промышленных зонах, предприятия, деятельность которых особо ценится потребителями, должны иметь официальные пути торговаться за землю, которая необходима для их развития. Для создания таких условий граждане должны иметь свободу покупать и продавать землю без чрезмерного вмешательства правительства.

Российская Федерация начинает программу приватизации земли, хотя в настоящее время неясно, насколько широкой будет эта программа. Строгая приверженность демонополизации и приватизации существенна для всех уровней правительства.

Как только значительные земельные наделы будут в частных руках, это станет для правительства источником получения доходов, необходимых для местных общественных нужд. Это целесообразно, потому что службы, обеспечиваемые местным правительством, обычно связаны с определённым местом, они, главным образом, предназначены для владельцев земель, находящихся под юрисдикцией местного правительства. Для установления и сборов налогов на землю, должны соблюдаться изложенные ниже принципы.

Рекомендации:

1. "Центр кадастров" должен разработать доступную для всех граждан систему записей и карту, отражающие ценность, размер и характер владения всех земель на каждой административной территории, которые станут основой для налогообложения.

2. После периода времени, в течение которого все граждане получат возможность приобретения земель бесплатно или по установленной номинальной цене, должна быть разрешено свободное перемещение (продажа) земель между частными владельцами и организациями. Это необходимо для получения эффективных прибылей, которые последуют, когда наиболее опытные фермеры смогут использовать естественные преимущества доступа к наиболее продуктивным землям. Свободные перепродажи земель также необходимы для создания ценности земель, которую фермы и другие бизнесы смогут использовать как залог для заёмов, а правительство-

для определения адекватных налогов.

3. На ранних стадиях приватизации в условиях отсутствия рыночной информации о стоимости земель, стоимость должна определяться методом капитализации дохода. При использовании этого метода, ценность определяется как сумма дискантированного чистого дохода за весь полезный срок эксплуатации земли. Определение ежегодных чистых доходов на земельный надел может быть сделано на основе анализа одного из предприятий. Учётные ставки должны отражать стоимость долгосрочных ссуд с обеспечением, приспособленных для отражения правительственной политики, нацеленной на поощрение приватизации земель. Учитывая, что владельцы земель тоже будут платить налог на прибыль, разумной ставкой налога на землю будет 3 (или меньше) процента капитализированной стоимости и 7,5 (или меньше) процента средней стоимости объёма ежегодной продукции.

4. Областные правительства и правительство Республики Бурятии должны взимать налоги на добычу ресурсов, включая полезные ископаемые, газ, нефть, уголь, лес, камень и т. д. Эти налоги позволят переложить стоимость расходов на содержание правительства с территорий, где добываются ресурсы, на промышленную сферу. Уровень налогов должен быть определён этими правительствами в пределах, установленных правительством высшего уровня. Предприятия должны облагаться налогами вне зависимости от характера владения (государственные, частные, коллективные и т. п.).

5. Налоги на землю должны, главным образом, взиматься со стоимости земли, что экономически целесообразно, потому что земельные налоги не вызывают уменьшения обеспечения товарами (землёй), подлежащими налогообложению. Для уменьшения регрессии земельных налогов, также должны взиматься налоги на стоимость дополнительных конструкций (зданий), но ставки их должны быть ниже, чтобы поощрить строительство в желаемых местах.

6. Интенсивное использование земель за пределами населённых пунктов, такое, как размещение промышленных мощностей, не должно получать льготного налогообложения. Особенно важно облагать налогами все конструкции и сооружения, потому что бо́льшая часть стоимости индустриальных мощностей-это сами здания, а не земля.

7. Более высокие налоговые ставки должны взиматься с существующих интенсивно использующихся земель, таких как земли, используемые промышленными предприятиями, когда тип использования не соответствует зонированию земель, проведённому местным правительством.

8. Правительство не должно субсидировать фермерские хозяйства, разрабатывающие земли низкого качества, что предусмотрено "Законом Российской Федерации о налогообложении". Такие выплаты обеспечат искусственные поощрения использования для фермерства сильно эродированных или

низко продуктивных земель Байкальского региона, более подходящих для других типов использования.

9. Байкальская Комиссия должна изучить существующую правовую систему компенсации за вред или ущерб, причинённый земле в результате экологически нежелательных действий, и, в случае необходимости, сделать рекомендации для усиления этой системы компенсации.

Н. Местное зонирование

В бывшем Советском Союзе систематическая классификация территории городских или сельских поселений по особым типам и интенсивности использования не применялась. Отсутствие такого комплексного зонирования во многих случаях привело к конфликтам, вызванным смешением разнообразных и несопоставимых типов использования. Фабрики, являющиеся причиной интенсивного автомобильного движения и производящие загрязняющие выбросы, находятся рядом со школами, больницами, жилыми кварталами, угрожают здоровью населения и разрушают окружающую среду. По мере расширения приватизации, при отсутствии контроля зонирования, нет гарантии, что те, кто приобретёт земли, будут защищены от неприемлемого использования соседних с ними участков. Конфликты, финансовый риск и деградация окружающей среды - вот результат, который может быть следствием этого.

Рекомендации:

1. Города и поселения городского типа (более 10 000 жителей) должны создать органы для разработки комплексного плана зонирования и управления им. Такое зонирование должно соответствовать принципам распределения земель и практике, утверждённым правительством высшего уровня. Местное зонирование должно быть утверждено до 1 января 1996 года и должно отражать как допустимые типы землепользования, так и интенсивность использования земель. До того, как это местное зонирование будет утверждено местным правительством, должны быть организованы встречи для информирования общественности и публичные слушания.

2. Следует определить зоны, устанавливающие различные категории и интенсивность использования, такие как: малонаселённые жилые районы, густонаселённые жилые районы, коммерческое использование, зоны предприятий лёгкой промышленности и тяжёлой промышленности. Это зонирование должно учитывать способности земли выдержать предполагаемую интенсивность нагрузки и такие факторы, как доступность транспортных средств, водо- и электроснабжение, системы канализационной очистки и т. п..

3. Зонирование для сельских поселений (менее 10 000 жителей) должно быть проведено местным правительством и завершено к 1 января 1996 года.

4. Границы каждой зоны должны быть отмечены на картах соответствующего масштаба, чтобы было возможно идентифицировать индивидуальные участки землевладельцев.

5. Для избежания конфликта интересов, планы зонирования не должны составляться или реализовываться местными правительственными органами, ранее участвовавшими в строительстве зданий, дорог или других служб.

6. Процесс анализа и апелляции поправок проведённого зонирования должен быть разработан после публичных слушаний для предоставления землевладельцам возможности требовать изменения классификации отдельных участков. Те, кто будет принимать эти апелляции и производить изменения, должны избираться таким образом, чтобы обеспечить, насколько это возможно, независимость от любого политического давления.

О. Полезные ископаемые

Минерально-сырьевые ресурсы Байкальского региона отличаются большим разнообразием. Здесь находятся месторождения бурого и каменного угля, неметаллов, включая графиты, флюориты и апатиты, цветных полиметаллов (свинец, цинк и никель), золота. Кроме того, в бассейне имеются месторождения кварцевых песчаников для металлургической и керамической промышленности, цементных известняков, строительных материалов и чистые подземные воды.

Часть месторождений отрабатывается или готовится к отработке, многие месторождения пока не разрабатываются, и только немногие уже исчерпали себя. Общий уровень геологических исследований на российской части бассейна Байкала очень высокий, существуют детальные геологические карты и описания большинства месторождений.

В „зоне ядра" Байкальского региона (т. е. в „первой природоохранной зоне", согласно ТерКСОП) разрабатываются месторождения торфа в дельте реки Селенги, строительного камня и песчано-гравийных смесей в долинах Селенги и её притоков, месторождения цементных известняков, используемых для производства цемента, и облицовочных мраморов на южной оконечности Байкала. Готовится к освоению крупное Черемшанское месторождение кварцевых песчаников (сырья для получения металлического кремния, карбида кремния, оптического и обычного стекла и т. д.). Холодненское колчеданно-полиметаллическое (медь, никель, свинец и цинк) на севере Байкала, Ошурковское апатитовое возле Улан-Удэ, Боготольское графитовое в Саянах, Бугульдейское железорудное на западном побережье Байкала и несколько других месторождений не осваиваются по экологическим соображениям, но все они изучены (в различной степени). Лишь на Ошурковском месторождении предпринималась опытная отработка апатитовых руд, но была прекращена из-за экологических проблем, связанных с размещением отходов и воздействием взрывов на рыбу в реке Селенге.

В „буферной" (второй природоохранной зоне, согласно ТерКСОП), длительное время отрабатываются вольфрамовые и молибденовые месторождения возле Закаменска, месторождение бурого угля по восточному берегу Гусиного озера, строи-

тельного камня к югу от Улан-Удэ, песка и гравия в акватории Селенги. Таракановское месторождение цементных известняков разрабатывается карьерным способом в Тимлюе. Хоранхойская обогатительная фабрика перерабатывает местные и привозные из Монголии флюоритовые руды.

В „третьей природоохранной зоне" (согласно ТерКСОП) готовится к освоению Озёрное колчеданововое месторождение и другие небольшие месторождения полиметаллов (свинец, цинк, кадмий), а также месторождения кварца, флюорита и других полезных ископаемых. Тарабукинское месторождение химически чистых цементных известняков разрабатывается карьерным способом в Заиграево. Открытая добыча известняков, строительного песка и туфов, известняков для лако-красочной промышленности также весьма активна. Готовится к освоению Савинское магнетитовое месторождение. Ахаликское месторождение бурого угля в Тункинской долине разрабатывается весьма активно. В Баунтовском, Северо-Муйском и Окинском районах отрабатываются месторождения золота. Однако, отработка этих месторождений ставит ряд экологических проблем, включая необходимость рекультивации и восстановления земель, строгую регламентацию использования цианидов для извлечения золота.

Здесь названы только те объекты, которые эксплуатируются, либо освоение которых может быть скоро начато.

В дополнение к нормам, изложенным в III главе, рекомендуется следующее:

1. Добыча полезных ископаемых, их переработка и производство продукции, создающей добавочную стоимость, должны быть одной из основ экономического развития региона. Это должно происходить при строгом соблюдении экологических правил для избежания серьёзного неблагоприятного воздействия, которое подобный вид деятельности может оказать на природную среду.

2. Не следует начинать новую добычу полезных ископаемых, пока не будет определён экологический эффект результатов такой добычи и не состоятся публичные встречи для обсуждения этих вопросов.

3. Во всех существующих местах добычи полезных ископаемых должно требоваться применение стратегии уменьшения и смягчения влияния всех загрязнителей.

4. Не только все новые районы добычи полезных ископаемых в регионе должны рассматриваться региональными комитетами по экологии на предмет выдачи разрешений с точки зрения возможных типов использования, но и сами разрешения должны автоматически стать предметом анализа Байкальской Комиссии.

5. Должны избегаться виды деятельности, могущие повредить будущему использованию экономически важных полезных ископаемых.

6. Байкальская Комиссия должна обладать

полномочиями для реализации выше изложенного.

II. Нормы и стандарты

Любая программа управления качеством воды или воздуха нуждается в системе стандартов качества воды, воздуха, воздушных и водных выбросов. Это особенно важно для озера Байкал, учитывая необходимость защиты его уникальной экологической системы.

В 1987 году была подготовлена комплексная система стандартов, озаглавленная „Нормы допустимых воздействий на экологическую систему озера Байкал (на период 1987 -1995 г. г.)", или, просто, „Нормы" (Центральный Комитет, 1987). Эти нормы отражают установленные для региона стандарты качества воздуха и воды. Хотя „Нормы" представляют хороший первый шаг, пересмотр их может быть необходим. „Нормы" должны быть усилены, должны включить другие загрязнители, такие, как тяжёлые металлы, и, в конечном итоге, на смену им должна прийти политика, не допускающая деградации природы.

Концепция установления норм предполагает, что мы знаем всё об экосистемах, о загрязнителях и комбинациях их в окружающей среде, о восприимчивости каждого организма к каждому загрязнителю. Но мы не знаем этого, а пределы нагрузок могут быть определены только при наличии соответствующих знаний.

В других условиях, риск, связанный с неполным знанием экосистемы, может быть приемлемым. Но это Байкал, уникальная пресноводная система планеты. Только количество эндемичных видов - уже достаточная причина для введения самых жёстких стандартов.

В дополнение к нормам, изложенным в главе III, рекомендуется следующее:

1. Нормой для Байкала должно быть достижение „нулевых сбросов" загрязнителей в озеро. Хотя эту цель будет нелегко осуществить полностью, она должна решительно достигаться.

2. Управление „Нормами" и их пересмотр должны происходить под наблюдением Байкальской Комиссии, при участии Международных центров, работающих в бассейне, и общественности. Байкальская Комиссия должна также иметь полномочия контролировать применение „Норм" и других установленных стандартов.

3. Байкальская Комиссия должна анализировать и, после публичных слушаний, пересматривать „Нормы"с учётом новой информации каждые три года. Это должно включать поправки перечня веществ, максимально допустимых концентраций или допустимых нагрузок и плана моделирования.

4. Стандарты качества воздуха для Байкала, данные в „Нормах", должны быть пересмотрены в свете более строгих стандартов качества воздуха, установленных в Соединённых Штатах для природоохранных территорий, и с учётом серьёзных ухудшений, уже происходящих на Байкале из-за загрязнений воздуха.

Р. Определение охраняемых территорий и управление ими

Уникальное природное окружение делает озеро Байкал особым местом, достойным признания "участком всемирного наследия". Однако попытки создать комплексную систему природных территорий, где бы были представлены все природные феномены, благодаря которым регион столь своеобразен, не увенчались успехом. Более того, использование этих территорий, которые были выделены как "парки" или "заповедники", часто не согласуется с целями, для которых они были созданы: например, недавнее сооружение домов прямо на берегу Байкала в отдалённом месте на территории Прибайкальского национального парка и автопробег "Кэмэл-Трофи" по территории того же самого парка в 1990 году.

Крайне необходим закон, определяющий назначение национальных парков и других охраняемых природных территорий. Предложенный проект российского закона - хорошее начало, но необходимо внести поправки, чтобы было абсолютно ясно основное назначение каждой природоохранной территории.

Главной целью создания системы охраняемых природных территорий должно быть обеспечение гарантии того, что по меньшей мере, по одному экземпляру всех экосистем региона будет представлено на одной из охраняемых природных территорий. Система, рекомендуемая в настоящем проекте, учитывающая 132 экосистемы, выделенных Михеевым и Ряшиным (1977), достигает этой цели.

В дополнение к нормам, изложенным в главе III, рекомендуется следующее:

1. Должны быть выделены, как минимум, следующие категории как составные части национальной системы охраняемых природных территорий, обеспечивающей широкий спектр использования: научные заповедники, национальные парки, памятники природы, живописные реки, постоянные национальные заказники (природные резерваты) и этнические территории (естественные антропологические заповедники).

2. Полномочное законодательство, предусматривающее создание комплексной системы охраняемых природных территорий, должно ясно определить основное назначение каждой территории (см. главу III). Все составные национальной системы охраняемых природных территорий должны быть исключительно под контролем и юрисдикцией Российского министерства экологии.

3. Каждая республика, область и район должны создать свои системы охраняемых природных территории (городские парки, зелёные пояса, заказники, региональные парки, исторические и культурные места) в дополнение к национальной системе, чтобы защитить важные природные территории местного значения и создать условия для рекреационной деятельности.

4. Следует выделить ниже перечисленные национальные охраняемые природные территории. Вместе с существующими Тункинским, Прибайкальским и Забайкальским национальными парками, Байкальским, Байкало-Ленским, Баргузинским и Сохондинским национальными заповедниками и рекомендуемыми новыми национальными парками, национальными живописными реками, заказниками, охраняемыми ландшафтами и этническими территориями, они должны сформировать ядро озера Байкал как "участка всемирного наследия".

Предлагаемые охраняемые природные территории:

	В гектарах
Алтачейский заповедник	60 400
Ангирский национальный постоянный заказник	27 200
Арахлейские озёра -национальный постоянный заказник	380 000
Ацульский национальный постоянный заказник	11 200
Ая - заповедник	74 200
Баргузинская долина- национальный постоянный заказник	216 300
Баргузинский хребет- национальный парк	1 097 300
Баргузинский залив - национальный постоянный заказник	34 700
Большие Коты - национальный постоянный заказник	3 200
Боргойский заповедник	99 100
Верхнеангарский национальный постоянный заказник	60 400
Дельта и острова реки Селенги - национальный постоянный заказник	174 500
Джиргинский заповедник	239 500
Закаменский национальный постоянный заказник	774 700
Залив Провал - национальный постоянный заказник	25 000
Залив Фролиха - национальный постоянный заказник	3 700
Исток Ангары - национальный постоянный заказник	11 900
Кижингинский заповедник	7 700
Кичерская долина - этническая территория	211 400
Кокоринский национальный постоянный заказник	24 300
Котерская этническая территория	1 303 200
Котерский национальный постоянный заказник	156 500
Котокельский национальный парк	1 019 100
Кяхтинский охраняемый ландшафт	121 200
Малое море и побережье острова Ольхон - национальный постоянный заказник	86 600
Мелководье Верхней Ангары - национальный постоянный заказник	14 000
Мохейский национальный постоянный заказник	331 800
Муринское побережье - национальный постоянный заказник	13 400
Окинская этническая территория	2 387 800
Оротский национальный постоянный заказник	20 600
Остров Ольхон - национальный постоянный заказник и этническая территория	68 900
Северобайкальский охраняемый ландшафт	570 100

Северный Хамар-Дабан - охраняемый ландшафт	651 100
Тугнуйский национальный постоянный заказник	20 300
Тункинская этническая территория	984 500
Узколугский национальный постоянный заказник	30 100
Ушканьи острова и побережье - национальный постоянный заказник	4 000
Хамар Дабан - национальный парк	846 100
Худакский национальный постоянный заказник	113 600
Чивыркуйский залив - национальный постоянный заказник	32 200
Чикойский хребет - национальный парк	1 431 400
Шарагольский национальный постоянный заказник	21 200
Шумакский национальный постоянный заказник	63 400

5. Зона ядра „участка всемирного наследия" должна соединиться с охраняемыми территориями Монголии в прилегающем к озеру Хубсугул районе, создавая Байкальско-Хубсугульский международный парк мира.

6. Чтобы гарантировать защиту каждого природного сообщества в одном или более национальных парков, национальных научных заповедников или других охраняемых природных территориях, Министерством экологии должна быть разработана программа инвентаризации всех экологических сообществ „Природное наследие", уточняющая данные Михеева и Ряшина (1977). Целью программы должно быть стремление к тому, чтобы экосистемы бассейна Байкала были адекватно представлены в национальных парках, национальных научных заповедниках или других территориях, взятых под охрану, к 31 декабря 1995 года.

7. Увлажнённые и болотистые земли бассейна Байкала должны быть определены как „увлажнённая территория глобального значения" в соответствии с „Конвенцией Рамсар", принятой ООН (UNESCO 1971), для того, чтобы подчеркнуть значение дельт Селенги и Верхней Ангары и других увлажнённых и болотистых территорий вокруг озера.

8. Большие по площади охраняемые природные территории должны быть разделены на участки в зависимости от гидрологических или административных границ (районных, областных), в зависимости от того, что наиболее приемлемо.

9. Лесничие и егеря, в чьи обязанности входит контроль природоохранных территорий и просвещение посетителей, должны наниматься из представителей местного населения, когда есть квалифицированные кандидаты на эти должности или когда можно провести соответствующую подготовку кадров. Коренные жители и бывшие охотники обычно прекрасно знают естественную историю своего края.

C. Организация управления рекреационными территориями

Инфраструктуры для рекреационной деятельности и туризма в бассейне Байкала развиты плохо. Главным образом рекреационные структуры развиваются в Прибайкальском и Забайкальском национальных парках и на туристических базах, созданных профсоюзными, молодёжными и другими организациями. „Дикие" туристы свободно передвигаются вдоль всего побережья озера, устраивая стоянки там, где захочется, продвигаясь вглубь вдоль небольших проезжих или лесных дорог, используя автомобили.

Туристические группы со всей России посещают туристические базы и совершают походы с инструкторами в отдалённые места, в основном это группы в 15 -20 человек, срок пребывания их в среднем 5-7 дней. Иностранные туристы тоже начали появляться, но число их невелико.

В университетах или школах нет программ для подготовки управляющих рекреационными территориями. Хотя было собрано много данных о том, сколько туристов и отдыхающих приезжает на Байкал и на сколько больше туристов может быть в будущем, было уделено мало внимания созданию соответствующих для этого условий, обеспечению соответствующих санитарных условий и захоронению отходов или восстановлению мест, разрушенных из-за слишком больших рекреационных нагрузок.

Выделение фондов для создания структур для рекреационной деятельности становится всё более и более трудным. Поисковые и спасательные работы больше не имеют гарантированного фонда. Защита ресурсов ограничена из-за неподготовленности персонала, отсутствия денег и необходимых полномочий.

Рекреационный потенциал озера Байкал весьма значителен. Открытый доступ для иностранных туристов принесёт поток новых посетителей. Это классическая ситуация для рекреационного управления, которая встречается во всём мире: всё больше и больше посетителей, всё меньше и меньше общественных денег для развития рекреационных структур. При переходе к рыночной экономике, финансирование из частных источников и доллары, заработанные на экотуризме, предлагаются как наиболее эффективный источник новых фондов.

В дополнение к нормам, изложенным в III главе и рекомендациям в разделах „Экономическое развитие" (о туризме), „Экологическое и культурное образование" и "Определение охраняемых территорий и управление ими" данного приложения, рекомендуется следующее:

1. Байкальской Комиссией должен быть подготовлен план рекреационного и туристического развития Байкальского региона как целого. Он должен основываться на изучении рынка и делать упор на рекреационных возможностях, а не только развитии и создании структур.

2. Должна быть разработана система маршрутов (троп) для пеших и конных походов с подробными путеводителями по этим маршрутам и стоянками, оборудованными для ночлегов в подходящих местах. Например, очень популярными среди экотуристов

могут стать маршруты «Иркутское высокогорье», вдоль высоко расположенных гранитов водораздела между Иркутском и Онгурёном и маршрут, соединяющий озёра Байкал и Хубсугул, проходящий через Тункинский национальный парк.

3. Для определения интенсивности и времени использования мест, социальных и экономических характеристик посетителей должна быть разработана система мониторинга рекреационных территорий.

4. Следует определить вмещающую способность рекреационных территорий, чтобы обеспечить стабильное использование их на протяжении длительного времени без ущерба для ресурсов.

T. Санитарные условия и здоровье

Снабжение питьевой водой

Источник питьевой воды для большей части Байкальского региона - грунтовые воды. Большинство крупных населённых пунктов получает воду из скважин, соединённых с запасниками для воды и распределительной системой. Некоторые крупные распределительные системы имеют ограниченные способы дезинфекционной защиты от бактериального заражения.

Существует много проблем, связанных с системами снабжения питьевой водой. Часто колодцы закрыты из-за загрязнения вредными веществами. Было сообщено, хотя без официального подтверждения, что закрыто, по меньшей мере, 40 колодцев на северном Байкале и несколько - на территории Селенгинска. Неизвестно, в чём причина - в плохой конструкции или из-за заражения грунтовых вод, или того и другого вместе. Вполне вероятно, что практика размещения жидких канализационных отходов на севере Байкала оказывает воздействие на грунтовые воды и загрязняет их.

Перерывы в снабжении водой происходят в главных городах региона, таких, как Чита, Иркутск и Улан-Удэ. Падение давления в водных распределительных системах - повод для озабоченности, поскольку это может вызвать обратный поток воды сомнительного качества.

Практика дезинфекции систем подачи воды несовершенна. Одна система в Северобайкальске использует ультрафиолетовую дезинфекцию когда необходимо, и остаточный хлор не применяется в распределителях для вторичной дезинфекции. Хотя в Соединённых Штатах это является стандартной процедурой - поддерживать уровень остаточного хлора в распределительных системах, хлор - один из токсичных побочных продуктов хлорирования. Такие побочные продукты при выбросах их в Байкал оказывают серьёзное отрицательное экологическое воздействие.

В дополнение к нормам, изложенным в главе III, рекомендуется следующее:

1. Колодцы для питьевой воды и водораспределительные системы должны быть защищены в соответствии с международными стандартами дизайна и конструкции (см. библиографию).

2. Должны быть обозначены водозаборные территории всех главных источников водоснабжения населённых пунктов и специальные правила землепользования должны быть приняты для этих территорий.

3. Должна быть разработана программа постоянного мониторинга для всех систем водоснабжения в населённых пунктах.

4. В бассейне Байкала должны быть запрещены как земляные (вырытые) колодцы для захоронения токсичных отходов, так и захоронение токсичных отходов вообще.

Очистка муниципальных стоков

В 1990 и 1991 годах мы ознакомились с четырьмя муниципальными системами очистки стоков: Улан-Удэнской ($200\ 000$ м³/в сутки), Северобайкальской железнодорожной ($2\ 000$ м³/в сутки), Северобайкальской городской ($1\ 600$ м³/в сутки) и системой Селенгинского целлюлозно-картонного комбината (на начало 1990 года её мощность составляла $60\ 000$ м³/в сутки). Городские стоки Байкальска поступают в очистную систему Байкальского целлюлозного комбината, которая производит очистку и муниципальных, и промышленных стоков.

Все системы очистки используют вариации процесса активированной очистки шламов, и ни на одной из них не соблюдаются ограничения на сбросы в Байкал. В августе 1990 года Селенгинский целлюлозно-картонный комбинат перешёл на замкнутый цикл водопотребления и полностью прекратил сброс промышленных стоков в реку Селенгу. Результаты этого первого в мире для целлюлозно-бумажной промышленности опыта пока тщательно не проанализированы, и потому сведений мы не приводим, но опыт этот, похоже, удачен. Система очистки муниципальных стоков в Улан-Удэ, куда поступают и коммунальные и промышленные стоки, не приспособлена для выделения промышленных загрязнителей. Анализ стоков свидетельствует о нарушении разрешении Госкомэкологии по БПК, ионам аммония, ионам азота, меди, цинка, хрома (+ 6), кадмия, масел и С.П.А.В. (поверхностно активных агентов) (Улан-Удэ, 1990). Анализ показывает, что превышаются нормы по свинцу для Байкала. Поскольку несколько загрязнителей, превышающих нормы сбросов (тяжёлые металлы, масла) скорее всего, индустриального происхождения, очевидно, что предварительная промышленная очистка неадекватна.

Системы очистки не будут соответствовать установленным стандартам сбросов без серьёзного их обновления, включая приспособления для отделения фосфора и азота и технологии, альтернативных дезинфекции хлорированием (озон, ультрафиолетовое облучение и т. п.). Могут быть необходимы и дополнительные системы трёхступенчатой очистки, включая химическую коагуляцию, фильтрацию, удаление тяжёлых металлов и токсичных органических веществ. Применение экспериментального фильтра с цеолитом, принцип которого основан на обмене ионов, используемого на очистительной системе в Северо-

байкальске, по сведениям, имеет определённый успех в удалении тяжёлых металлов и растворимых солей.

Большинство систем, с которыми довелось ознакомиться, имеют серьёзные проблемы управления и находятся в состоянии, когда важнейшие компоненты их не работают. Большинство очистительных заводов чрезмерно перегружены и очищают стоки со значительным превышением своих проектных возможностей. Дегидрированные шламы и другие осадки, которые могут содержать тяжёлые металлы и другие загрязнители, помещаются в резервуары для твёрдых муниципальных отходов, не имеющих изолирующей прокладки.

В дополнение к нормам, изложенным в III главе, рекомендуется следующее:

1. Во всех поселениях с населением больше 5 000 человек к 2000 году должны существовать системы, по меньшей мере, двухступенчатой очистки канализационных стоков.

2. Все существующие системы очистки муниципальных стоков должны быть обновлены с добавлением третьей ступени системы очистки для того, чтобы соблюдать нормы сбросов в Байкал. Системы эти должны включать приспособления для удаления азота и фосфора, и там, где необходимо, химическую коагуляцию, фильтрацию, удаление тяжёлых металлов и токсичных органических веществ.

3. Все муниципальные системы очистки стоков должны быть обеспечены альтернативными технологиями дезинфекции, такими как озонирование или ультрафиолетовая дезинфекция. Использование хлора для дезинфекции не рекомендуется, поскольку „Нормы" для озера Байкал вводят полное ограничение на сбросы остаточного хлора. Дехлорирующие агенты, такие, как двуокись серы или бисульфат натрия использоваться не должны, поскольку в малых концентрациях будут оставаться хлорированные органические токсины, опасные для акватической жизни.

4. Должны быть изучены современные технологии для трёхступенчатой очистки и должны быть приняты во внимание реальные варианты, учитывающие опыт международного научного и инженерного сообществ. Предварительные изучения подходящих технологий должны быть проведены перед внедрением их в полном объёме.

5. Следует рассмотреть концепцию использования недорогостоящей трёхступенчатой очистки, такой как использование естественного или искусственно созданного болота, как дополнительной при обычной двухступенчатой очистке.

6. Должна быть тщательно проанализирована возможность повторного использования сточных вод. Может оказаться, что есть много возможностей использования стоков муниципальной очистительной системы индустриальными предприятими таких крупных городов, как Улан-Удэ. Это имеет два положительных момента: сберегается вода и уменьшается количество загрязняющих стоков.

7. Для избежания перегрузок необходимо немедленное усовершенствование очистительных систем.

8. Муниципальные системы очистки должны иметь резервное оборудование, чтобы гарантировать продолжение работы, когда постоянное оборудование выйдет из строя.

9. Муниципальные системы очистки должны определить сумму платы за их использование, основанную на стоимости очистки объёма стоков; эти средства будут способствовать увеличению доходов для организации и управления, проведения исследований, усовершенствования и замены оборудования.

Хранение отходов в сельской местности

Если хранение канализационных отходов в городских местностях, как правило, приемлемо, хранение канализационных отходов в негородских местностях абсолютно неприемлемо и представляет угрозу здоровью проживающих в этих местностях людей. Отдалённые территории, в основном, не имеют туалетов с водным смывом. Разнообразные формы хранения отходов, используемые в этих местностях, имеют низкий технологический уровень, по большей части очень примитивны, и ни конструкцией, ни механизмом работы не отвечают признанным международным стандартам. Если конструкция этих систем будет улучшена, здоровье и гигиеническое состояние поселений значительно улучшится, наряду с привлекательностью региона для международного туризма.

Главная проблема в том, что почвы на большей части территории не подходят для канализационных отстойников или септических систем. Это значит, что хранение канализационных отходов должно осуществляться с помощью санитарных выгребных ям или приспособлений, не требующих использования воды. Существуют международные стандарты дизайна и новаторские технологии (например, компостные или кремационные туалеты), которые были бы весьма полезными для региона.

Стремительное развитие дач ведёт к возникновению проблем водоснабжения и хранения канализационных отходов. Это особенно серьёзно, когда они строятся рядом с береговыми линиями, имеющими насыщенные почвы с плохими дренажными системами.

В дополнение к нормам, изложенным в главе III, рекомендуется следующее:

1. В сельских местностях следует использовать компостные туалеты (такие как „Кливус Мултрум") или кремационные туалеты. Производители этих туалетов возможно, будут готовы предоставить для региона недорогие или бесплатные демонстрационные модели.

2. Известь во всех выгребных ямах должна использоваться ежедневно.

Хранение твёрдых отходов

Большинство мест хранения твёрдых муниципальных отходов в регионе ни по конструкции, ни по организации управления ими не отвечают междуна-

родным санитарным стандартам. Все они, за исключением одной свалки в Северобайкальске, не имеют защитной прокладки. Её отсутствие вызывает загрязнение грунтовых вод во время дождей и просачивание через слои почвы. Это усугубляется тем, что многие свалки расположены на крутых склонах. То, что не проникает до почвенных слоёв, попадает по склонам в ближайшие источники поверхностных вод. Сложное состояние почв усложняет проблемы дизайна и конструкций свалок.

Только несколько свалок из тех, с которыми удалось ознакомиться, ежедневно покрываются слоем земли. Это увеличивает возможность пожаров от спонтанного возгорания твёрдых отходов и метановых газов в результате анаэробного органического распада, запах вокруг территории свалки крайне неприятен, органические продукты привлекают птиц, насекомых и других паразитов и потому высока вероятность распространения болезней.

Хотя, как говорят, размещение опасных веществ на свалках запрещено - свалки не огорожены и соблюдение правил не контролируется. Многие предметы, например, металлы, официально не разрешённые для захоронения на некоторых свалках, находят там место. Хотя план центра по переработке твёрдых отходов в Улан-Удэ уже готов, дата начала его строительства неизвестна.

В дополнение к нормам, изложенным в главе III, рекомендуется следующее:

1. Свалки для твёрдых отходов должны проектироваться и управляться в соответствии с международно признанными санитарными стандартами (см. Библиографию).

2. На свалках должно быть строго запрещено размещение жидкостей или/и вредных отходов, для хранения их должны быть созданы специальные условия.

3. Должна быть разработана комплексная программа переработки стекла, бумаги, металла и пластика для экономии энергии и места на свалке. Строительство свалок дорого и может быть ограничено наличием количества подходящих почв в регионе, поэтому сохранение места на свалке имеет важное значение.

4. Для того, чтобы начать переработку вторичного сырья, официальные власти должны обязать всех граждан, промышленные предприятия, организации сортировать отходы (органический мусор, стекло, металл, пластик, бумагу). Отделение органического мусора от твёрдых отходов и превращение его в компост может обеспечить ценным продуктом сельское хозяйство и снизить необходимость использования удобрений и средств для улучшения почв.

5. Должна быть начата образовательная программа по поддержанию чистоты (против засорения мусором дорог и т. п.) и организация мест по приему вторичного сырья по всей территории бассейна озера Байкал.

Другие вопросы здоровья, связанные с состоянием окружающей среды

Проблемы состояния здоровья населения в Байкальском регионе связаны либо с загрязнением окружающей среды, либо с отсутствием в почвах и водах региона некоторых важных микроэлементов. В последнем случае важно позаботиться о сбалансированной диете, чтобы восполнить отсутствие микроэлементов в продуктах питания, выращенных в регионе.

Загрязнители окружающей среды могут увеличить риск лёгочных, раковых заболеваний и генетических мутаций. Такие загрязнители находятся в воздухе, воде, почвах, а также в продуктах питания, выращенных на загрязнённых почвах или там, где использовались пестициды.

Заслуживают упоминания три явных угрозы состоянию здоровья населения бассейна.

Асбест. Асбест широко используется как изоляционный материал. Он используется в качестве недорогого материала для покрытия крыш, при изоляции отопительных систем, для производства противонагревательных прокладок на тепло- и электростанциях, линиях теплопередач, в других местах. Во многих случаях знание об опасности его для здоровья и правилах работы с ним отсутствует.

Заражённые почвы. Наблюдается заражение почв маслами, аэрозолями, химическими веществами, тяжёлыми металлами. Эти почвы, при использовании для сельскохозяйственных целей, при попадании заражённых веществ в растения и постоянном потреблении растений людьми могут привести к заболеваниям.

Инсектицидный контроль. Население должно осознавать возможность передачи болезней через насекомых. По всему региону заметно отсутствие серьёзного осознания этой проблемы.

Рекомендации:

1. Должна быть разработана программа мониторинга загрязнителей окружающей среды бассейна и определены допустимые "безопасные" нормы.

2. Для школьной системы должна быть разработана программа личной гигиены и здоровья.

3. Должна быть создана программа международной помощи в виде субсидий и низкопроцентных ссуд для разработки мер контроля за состоянием здоровья, санитарным состоянием и загрязнением воды для озера Байкал как "участка всемирного наследия".

4. Должна быть разработана общеобразовательная программа по вопросам, относящимся к здравоохранению, в том числе правилам безопасной работы с асбестом, заражёнными почвами и контроля за насекомыми.

5. Для покрытия крыш и в качестве изоляционных средств должны использоваться материалы, альтернативные асбесту.

У. Растительность

Благополучие экосистем Байкала прямо зависит от стабильности растительного покрова в бассейне (Моложников, 1975; Жуков, 1975). К сожалению, в наше время растительный покров серьёзно нарушен (Моложников, 1986) в результате чрезмерного распахивания, осушения земель, строительства новых дорог и сооружений, подъёма уровня воды в озере Байкал, вырубок леса, лесных пожаров и других причин; многие растительные сообщества, включая уникальные места обитания редких растений, исчезли. В то же время более 40 нехарактерных для региона растений, европейских и американских, появились в бассейне озера; в воды озера проникла *Elodea canadensis*, она начала очень активно распространяться на мелководьях, выселяя местные растения и разрушая экосистему.

Особенно неблагоприятная ситуация в пределах бассейна Байкала сложилась в темнохвойных лесах Хамар-Дабана - месте с самым большим количеством осадков в Восточной Сибири (1 300 -1 600 мм в год), и с самым большим количеством снежных лавин. Исследования, проводимые в этом районе, показали, что высыхание лесов вызвано возросшим загрязнением атмосферы газо-пылевыми частицами индустриальных выбросов заводов и фабрик. Как показывают факты, самые неблагоприятные условия для темнохвойных лесов - в верхнем уровне леса, на высоте 900 - 1 200 м над уровнем моря (444 - 744 метра над поверхностью Байкала). В 1980 году было зарегистрировано 50 000 гектаров мертвого леса и более 250 000 гектаров - в различных стадиях высыхания. В настоящее время скорость разрушения древесины составляет 5 % в год.

Высыхание лесов Хамар-Дабана приведёт к неблагоприятным последствиям, разрушающе влияющим на экосистему Байкала, населённые территории вдоль берега, промышленные, транспортные системы и системы связи. Режимы течения рек могут быть нарушены и, как следствие этого, увеличится эрозия склонов.

Существующая неблагополучная ситуация усложняется появлением очагов насекомых и грибков, заболеваниями, появившимися на ослабевших деревьях.

В дополнение к нормам, изложенным в главе III, рекомендуется следующее:

1. Для восстановления разрушенных экологических связей необходимо снизить промышленные воздушные выбросы, регулировать использование лесов, создать эффективную систему защиты лесов от пожаров.

2. Места обитания редких и исчезающих видов растений должны быть защищены от освоения и интенсивного использования человеком для обеспечения условий для их размножения.

Ф. Качество воды

В результате загрязнений воздуха и воды точечными и другими источниками внутри и вне бассейна качество воды в Байкале продолжает ухудшаться. Характерные загрязнители - тяжёлые металлы, токсины, термальные, органика, биогены. Вследствие этого уникальные биологические системы озера Байкал, обеспечивающие чистоту его поверхностных вод, находятся под угрозой невосстановимого разрушения.

Изложенные выше соображения о качестве воздуха, очистке отходов и канализационных стоков ставят некоторые общие и специальные проблемы, касающиеся качества воды. Байкальский регион - перекрёсток между Западной и Восточной Сибирью, поэтому значительное количество вредных веществ перевозится через район или хранится здесь. Они включают нефтяные, химические продукты, токсичные вещества и т. п. Значительная утечка этих веществ может привести к экологической катастрофе на Байкале.

Особые проблемы создаёт крупнейший завод региона - Байкальский целлюлозно-бумажный комбинат, расположенный на южной оконечности Байкала в городе Байкальске. На Байкальском комбинате используется процесс отбеливания целлюлозы с применением хлора и двуокиси хлора. В результате этого процесса образуются токсичные органические соединения хлора, которые сбрасываются прямо в Байкал. В „Постановлении", принятом Центральным Комитетом КПСС и Советом Министров СССР в 1987 году, сказано, что Байкальский комбинат должен быть перепрофилирован в незагрязняющее предприятие к 1993 году. В 1991 году Верховный Совет РСФСР призвал к закрытию этого комбината. Но закрытие или перепрофилирование комбината задерживается, несмотря на угрозы здоровью Байкала.

Гусиноозёрская электростанция имеет проектные недостатки, которые создали экологические проблемы. Первое, охлаждённая вода забирается из озера Гусиное. Она возвращается в озеро с более высокой температурой, что разрушает температурный баланс озера и ускоряет процесс эвтрофикации. Второе, территория окружена горами, которые задерживают воздушные загрязнения и многочисленные остаточные загрязнения, попавшие в почву. Третье, городские стоки Гусиноозёрска сбрасываются в озеро. Озеро является источником питьевой воды для города (Егорова, 1991).

Дождевые воды, принесённые с городских территорий, могут создать серьёзные проблемы для качества воды в озере Байкал. Отходы нефти, растворителей и углеводорода от транспортных выбросов, вместе с воздушными загрязнителями от стационарных источников, в том числе тяжёлыми металлами, сульфатными солями, фенолами смываются с городских улиц дождями и поступают в водные источники.

В озере Байкал ограничено наличие азота и фосфора, что сдерживает процесс эвтрофикации. Дополнительное количество этих элементов приведёт к росту организмов, которые ухудшат качество воды. Для сохранения уникального сообщества акватических организмов ультра-олиготрофный статус Байкала

должен быть восстановлен.

Цель контроля и управления качеством воды в Байкале должна быть двоякой: немедленная задача - не допустить дальнейшей деградации; главная цель - восстановить качество воды до химически стабильных, нетоксичных, ультра -олиготрофных условий во всех частях озера.

В дополнение к нормам, изложенным в главе III, рекомендуется:

1. Защитить или восстановить буферную зону естественной растительности вокруг всего побережья и всех притоков Байкала.

2. Важной частью программы международной помощи (о которой говорилось раньше) должны стать современные технологии контроля за загрязнением воды.

3. В определённых местах следует производить мониторинг дренажа сельскохозяйственных земель. Если серьёзной проблемой окажется загрязнение веществами биогенного происхождения, следует опробовать усовершенствованную практику, используемую в некоторых небольших бассейнах, и вести мониторинг для определения её эффективности. Меры, которые представляются надёжными: полосы прибрежных земель, свободные от выпасов скота; изгороди; практика внесения навоза, описанная выше. Если эти меры помогут снизить биогенную нагрузку на реки, их следует применять по всему бассейну Байкала.

4. Переложить нагрузки по очистке промышленных стоков с коммунальной системы на индустриальную систему предварительной очистки, и строго соблюдать это условие.

5. Категорически запретить транспортировку угля, нефти и других вредных материалов по Байкалу.

6. На случай утечки вредных веществ подготовить программу действий для всего Байкальского региона. Она должна осуществляться Байкальской Комиссией и местными комитетами по экологии, которые должны быть наделены правом использовать помощь других организаций, министерств и военных подразделений для осуществления этой задачи.

7. Байкальской Комиссии и местным комитетам по экологии осуществлять жесткий мониторинг перемещения опасных материалов по региону. Он должен включать регистрацию перемещения вредных материалов, особенно на территориях, где утечка их может вызвать критическое состояние природы и угрозу безопасности.

8. Разработать план месторасположения отходов нефти и растворителей и план обучения мерам безопасности при их хранении.

9. Байкальский целлюлозно-бумажный комбинат должен быть перепрофилирован в незагрязняющее производство. Производство отбеленной целлюлозы здесь должно быть прекращено немедленно.

10. Должен быть разработан экологически обоснованный комплексный план решения всех проблем Гусиного озера; он должен включать решения по вопросам химических и термальных загрязнений озера и близких им проблем воздушных загрязнений, связанных с дымовыми выбросами электростанции.

11. Разработать программы мониторинга коммунальных и промышленных коллекторов для дождевых стоков в сухую и дождливую погоду, данные мониторинга использовать для определения источника загрязнения, характеристики качеств загрязнителей и их типов. Это должно включать программу по уменьшению загрязнения от ливневых стоков, учитывающую лучшие опыты организации очистки ливневых стоков.

12. Администрации Республики Бурятии, Иркутской и Читинской областей должны создать специальные фонды для осуществления экологического контроля и защиты качества воды.

X. Использование водной поверхности

Поверхность озера Байкал используется для разнообразных рекреационных и коммерческих целей, некоторые из них потенциально вредны для озера, большинство - не особенно. Вследствие громадности озера Байкал конфликт между различными пользованиями возникает редко, за исключением места в доках и в популярных рекреационных территориях. По мере увеличения туризма на Байкале, конфликтные ситуации будут увеличиваться, так же, как и степень использования поверхностных вод.

Зонирование земель принято во многих частях мира как необходимость для обеспечения стабильного роста, зонирование же большой водной территории является относительно новым. Ввести контроль, когда принципы использования только недавно установлены, легче. Это тем более эффективно, когда серьёзных конфликтов и несоответствующего использования ещё не произошло.

В дополнение к стандартам, установленным в главе III, рекомендуется следующее:

1. После публичных слушаний Байкальская Комиссия в целях определения потенциально разрушительных или несоответствующих использований поверхностных вод Байкала должна провести зонирование акватории озера, что позволит защитить экологически чувствительные территории и качество воды, увеличить рекреационные возможности (включая зоны использования исключительно немоторизованными средствами), и упорядочить коммерческое использование.

2. Байкальская Комиссия должна установить процедуру разрешения конфликтов, связанных с использованием водной поверхности.

3. Там, где происходят конфликты, связанные с использованием водной поверхности или разрушена береговая линия, должен применяться соответствующий контроль использования поверхностных вод.

Такой контроль может включать постоянный или временный запрет или ограничение на определённые типы использования, ограничения скоростей и контроль направлений движения.

4. Создать сеть насосных станций в поселениях вдоль береговой линии и не разрешать использование судов с прямыми сбросами в озеро.

II. „Участок всемирного наследия" и „биосферный заповедник"

„Среди многих советских учёных и активистов Байкала существует единое мнение, что экологическое будущее Байкала лучше всего будет обеспечено включением его, как „участка всемирного наследия", в список „Всемирного наследия" ЮНЕСКО. Комиссия ЮНЕСКО посетила территорию в мае 1990 года и признала единодушно, что озеро Байкал в основном отвечает четырём главным критериям „выдающихся всемирных ценностей", обязательным для включения его в список. Однако, были отмечены настоящие и возможные будущие угрозы озеру, из наиболее серьёзных - появление чужеродных видов, включая патогенные, а также химическое загрязнение." (Stewart, 1991).

Комиссия ЮНЕСКО признала, что существуют серьёзные угрозы озеру Байкал. Поэтому было рекомендовано до того, как статус будет утверждён, разделить территорию на зоны „ядра" и „буферную", и при осуществлении административной подготовительной работы, в числе других вопросов, разработать план зонирования и управления регионом. Было также признано, что обе части бассейна, российская и монгольская, должны стать частью „участка всемирного наследия", но рекомендовалось, чтобы в настоящее время была включена только российская часть территории, поскольку Республика Монголия не являлась участницей „Конвенции о всемирном наследии" (UNESCO, 1990). Монголия стала участницей этой Конвенции за месяц до опубликования заключения комиссии ЮНЕСКО (IUCN, 1990).

Кроме того, было предложено, чтобы весь бассейн Байкала был включён в программу ЮНЕСКО „Человек и биосфера" (Soviet-American Delegation, 1990). Это программа, как и программа „Всемирное наследие", требует строго защищённой „зоны ядра", но она подчёркивает использование „буферной зоны" для демонстрации того, как люди могут жить в гармонии с окружающей средой. ЮНЕСКО надеется создать биосферные заповедники во всех главных экосистемах мира. Цели этой программы: а) сохранить биологические ресурсы; б) сохранить традиционные формы землепользования и учиться на их примере; в) изучить работу природных экосистем; г) проводить мониторинг перемен, происходящих естественно и вызванных человеком; д) улучшить управление природными ресурсами (UNESCO, 1989).

Рекомендации:

1. За бассейном озера Байкал, соседними с ним охраняемыми природными территориями и бассейном Иркутского водохранилища должен быть закреплён статус как „участка всемирного наследия", так и „биосферного заповедника", что должно быть сделано немедленно после создания Байкальской Комиссии и принятия настоящей политики землепользования и распределения земель.

2. Байкальская Комиссия должна работать в тесном контакте с правительством Монголии и поддерживать его в стремлении добиться для части бассейна Байкала, расположенного на территории Монголии (бассейна озера Хубсугул и реки Селенги) присвоения статуса „участка всемирного наследия" и „биосферного заповедника".

ПРИЛОЖЕНИЕ II

БИБЛИОГРАФИЯ

Атлас Забайкалья. Ред. Сочава В. Б. Институт географии.- Москва- Иркутск, 1967. 76 с.

Бизюкин В. В., Голоушкин А. Д., Кобылкин Т., Онучин А. А. *Правила рубок главного пользования и восстановительных рубок в лесах бассейна озера Байкал.* Бурятский институт биологии, Министерство лесного хозяйства Бурятии, „Забайкаллес" и Институт леса.- Улан-Удэ, 15 с.

„Бурятэнерго" (Бурятское отделение энергетики). Личные беседы. 24 июля 1991 г.

Викулов В. Е. *Режим особого природопользования (на примере озера Байкал).*- Новосибирск, Наука, 1982.

Воробьёв В. В. *Проблемы озера Байкал в настоящее время.* - В журнале: География и природные ресурсы, 1988, 3, с. 3- 14.

Воробьёв В. В. и Мартынов А. В. *Охраняемые территории бассейна озера Байкал.*- География и природные ресурсы, 1988, 2, с. 31 -39.

Галазий Г. И. *Байкал в вопросах и ответах.* 3-издание- М., Мысль, 1988

Галазий Г. И. *Экосистемы озера Байкал и проблемы экологической защиты.*- Советская география, 1981, 22 (4), с. 217 - 225.

Галазий, 1991 - см. Galazy,1991

Галазий Г. И. 1990 см. Galazy, 1990

Галазий Г. И. 1984 см. Galazy, 1984.

Госкомэкология. Данные, предоставленные группе в июле 1991 года.

Госкомэкология. *Положение „О реализации „Постановления КПСС и Совета Министров СССР".* Совместное постановление. 4 апреля 1987 г. Бурятская ССР.

Жимбиев Б. *Карта -схема мест культурного и историко-архитектурного наследия.* - Улан-Удэ, 1991. Не опубл.

Жуков А. Б., Поликарпов Н. П. *Основы организации и ведения лесного хозяйства в бассейне озера Байкал.* - Лесное хозяйство. 1973, 1, с. 68-77.

Земельный Кодекс РСФСР и Постановление Верховного Совета РСФСР о введении в действие Земельного кодекса РСФСР.- М., 25 апреля 1991.

Егорова Л. Личные беседы 23 июля 1991 года в Комитете по экологии Бурятии, Улан- Удэ.

Институт биологии - см. Красная книга...

Иркутский Областной Совет. Встреча с группой 17 июля 1991 года. Иркутск, РСФСР.

Кожова О. М. и Изболдина Л. А. *Распространение Elodea canadensis в озере Байкал.* Научные исследования Института биологии Иркутского Государственного Университета. Иркутск,- 1990. 20 с.

Козлов В. И. *Население Бурятии.* Карта. Неопубл.

Красная книга редких и находящихся под угрозой исчезновения видов Бурятской АССР.- Улан-Удэ, Бурятское книжное изд-во, 1988.

Лбова Л. В., Горюнова О. И., Хамзина Е. А. Бердникова Н. Е., Константинов М. В. *Пояснительная записка к карте- схеме археологических местонахождений бассейна оз. Байкал (с приложениями).* Не опубл.

Михеев В. С. и Ряшин В. А. *Ландшафты юга Восточной Сибири.* Карта. Масштаб 1 : 1500 000.- Москва, Отделение геодезии и картографии Совета Министров СССР. 1977

Моложников В. Н. *Кедровый стланик горных ландшафтов Северного Прибайкалья.* -М., Наука, 1975

Моложников В. Н. *Природные экологические сообщества бассейна Байкала.* Карта., 1992 Неопубл.

Моложников В. Н. *Растительные сообщества Прибайкалья.*- Новосибирск, Наука, 1986

Монголо-ойратские законы 1640 года, дополнительные указы Галдан-хунтайджия и законы, составленные для волжских калмыков при калмыцком хане Дондук-Даши. Калм. текст с русск. пер. К. Ф. Голстунского. - СПб, 1880.

Насилов А. Д. *К вопросу о положении Халха-Монголии в начале XVII века (по материалам „18 степных законов").* В кн.: Древний средневековый Восток. История, филология. - М., 1984. с. 188-199

Нормы допустимых воздействий на экологическую систему озера Байкал (на период 1987- 1995 г.г.). Новосибирск, 1987

Основы законодательства Союза ССР и республик об особо охраняемых природных территориях. М., Верховный Совет СССР. 25 июля 1991. 13 с.

Поппе Н. Н. *Описание монгольских „шаманских" рукописей Института востоковедения. -* в кн.: Записки института востоковедения АН СССР. - Т. 1- Л., 1932. с. 151- 200.

Предельно допустимые нормы сбросов в водные источники в соответствии с пропускными способностями городских очистных сооружений.- Улан-Удэ, апрель 1990, Бурятская ССР.

РСФСР, 1990 - см. Территориально- комплексная схема...

РСФСР, 1991 - см. Земельный Кодекс...

Рязановский В. А. *Монгольское право (право обычное). Исторический очерк.* - Харбин, 1931.

Территориальная комплексная схема охраны природы бассейна озера Байкал (ТерКСОП). Основные положения. В 2-х томах. Государственный комитет РСФСР по архитектуре и строительству.- М., 1990

СССР, 1990 - см. Основы законодательства ...

Сокровенное сказание монголов. Монгольская хроника. 1240. Перевод С. А. Козина.- Улан-Удэ, 1990

Сутурин А. Н. Личные беседы 2 августа 1991 года. Лимнологический институт, Иркутск.

Тарасова Е. Н. *Краткое изложение исследований о настоящем положении озера Байкал.-* Иркутск, Байкальский экологический музей. 1991 (в печати).

Тарасова Е. Н. Личные беседы. Июль 1991

Тулуев К. Д. Личные беседы. Июль 1992.

Улан-Удэ, 1990 - см. Предельно допустимые нормы ...

Улан-Удэ. Личные беседы с руководством теплостанции 22 июля 1991 года.

Урбанаева И. С. *Монгольский мир: человеческое лицо истории.-* Улан-Удэ, 1992.

Урбанаева И. С. *Философско-методологические аспекты региональных исследований по экологии культуры.* В кн.: Региональные аспекты развития науки.- Улан-Удэ, 1991.

Халха-Джирум: Памятник монгольского феодального права XVIII века. Сводный текст и перевод Ц. Жамцарано.- М., 1965

Центральный Комитет, 1987 - см. Нормы допустимых...

Шапхаев С. Г. Личные беседы 19 июля 1991 года. Улан-Удэ

American Water Works Association. 1990. *Water Quality and Treatment: A Handbook of Public Water Supplies*, 4th Edition. American Water Works Association, Denver, Colorado.

Beneson, Abram S. (ed.). 1975. *Control of Communicable Diseases in Man*, 12th Edition. The American Public Health Association, Washington, D.C.

Boyle, T. R., C. R. Goldman, G. Kelleher, and M. M. Tilzer. 1990. *Report on The Fact-Finding Mission of UNESCO to Irkutsk and Lake Baikal, Concerning the Inclusion of Lake Baikal and Its Watershed in the World Heritage List.* United Nations Educational, Scientific and Cultural Organisation (UNESCO), Paris, France. 16 pp.

Brunner, D. R. and D. J. Keller. 1972. *Sanitary Landfill Design and Operation.* EPA Report #SW-65TS. U.S. Environmental Protection Agency (USEPA), Washington, D.C.

Cole, G. A. 1979. *Textbook of Limnology.* C. V. Mosby Company, St. Louis, Missouri. 426 pp.

Davis, G. Gordon. 1991. *Comparing Land Relationships: U.S.S.R. and U.S..* Davis Associates, Wadhams, NY. 14 pp.

Desai, Padma. 1987. *The Soviet Economy: Problems and Prospects.* Basil Blackwell, Oxford.

Diamond, J. M. 1975. The Island Dilemma: Lessons of modern Biogeographic Studies for the Design of Natural Reserves. *Biological Conservation* 7:129-146

Diamond, J. M. and R. M. May. 1976. Island bio geography and the design of nature reserves. In: R. M. May (ed.) *Theoretical Ecology: Principles and Applications.* Blackwell, Oxford. pp. 163-186.

Dunne, James F. 1991. *Structuring Land Policy to Promote Sustainable Use of Land in the Lake Baikal Area of Siberia.* NYS Division of Equalization and Assessment, Albany, NY. 34 pp.

Freed, Michael D. 1991. *Opportunities for Ecotourism and Environmental Education in the Lake Baikal Watershed with Reference to Appropriate Locations, Zones of Use and Selected Activities.* Arkansas Technical University, Russellville, AR

Galazy, G. I. 1991. An Analysis of the Existing Primary Sources of Pollution. *Environmental Policy Review - The Soviet Union and Eastern Europe*, Vol. 5 (1). Mayrock Center for Soviet and East European Research, Jerusalem, Israel. pp. 47-55.

Galazy, G.I. 1990. "The Treat to the Ecosystem of Lake Baikal" in *An Ecological Alternative: Sources of trouble, Signs of Disaster.* M. Ya. Lemeshev (ed.). Progress Publishers. Moscow.

Galazy, G.I. 1984. Protection of the Lake Baikal Ecosystem. In: *Man and Biosphere*, USSR Academy of Sciences, Soviet Committee of the UNESCO Man and the Biosphere Program, Moscow. pp. 97-106.

Galazy, G. I. 1980. *Lake Baikal's Ecosystem and the Problem of its Preservation.* Marine Technical Society Journal 14 (5): 31-38.

Harris, Larry D. 1984. *The Fragmented Forest: Island Biogeography Theory and the Preservation of Biotic Diversity.* University of Chicago Press, Chicago. 211 pp.

Hawkin, Donald E. and J. R. Brent Ritchie. 1991. *World Travel and Tourism Review*, Vol. 1. CAB International, Wallingford, UK. 243pp.

Hofkes, E. H., L. Huisman, B. B, Sundaresan, J. M. DeAzevedo Netto, and J. N. Landix. 1983. *Small Community Water Supplies: Technology of Small Water Supply Systems in Developing Countries* International Reference Centre for Community Water Supply and Sanitation. John Wiley & Sons, New York, NY.

Humphrey, Caroline. 1983. *Karl Marx Collective: Economy, Society and Religion in a Siberian Collective Farm.* Cambridge University Press, Cambridge,UK.

International Monetary Fund. 1990. *The Economy of the USSR: Summary and Recommendations.* Organization for Economic Cooperation and Development, and European Bank for Reconstruction and Development. The World Bank, Washington, D.C.

IUCN, UNEP, and WWF. 1991. *Caring for the Earth: A Strategy for Sustainable Living.* IUCN, Gland, Switzerland.

IUCN. 1990. *1990 United Nations List of National Parks and Protected Areas.* IUCN, Gland, Switzerland and Cambridge, UK. 284 pp.

Komarov, B. 1980. *The Destruction of Nature in the Soviet Union.* Pluto Press, UK. pp. 146.

Loehr, R. C. 1979. Potential Pollutants from Agriculture - An Assessment of the Problem and Possible Control Approaches. *Progress in Water Technology*, Vol. 11, No. 6. Pergamon Press, Great Britain. pp. 169-193.

MacArthur, R. H., and E. O. Wilson. 1967. *The Theory of Island Biogeography.* Princeton University Press, Princeton, N. J.

Matthiessen, P. 1991. The Blue Pearl of Siberia. *The New York Review.* Feb.14, 1991. pp. 37-47.

McHarg, Ian L. 1969. *Design With Nature.* Natural History Press, Garden City,NY.

Montgomery, J. M. Engineers. 1985. *Water Treatment Principles and Design.* Wiley & Sons, New York, NY.

Morris, William (Editor). 1981. *The American Heritage Dictionary of the English Language,* Houghton Mifflin Company, Boston.

Mote, V. L. 1983. Environmental Constraints to the Economic Development of Siberia. In: *Soviet Natural Resources in the World Economy* (eds.) R. G. Jensen, T. Shabad, and A. W. Wright. University of Chicago Press, Chicago, Illinois. pp. 15-71.

Newmark, W. D. 1987. A Land-Bridge Island Perspective on Mammalian Extinctions in North American Parks. *Nature* 325: 929): 430-432.

Newmark, W. D. 1986. *Mammalian Richness, Colonization, and Extinction in Western North American National Parks,* PH, D diss., University of Michigan, Ann Arbor.

Peterson, D. J. 1990. Baikal: A Status Report; *Report on the USSR,* 2:2 (January 12, 1990), pp. 1-4.

Quintana, Jorge O. 1992. *The Status and Future of Traditional Production System in the Russian Portion of the Lake Baikal Basin.* Indigenous Preservation Networking Center, Berkshire, NY. 9 pp.

Reid, Walter V. and Kenton R. Miller. 1989. *Keeping Options Alive: The Scientific Basis for Conserving Biodiversity.* World Resources Institute, Washington, D.C.

Roy, Karen M. 1991. *Lake Baikal: Land Use and Water Quality Implications. Adirondack Park Agency,* Ray Brook, NY.

Schulz, C. R. and D. A. Okun. 1984. *Surface Water Treatment for Communities in Developing Countries.* John Wiley & Sons, New York, NY.

Simberloff, D. S. 1981. Big advantages of small refuges. *Natural History* 91 (4):6-14.

Soviet-American Delegation 1990. Report and Recommendations of the Soviet-American Delegation to North Lake Baikal. Center for US-USSR Initiatives, San Francisco.

Stewart, J. M. 1991. *Lake Baikal: on the Brink?* International Union of Conservation of Nature and Natural Resources (IUCN), Gland, Switzerland and Cambridge, UK. 36 pp.

Stewart, J. M. 1990a. Baikal's Hidden Depths. *New Scientist* 1722. pp. 42-46.

Stewart, J. M. 1990. The Great Lake is in Great Peril. *New Scientist* 1723. pp. 58-62.

Schwarz, C. F., E. C. Thor and G. H. Elsner. 1976. *Wildlife Planning Glossary.* U. S. D. A. Forest Service, Berkeley.

Thomas, G. W. 1991. *Soil Suitability for Agriculture and Construction in the Baikal Basin.* University of Kentucky, Lexington, KY

U. S. Environmental Protection Agency (USEPA). *Technologies for Upgrading Existing or Designing New Drinking Water Treatment Facilities.* 1990. EPA 625/4-89-023. Washington, D.C.

U. S. Environmental Protection Agency (USEPA). *Criteria for Municipal Solid Waste Landfills.* 1988. EPA 530/SW 88042. Washington, D.C.

U. S. Environmental Protection Agency (USEPA). *Design Manual: Municipal Wastewater Disinfection.* 1986. EPA 625/1-86/021. Washington, D.C.

U. S. Environmental Protection Agency (USEPA). *Design Manual: Onsite Wastewater Facilities for Small Communities.* 1980. EPA 625/1-80-012. Washington, D.C.

U. S. Environmental Protection Agency (USEPA). *Planning Wastewater Management Facilities for Small Communities.* 1980. EPA 600/8-80-030. Washington, D.C.

U. S. Environmental Protection Agency (USEPA). *Process Design Manual: Municipal Sludge Landfills.* 1978. EPA 6251-78-010. Washington D.C.

U. S. D. A., Forest Service and Tahoe Regional Planning Agency (TRPA). 1971. *Lake Tahoe Basin Land Capabilities Map.* U.S. Geological Survey base map, 1:24,000 scale.

UNESCO 1990. See Boyle, et al.

UNESCO. 1989. Biosphere Reserves. Department of State, Washington, D.C. (map with text)

UNESCO. 1972. *Converntion Concerning the Protection of the World Cultural and Natural Heritage.* Paris, 10 pp.

UNESCO 1971. *Convention on Wetlands of International Importance*

Especially as Waterfowl Habitat. Ramsar, Iran.

USSR. 1990. *Principles of USSR and Union Republic Legislation on Land.* The Current Digest of the Soviet Press. (May 2, 1990).

van Nostrand, J. and J. G. Wilson. 1983. *Rural Ventilated Improved Pit Latrines: A Field Manual for Botswana.* International Bank for Reconstruction and Development/The World Bank. Washington, D.C.

Water Pollution Control Federation and American Society of Civil Engineers. 1977. *Wastewater Treatment Plant Design: WPCF Manual of Practice No. 8/ASCE Manual on Engineering Proactice No. 36.* WPCF/ASCE. Washington, D.C. and New York, NY.

Williams, Damon S. and Aimee D. Conroy, 1991. *Principal Point Pollution Sources in the Lake Baikal Watershed with Observation on Necessary Investments, Priorities, and Techniques to mini mize Pollutant Discharges.* Damon S. Williams Associates, Phoenix, AZ

World Comission on Environment and Development. 1987. *Our Common Future.* Oxford University Press, Oxford and New York.

ПРИЛОЖЕНИЕ III

Словарь терминов

антропогенный- связанный с человеческой деятельностью; воспринимающий действительность исключительно с точки зрения человеческих ценностей (**Morris**, 1981)

бентос - связанный с дном озера

биостатика - равновесие среди систем живых организмов

водосборный бассейн - географическая территория водостока в озеро или реку

воздушный бассейн- географическая территория, имеющая общий источник загрязнения и сходные проблемы (**Schwartz, et al.** 1976)

возможное использование - тип землепользования, разрешаемый не по праву, а по усмотрению, в зависимости от потенциальных вредных воздействий предполагаемого использования на окружающую среду

выщелачивание - отделение растворимых веществ при фильтрации жидкостей

генетический фонд - генетический источник разнообразия видов

"Госкомэкология" (бывшая **"Госкоприрода"**) - государственный, региональный или местный комитет по экологии и рациональному использованию природных ресурсов

дача - загородный дом с небольшим участком земли для выращивания овощей

декабристы - участники восстания 14 декабря 1825 года

долины затоплений - см. поймы

"домашние фермы" - фермерство, осуществляемое, главным образом, для обеспечения пищей семьи фермера

заказник- территория, выделенная на определённый период времени для сохранения одного или нескольких видов или естественных характеристик

заповедник - относительно автономный экологический участок, выделенный на основании закона для чисто научных (экологических) исследований, изъятый из народохозяйственного оборота

зелёные полосы (пояса, тропы) - нетронутые естественные коридоры, обычно используемые для велосипедных или пеших прогулок и часто соединяющие парки с населёнными территориями

зона побережья (прибрежная береговая зона) - земли вдоль и по берегам ручьёв, рек, прудов и озёр (**Morris**, 1981; **Schwartz, et al.** 1976)

кадастр - запись, отчёт, или карта, отражающая ценность, размер и характер владения земельными участками, часто служащие основой для налогообложения (**Morris**, 1981)

лесоводство - научное управление лесом (включающее выращивание и уход) для производства древесины

мутагегез -процесс изменения генетического состава, вызванный химическими, радиоактивными веществами или другими чужеродными элементами

налог на добычу - налог на заготовки или добычу природных ресурсов, таких, как лес или полезные ископаемые

нерпа - пресноводный тюлень, байкальский эндемик

область - административное государственное подразделение в России, аналогичное штату в США

омуль - вид пресноводный белой рыбы, считается деликатесом в России и за её пределами

ондатра - научное название водной крысы, введённой в бассейн Байкала из Канады

паровые (земли) -вспаханные земли, оставленные незасеянными

пахотные (земли) - подходящие для земледелия

петроглифы - рисунки на скалах (**Morris**, 1981)

поймы (долины затоплений) - земли, прилегающие к ручью или реке, подвергающиеся затоплению. Средняя частота затоплений часто отражается в терминологии: долины ежегодных затоплений, долины 50-летних наводнений, и т. д.

постепенные рубки - заготовки леса при последовательных рубках, когда до того, как вырубят все старые деревья, дожидаются регенерации нового подроста

предпочтительное использование - тип землепользования, приемлемый в определённой зоне и считающийся пользованием "по праву", хотя определённые стандарты и условия могут быть установлены для него, чтобы обеспечить охрану окружающей природной среды или прилегающих земель

прибрежная береговая зона - см. зона побережья

район - единица административного деления в России, аналогичная "каунти" в США

санитарные рубки - вырубка или удаление отдельных деревьев, ослабленных насекомыми или из-за болезней, иногда - здоровых, но деформированных

сплошные рубки - вырубка почти всех деревьев на лесосеке

старообрядцы - представители религиозного направления, возникшего в результате церковного раскола в России в 17 веке, стремившиеся к сохранению старых церковных правил и устоев жизни, многие из них переселились в Сибирь

степь - широкая, довольно сухая равнина, покрытая травой (**Morris**, 1981), сходная с американской прерией

тайга - северный, или бореальный, густой лес, с преобладанием хвойных деревьев

третичная очистка - третья ступень очистки канализационных стоков и сбросов, включающая выделение фосфора и нитратов

увлажнённые и болотистые местности- земли и затопленные земли, обычно называемые болотами, топями, маршами и заливными лугами, где обитает акватическая или полуакватическая растительность. Они обычно характеризуются наличием типичных видов растений, зависящих от сезонных или периодических затоплений или почв, покрытых водой, что даёт им преимущество перед другими видами. Среди этих видов: деревья (**Larix sibirica, L.gmelinii**), кустарники (**Ledum palustre, Andromeda polifilia, Vaccinium vitisidaea**); всплывающая на поверхность растительность (**Phragmites communis, Scirpus, Typha**); плавающая растительность с корневой системой (**Nymphaea tetragona, Sagittaria natans, Polygonum amphibium**); свободно плавающая растительность (**Spirodela polyrhiza b Lemna trisul ca**); растительность заливных лугов (**Calamagrostis purpurea; Carex acuta, C. vesi caris, C. rostrata, Alopecurus pratensis**); для стелющейся растительности трясин характерны **Sphagnum fuscum; Chamaedaphene calyculata,** и для растительности, погружённой в воду характерны **Potamogeton** и **Hyppuris**.

"участок всемирного наследия" - местность или территория, включённая в "Список участков всемирного наследия" ЮНЕСКО как знак признания выдающейся глобальной ценности естественных или культурных ресурсов и знак подтверждения желания страны, в которой эти участки находятся, защитить их.

фауна - животный мир

флора - растительный мир

эндемичный - вид, обитающий только на определённых территориях и ограниченно распространённый (**Morris**, 1981; **Schwartz**, et al. 1976)

эпишура - эндемик, вид микропланктона, фильтрующего и очищающего воды озера Байкал

этнография - описание человеческих сообществ с упором на культурном наследии и факторах, влияющих на культурное развитие и изменения (**Morris**, 1981)

APPENDICES

APPENDIX I

RELATED ISSUES AND RECOMMENDATIONS

A. Aesthetics

The Lake Baikal basin is one of the most beautiful places on earth, yet the beginning of aesthetic degradation is visible. If tourism is to become a substantial portion of the region's economy, the beauty of the region, both natural and human-made, must be preserved and in some cases restored. The Lake Baikal basin should reflect and build upon its natural beauty and the architectural and landscape beauty evident in many areas of the region today. Particular consideration should be given to improving the attractiveness of the travel corridors of the region: roads, water routes, trails, railroads.

In addition to the performance standards set forth in chapter III, these recommendations are made:

1. The Baikal Commission, after public hearings, should adopt by December 31, 1995 standards of size, color, lighting, and design for all new commercial signs erected in the watershed. Signs not in conformance when the regulations are adopted should be removed by December 31, 1999.

2. Scenic vistas from public roads and highways should be inventoried and land use regulations adopted by the Baikal Commission to preserve these vistas.

3. Tax or other incentives should be adopted to promote the construction of traditional Siberian log homes.

4. Historic buildings and sites should be inventoried and protected. Tax or other incentives should be used to encourage their preservation and restoration.

5. Landscape architects should be employed in all land use planning efforts in the basin.

6. Development in rural areas should blend into the landscape, while development in settlements should reflect their Siberian character.

B. Agriculture and Soil Conservation

Wind erosion is very serious, especially on the sandy soils south and southeast of Ulan-Ude. Water erosion is serious in the loess soils, especially in the plains south and west of Ulan-Ude. There has been considerable sheet erosion throughout the region. Causes include overgrazing, cultivation, and timber harvesting up and down rather than across slopes, cultivation of inappropriate lands, and unrestricted access of livestock to steep slopes, streambanks, and lakeshores.

Agricultural production of livestock, crops, and hay is far below potential. Causes include inefficient fertilization, use of sheep species not adapted to the region, overgrazing and unrestricted grazing, and use of inappropriate, low-productivity lands for cultivation and hay production. The recent creation of farm units too small to be economic will aggravate the problem.

Watershed studies by the International Joint Commission on the Great Lakes have shown that the suspended solids and nutrient loads expressed in kilograms per hectare per year for agricultural lands is equal to or greater than that for urban lands (Loehr 1979). Limnological Institute scientists estimate that the annual nutrient load from one pig farm in the region is greater than the annual nutrient load from the effluent of the Ulan-Ude wastewater treatment plant (Suturin 1991). It is also believed that there are numerous problems in the region with improper storage of agricultural chemicals (Shapkhaev 1991).

In addition to the performance standards set forth in chapter III, these recommendations are made:

1. Areas designated "arable land" on the allocation map should receive priority for detailed soils mapping.

2. In establishing private farms, government should insure that each is an economically viable size for the intended use.

3. To slow wind and water erosion on level cultivated areas, windbreaks and alternating strips of grain crops and fallow should be used.

4. Crop/forage rotations should be used on sloping productive soils to control erosion.

5. Water should be diverted from the heads of existing gullies and the gullies should be planted to permanent cover and fenced to keep livestock out.

6. Animal feed lots should be prohibited.

7. For both economic and environmental reasons, crop production should be concentrated and intensified on the most productive soils and sites (e.g., level chernozems). Marginal soils and steeper sites should be retired from cropping and kept in permanent pasture, or reforested where rainfall is adequate. The basic rule for cultivation should be "invest in the best, retire the rest."

8. Hay should be cultivated using improved species on productive sites for increased productivity, efficiency, and feed value.

9. Natural meadows should be used for livestock and wildlife foraging, not hay production.

10. Carefully determined investments in nitrogen fertilizer should be made on good soils with measured nitrogen deficiencies. The use of nitrate fertilizers should be monitored, and they should be prohibited where nitrate pollution is found in groundwater.

11. The ban on the use of illegal and/or ecologically hazardous pesticides and herbicides such as DDT should be enforced more aggressively.

12. Traditional farming methods, such as the use of animal species best adapted to the environment and the use of herding for many of the purposes for which fencing might be used, should be encouraged if such practices have been demonstrated to be sustainable and environmentally benign.

C. Air Quality

Air pollution in the Baikal region must be controlled to maintain good visibility in this highly scenic area, prevent precipitation of airborne toxic and acidic materials in the watershed, and to promote the overall health and well-being of the populace.

Both stationary and mobile sources of pollutants affect the air quality of the Lake Baikal watershed. Stationary sources include power plants, coal- and oil-fired thermal stations, the Baikalsk and Selenginsk pulp mills, Petrovsk metallurgy plant, other industrial sources such as the manufacture of building materials, and agriculture. Non-industrial sources include home heating systems and small boilers.

Mobile sources include automobiles, trucks, buses, and agricultural and construction equipment. TERKSOP estimates that approximately 60 percent of all air pollution emissions are due to mobile sources (RSFSR 1990).

The major pollutants emitted from stationary sources include: particulates and dust; nitric oxides; sulfur oxides; aldehydes; phenols; carbon monoxide; hydrocarbons; radioactive isotopes (i.e., Sr90, Cs137, U); metals, especially heavy metals (Pb, Be, Cd, Cu, Cr, Zn, Hg, etc.); and other organics such as benzopyrenes and mercaptans (Goskompriroda 1991; Irkutsk Oblast Soviet 1991). Studies on the deposition of heavy metals and radioactive isotopes have shown that high amounts of uranium — 100 times the background levels for snow samples and 40 times the background levels for soil samples — are emitted from some sources. The fossil fuels used at some of the stationary sources appear to have high concentrations of sulfur, heavy metals, and radioactive isotopes which, when burned, severely affect air quality.

Mobile sources contribute significant amounts of particulates and dust, carbon monoxide, nitric oxides, sulfur oxides, hydrocarbons, and lead from leaded fuels (Goskompriroda 1991; Irkutsk Oblast Soviet 1991).

It is difficult to quantify the amount of pollutants emitted from these various sources because the data are insufficient. In 1985, total industrial emissions into the atmosphere comprised 1,236,000 tons in the Irkutsk Oblast and 204,000 tons in the Buryat ASSR (Galazy 1991). Estimates of the amounts of atmospheric pollutants emitted in the Buryat Republic in 1990 indicate a total of 276,100 tons — 148,700 (54%) from stationary sources and 127,400 tons (46%) from mobile sources.

Measured concentrations of pollutants in the Buryat Republic from 1978-1990 exceed the Maximum Allowable Concentrations (MAC) set forth in 1987 (Central Committee) as shown below (Goskompriroda 1991):

Historical Data on Selected Pollutants
in the Buryat ASSR
(1978-1990)

Pollutant	Ranges Measured Levels % MAC*
Particulates and Dust:	
Yearly Average	130% - 200%
Max. One-Time Conc.	300% - 900%
Carbon Monoxide:	
Yearly Average	Did Not Exceed
Max. One-Time Conc.	200% - 500%
Nitrogen Dioxide:	
Yearly Average	Did Not Exceed - 150%
Max. One-Time Conc.	160% - 500%
Sulfur Dioxide:	
Yearly Average	Did Not Exceed
Max. One-Time Conc.	Did Not Exceed

* Assumed to be based on "maximum allowable concentrations" (MAC's) set forth in "Guidelines (Norms) of Permissible Loads on the Ecological System of Lake Baikal (for the Period 1987-1995)".

Benzopyrenes:	500% - 1,300%
Methylmercaptans:	790%

In addition to the air pollution generated within the watershed, a significant contribution is generated from outside, particularly from the industrial cities to the north and

west of Lake Baikal. The prevailing westerly winds deposit a fair amount of pollutants in the lake and basin (Goskompriroda 1991). The predominant air sheds of Lake Baikal have yet to be adequately identified. Source-receptor predictive models appear not to exist.

Thermal inversions occur frequently. The stable air conditions combined with periods of low winds trap pollutants and cause unhealthy air quality conditions. The topography of the area compounds the inversion problem.

Stationary sources are ill-equipped to reduce particulate and gaseous pollutants, since only 31 percent have pollutant removal facilities and most of them are out of date or need repair (Goskompriroda 1991; Ulan-Ude 1991). Only 6 percent of the stationary sources have gas scrubbing facilities.

Many coal-fired units are used to produce electricity and/or hot water for community heating. Despite the relatively low sulfur concentration of the coal, the facilities often violate Lake Baikal ambient air quality standards for sulfur oxides because flue gas desulfurization devices are not installed. In addition, emissions of nitrogen oxides and particulates are also excessive.

Modifications to power station operation, such as control of combustion temperature and air-to-fuel ratio, can reduce emissions but this may be at the expense of power production efficiency. Buryatenergo (Buryat Energy Department) is constructing a new, large power plant in Ulan-Ude which, it appears, will contribute significantly to air pollution unless it has adequate air pollution control facilities.

Visitors to the Selenginsk and Baikalsk pulp mills have experienced severe respiratory effects. It is probable that continued exposure to this quality of air could harm the health of persons working and living in the area. The damage done to the local land and water ecosystems by the deleterious air emissions from these facilities has been well documented (Tarasova 1991). Galazy has reported that large forested areas have been damaged by air pollution from the Baikalsk Pulp and Paper Plant (Galazy 1991).

Up to 32 percent of the mobile sources do not meet emissions standards, and there are no emission standards for diesel-fueled vehicles. The use of unleaded fuels is not widespread, so lead emissions are quite high. The contribution of mobile sources to the total concentration of pollutants, unlike that of stationary sources, has not decreased over the past few years.

In addition to the performance standards set forth in chapter III, these recommendations are made:

1. The Baikal Commission, after public hearings, should set air pollution standards for the adjacent airshed and the basin itself. The latter may be more stringent than the former. For instance, no new emissions of air pollutants should be allowed from sources within the basin without a three-fold reduction of such pollutants elsewhere in the watershed, while no new emissions of air pollutants should be allowed from sources within the adjacent airshed without a two-fold reduction of such pollutants elsewhere in the adjacent airshed.

2. The emission standard for ecologically hazardous pollutants should be zero.

3. Stationary sources, especially coal-fired power and thermal plants, should be equipped with state-of-the-art air pollution control technology or be converted to use natural gas as soon as adequate supplies can be assured.

4. Air pollution monitoring facilities should be established at stationary sources and throughout the Lake Baikal drainage basin to monitor the effects of stationary source

emissions. Each should be adequately staffed so frequent sampling can be done for particulates, sulfur dioxide, nitrogen oxide, carbon dioxide, hydrocarbons, and other pollutants.

5. In the Baikal watershed two or three regional laboratories should be established (e.g. Listvyanka, Severobaikalsk, and Ulan-Ude), and equipped with sophisticated instrumentation, such as an atomic absorption spectrophotometer and gas chromatographs. Use of these expensive instruments could be shared between agencies monitoring the drinking water, wastewater, and atmosphere. This instrumentation should have adequate, long-term operating budgets to guarantee they can be adequately maintained. A quality control program for laboratory analyses should be instituted.

6. All stationary sources should be equipped with dust scrubbers which remove particulates from exhaust emissions. Existing scrubbers should be upgraded and/or repaired as quickly as feasible.

7. Fuel containing excessive pollutants should be burned only if it can be mixed with low-polluting fuel to meet the air quality standards.

8. Alternate sources of energy such as wind and solar (the Baikal region has a high rate of cloud-free days) should be used wherever feasible.

9. Stationary sources should adjust the combustion temperature, air-to-fuel ratios, materials, and equipment to reduce air emissions and possibly to lower energy costs.

10. The pollutants emitted from mobile sources should be more effectively controlled. Methods include the use of unleaded and/or oxygenated fuels. Installation of pollution control devices on all vehicles and a yearly monitoring system (similar to those in Arizona or California in the United States) should be initiated.

11. Air pollution regulations should be strictly enforced throughout the region.

12. The public transportation system should be maintained and scheduled to reduce pollutant emissions from mobile sources by increasing the efficiency of commuter miles. All new vehicles should be required to have catalytic converters. Split working shifts should be explored to reduce congestion and idling traffic.

13. Joint venture arrangements with foreign companies that have expertise in emissions control technology (e.g., Buryatenergo's pending negotiations with a German company relating to flue gas desulfurization equipment for the Guzinoozersk power facility) should be encouraged. These ventures and local production of air pollution control devices should have special government incentives.

14. Studies on the health effects of air pollutants on the human population should be conducted routinely. Human exposure limits such as are used by the United States Occupational Safety and Health Administration, and methodology such as that of the American Conference of Governmental Industrial Hygienists, are recommended. This is particularly important in the industrial areas of Baikalsk, Petrovsk, Selenginsk, and Ulan-Ude.

15. Construction of hydroelectric dams as alternative clean energy sources should be undertaken only with the utmost caution because of the highly active seismic zone in this region and the value of riparian areas.

16. Studies of the acute and chronic effects of air-transported pollutants on human health and the aquatic and terrestrial communities of the Lake Baikal basin should be conducted on a routine and long term basis.

D. Community Redevelopment

Many of the communities in the basin, particularly near the lake, need to take advantage of the change to a market economy and prepare for an economy driven, to a large degree, by tourism. In many cases this will require major capital investment from outside the region, but there is still much that can be done by the community.

Communities distant from Lake Baikal also need redevelopment programs. Oblast and republic governments should assist in such programs, as should the Baikal Commission. These programs will often incorporate tourism, wood products industries, and mineral extraction as significant economic elements. These primary economic ventures should be used to help underwrite the cost of community redevelopment.

Although each community will differ in its needs and aspirations, perhaps Bolshoye Goloustnoye, a small community on the west shore of Baikal, is typical. Here the opportunity exists to restore some of the cultural and natural heritage of Baikal and a sustainable economy. Goloustnoye for years depended on the timber industry. When the industry moved out recently, so did most of the jobs for the community. The former site of the industry, a lakeshore strip of perhaps 10 hectares between the community and the lake, looks like a moonscape. But the area has been leveled and could be made into a lovely open-space park with a museum, playground, and other recreational facilities. The river delta on the northside of town could be reclaimed as a natural area for bird-watching, fly-fishing, and similar recreational pursuits as well as scientific studies. Adjacent to the natural area a Russian-American Ecological Youth Camp might be established. The lakeshore itself boasts a deepwater man-made bay that would make an ideal site for a marina. Using community labor and capital from a joint venture that might entail a small hotel or other tourist facility, such an undertaking could reap significant economic rewards. The community has already shown its spirit and determination by undertaking the total rehabilitation of the picturesque and historic St. Nicholas Church, a community church that had not been in use for 70 years.

Specific recommendations are found in chapter III (performance standards) and chapter IV (financial implementation).

E. Cultural Resources

The Baikal watershed has a very rich cultural history and a multi-ethnic population. The Buryats, one of three main branches of the Mongolian people, and the Evenks of northern Buryatia are native to the area and have been living here for centuries. A large percentage of the population is Russian whose ancestors started to inhabit the shores of Baikal and Siberian lands in the 17th century. Representatives of other nationalities, such as Poles and Ukrainians, have also been living here for more than a century. These diverse peoples have all contributed to the region's cultural development.

Unique collections of ancient oriental philosophical and medical manuscripts including shamanistic ritual texts, books that belonged to Decembrists or Siberian bibliophiles, excellent collections of old Russian religious painting, ancient Buryat and Tibetan religious art, and marvelous collections on natural history of the region are only a part of the cultural heritage which has been accumulating here for centuries. The proper display of these artifacts can enhance a tourist economy.

Archaeological sites abound in the region. The Olkhon area alone has more than 500 known settlements, fortresses, irrigation systems, petroglyphs, burial grounds and other sites.

Century-old traditions of the Buryats and the Evenks were essentially destroyed during the pre-revolutionary and Soviet periods. Buddhist datsans, treasuries of spiritual and material culture of the Buryats, and orthodox churches were destroyed along with their valuable holdings. The traditional deer raising of the Evenki has been seriously affected by the construction of the Baikal-Amur-Mainline railroad (BAM) and Soviet economic policy in general, and there remain only a few thousand Evenk today.

Ancestral traditions have been carefully preserved by the Russian Old Believers and are being interwoven with the traditions of the native Siberian people. They include not only traditional everyday lifestyle and rituals, but also folk songs and crafts.

People of the region are making an effort to restore the many old traditions and forgotten crafts: horse-hair weaving/plaiting is remembered by the Buryats, and famous Buryat chasers and craftsmen of silver jewelry are still working; the art of the tanka — the traditional Buddhist icon — is on its way back to life; works of Buryat painters and ceramists raised with multicultural traditions show sensitivity to their own and oriental tradition.

There are enormous cultural resources in the region including today's professional and amateur theaters; public, regional, and state museums; private collections of art; and libraries. But they have not always been used properly and often are not used at all. Library and museum buildings are frequently in poor condition, and their treasures are not displayed because of a lack of space. As a result, the fine work of artists and craftsmen remains unknown to the general public. Facilities for publishing leave much to be desired and thus outstanding works of both past and contemporary writers remain unpublished. There are gifted architects, carpenters, and individuals who work in restoration who are willing and ready to not only restore the architectural heritage of the past but also create buildings of no less beauty than those created by their ancestors.

Recommendations:

1. A complete inventory of the cultural and sacred resources of the basin should be undertaken and a Registry of Protection created.

2. A special fund for the development of culture should be established, and a program of tax-deduction for businesses or individuals who invest in the development of culture or make donations to cultural institutions should be adopted.

3. Taxes on art products of local artists and craftsmen should be minimal.

4. Archaeological, ethnographic, and historic sites and structures should be restored and preserved according to their significance. Incompatible uses on adjacent lands should be avoided.

5. Cultural institutions and construction of buildings of unique design should be subsidized by the government. A cultural development program should be initiated to both construct new institutions such as art galleries and studios and restore existing ones.

6. Cultural education in the schools should be emphasized to increase the cultural awareness of residents and strengthen their sense of place and pride.

7. A high value should be placed on the use of portions of the region for traditional uses by native peoples.

8. Cultural exchanges with the West and professional training of specialists in Oriental studies should be encouraged.

9. Legislative protection should be given all lands that have a traditionally sacred meaning for local residents and which are connected with a special regime of use.

F. Economic Development

Agriculture

The present state of agriculture in the Baikal watershed is marginal at best. Productivity of neither crop nor animal enterprises is economic, either in production per worker or production per hectare. Whether agriculture continues to be dominated by the collective/state farm type of enterprise, or privatization becomes the norm, the productivity of farming will have to improve rapidly if it is to compete successfully in a market economy. This implies greatly improved crop yields and more meat and milk per animal. It also requires that productivity per worker will have to improve even faster.

Agriculture can probably become the second or third most important source of income in the Baikal basin, given improved productivity, a privatization program which places land under the control of the most capable operators, and agricultural prices which are not unreasonably constrained by government ceilings. It is not expected that agriculture will become highly productive in a short period of time, regardless of the changes which are instituted, but significant improvement is certainly possible.

To take one simple example, average milk production per cow in Buryatia is about 1,500 liters per year. In other countries where dairying is important, output per cow is three or four times as high. A part of the reason for this poor productivity is the use of dual-purpose breeds rather than true dairy cattle. However, this does not account for the extreme production disparity. Lack of good feed and mediocre management are the most important reasons.

Management problems are perhaps most evident in the prevalence of inappropriate land use. Some soils in the region are truly unproductive, such as the sandy soils south of Ulan-Ude. Production of grains is not economic on these soils, the return being only about 2 1/2 times the amount of seed required. Nevertheless, widespread tillage of this type of land was observed. Tillage of steeply-sloped loess soils was also prevalent, despite the high risk of severe erosion and the relative lack of erosion-prevention measures.

Poor management was also evident in the application of nitrogen fertilizer to wheat. Due either to poor equipment or lack of attention on the part of the operator, successive strips of over-application and under-application were often observed. The former causes lodging and the latter causes poor growth; both reduce yields.

There is evidence that poor allocation of labor and other farm inputs is intrinsic to the collective/state farm type of production unit. Since managers acquire inputs at artificial prices which are unrelated to supply and demand, they have no incentive to seek the most efficient practices and input combination. Thus, in the case of labor, necessary jobs are left undone while superfluous functions are routinely carried out.

In addition to the performance standards set forth in chapter III, these recommendations are made:

1. Governments in the region should take advantage of the Russian Federation enabling legislation that facilitates the privatization of farmland. They should not limit their efforts to the distribution of garden plots and subsistence farms, but grant large, economically viable holdings also. While small plots will help people solve immediate food problems, they will do little to support an industrial work force and will create lasting land tenure problems.

2. As soon as some initial privatization has been accomplished, farmers should be allowed to sell land to

other farmers so that the market can allow the best farmers to expand their holdings.

3. Machinery currently controlled by state/collective farms should be placed at the disposal of private farmers through leasing or contracting arrangements. Private farmers should be allowed to compete equally with established government farms for fertilizer, fuel, and other necessary inputs.

4. Government should sponsor appropriate agricultural research and advisory services, using the considerable scientific talent available in the region.

5. If privatization proceeds slowly, the extremely large state agricultural enterprises should be broken into more manageable units. Although there is considerable debate on the issue of optimal scale, units such as the 37,000 hectare farm visited by the team in the region south of Ulan-Ude probably cannot be managed efficiently.

6. Livestock species should be constantly improved, for both production and adaptability to local conditions. New breeds should be tested in controlled conditions. For instance, with better feeding and management practices, Holstein-Frisian cattle might greatly improve milk production.

7. As the economy is privatized, the government should support the formation of milk and other marketing cooperatives to help farmers receive a fair portion of the retail sales price.

Tourism

The potential of the Lake Baikal region for tourism has not been tapped. Facilities are few and, in most instances, inadequate for the international traveller. Sites, especially along the lakeshore, have been degraded by unregulated or "wild" tourists.

Tourism will grow in the Baikal region. This makes good economic sense, as the region has unique environmental resources that give it a comparative advantage in this sector. It also has good air and rail transportation facilities, and enjoys a favorable location relative to the rapidly-developing Pacific Rim countries.

The problem is how to seize the great opportunity in tourism-based economic development in a way that safeguards the quality of experience through protection of water quality and extensive natural areas. One way is to focus on ecotourism, a type of travel experience that is close to nature, concentrates on outdoor activities involving cultural and natural resources, and may have a component of adventure or participatory recreation activities. It has lower infrastructure requirements, because visitors are usually willing to "rough it."

Tourism is now the largest growth industry in the world, and by 1996 expenditures are projected to be more than $3 trillion. The fastest growing segment of the industry is adventure travel and ecotourism (Hawkin and Ritchie 1991). The Lake Baikal region has the basic resources to secure a good share of this market and must develop the facilities to do so.

The sparsity of tourism facilities is not an insurmountable obstacle. Revenues earned from groups, such as adventure tourists and ecotourists who can be attracted without fully developed facilities, can be invested in facilities which would attract yet other appropriate markets. The government tourism monopoly must end if this is to occur.

The many small goods and miscellaneous services demanded by tourists are now difficult or impossible to find in the Baikal region, and local income opportunities are thus forgone. The conditions which have created this situation — government sponsorship of large enterprises only and the extraction of potential foreign exchange earnings from the local tourism industry — must be ended.

Recommendations:

1. World Heritage Site designation for the Lake Baikal watershed should be sought immediately. Designation will give the Baikal region its deserved world-wide recognition and will also serve as a magnet to attract tourists to one of the natural wonders of the world.

2. A comprehensive protected areas system including national parks, 26 national wildlife refuges, a national scenic rivers system, cultural and historic sites, natural landmarks, protected landscapes, and natural anthropological reserves, as recommended elsewhere in this report, should be created.

3. A system of Visitor Interpretive Centers should be developed in the gateway cities of Chita and Irkutsk, as well as in Severobaikalsk and Ulan-Ude. A film should be produced for presentation at the centers that appeals to visitor and resident alike and provides environmental education about the region. The centers should include a model of the lake and region and nature exhibits, along with books and local crafts available for purchase.

4. The Intourist monopoly on many aspects of foreign tourism is now being reduced. This process should continue and the Buryat Republic and Chita and Irkutsk Oblast governments should create their own agencies to develop the industry, with emphasis on private business services.

5. Small businesses in the tourism sector should be emphasized since the Baikal region has a comparative advantage in this industry. Such businesses have proven to be the primary source of growth and employment even in the most developed industrial economies.

6. Local businesses serving the tourist industry should have the right to set their own prices and legal restrictions on holding foreign currency should be removed.

7. The "Baikal Experience" in tourism should be a close-to-nature experience, with the natural environment and wildlife as the primary focus of tourism activity.

8. A reputation for "Baikal Hospitality" should be developed, emphasizing quality and friendliness of service. Workers serving the tourism industry should be trained in these matters and "tipping" (a small sum of money to reward good service) should be encouraged to provide a supplemental income directly to service workers. Market incentives should be provided for private tour organizations that meet high standards of visitor service and environmental care.

9. Modest investments should be started in lodging facilities and restaurants, giving priority to greatly improved sanitary facilities. Existing tourist bases should be modernized and redesigned to upgrade sanitary facilities, renovate degraded sites, improve environmental education, and accommodate foreign visitors.

10. Tourism advertising funds and development strategy should be targeted to foreign tourists who are affluent enough to travel to Baikal and whose interest in outdoor activities require the minimum facilities, e.g., those oriented toward trekking, river kayaking, photography, and fly-fishing.

11. Capital should be sought to develop the Arshan Resort in Tunkinsky Valley National Park and Yamarovna in Krasny Chikoy raion as health spas.

12. New air routes and improved airline service to Irkutsk and Ulan-Ude should be encouraged.

13. The Trans-Siberian railroad should feature a "Baikal Express" from the East as well as the West, with exhibits and a knowledgeable naturalist on board.

14. The train from the Port of Baikal to Kultuk should be restored, with a steam locomotive and staff of uniformed tour guides telling the Baikal story. At Kultuk, additional tours should be available on the lake and through Tunkinsky National Park.

15. Local guides, boat tour operators, park rangers, and others in frequent contact with tourists should be trained in the cultural and natural history of the Baikal region. Annual awards might be offered for the best environmental education efforts by guides.

16. Local artisans should be trained to produce local sculpture, painting, ceramics, nature photography, and wood and stone crafts for sale, to keep tourist dollars in the local economy.

17. Phrase books containing English, German, and Japanese translations of common Russian expressions should be made available to individuals and businesses serving foreign tourists.

18. Inexpensive, attractive informational, interpretive, and educational tourist materials should be made available in several languages, including English, German, and Japanese. These materials should include self-financing maps that show parks, beaches, camping areas, primary trails, historic and cultural areas, and prime wildlife viewing areas, and contain bus, boat, and rail schedules.

19. Training materials, tourist brochures, and workshops should be developed to encourage visitors to be effective "green voices" for the protection of Lake Baikal.

20. Wildlife viewing trips should be planned for the ecotourist. Bird observation sites, such as boardwalks in some marshes, should be constructed. Wildlife areas should be protected and hunting prohibited.

21. Boat tours and tours on horseback that feature cultural and natural history themes should be developed.

Traditional Production Systems

Economic development, particularly in Natural Anthropological Reserves, should integrate the rational use of natural resources with local cultural backgrounds and the traditional skills of local people. The natural wonder and beauty of the region should also be considered its greatest asset.

Economic development programs should include the following traditional systems for production of goods and services: agricultural production, livestock breeding, gathering natural products, wood production, mineral extraction, local small enterprises and joint ventures such as food and medicine processing, ecotourism, and craft production using leather, wool, wood, or minerals. These systems are found world-wide and through long periods of historical development. Some are already established in Buryat culture; others are found elsewhere but easily adapted to the nomadic and village life of the Buryats.

Recommendations:

1. Agricultural production

a. Determine the maximum levels of production that can be obtained with the use of traditional practices.

b. Determine if such practices could be improved through the use of techniques such as crop/fallow rotation, green manures, rotational grazing, etc.

2. Livestock breeding

a. Determine the maximum carrying capacity of pastures, plant grass species to improve forage production, protein content, and number of hay crops to be harvested annually.

b. Determine the economic return (benefit:cost) for each species of livestock.

c. Establish and conduct educational programs on genetic selection for the improvement of livestock.

3. Gathering of natural products

a. Inventory all natural plant and animal products used by local people for food, medicine, rituals, crafts, etc. by location, reproduction capacity, and season for collecting or hunting.

4. Wood production

a. Large commercial wood harvesting should be prohibited.

b. Inventory local forests by species and size class and by potential use (i.e., lumber, firewood, crafts, boats, etc.).

c. Inventory the local need for each of the above products.

5. Mineral extraction

a. Large scale mineral extraction should be prohibited.

b. Medium and small scale mineral extraction should be permitted only where no pollution of adjacent resources is assured.

c. Non-native mining companies should be permitted to operate in the area only with the condition that at least 25 percent of the mineral extracted will be made available to local enterprises for local craft production; where this is not feasible an equivalent cash payment should be made available to the local people for economic and social development projects.

6. Small local enterprises

a. The export from the region of unprocessed natural resources should be minimized to maximize the jobs and economic value added to the local region.

b. Small food and medicine processing industries should be established to produce such exportable goods as milk, butter, cream, cheese, wild and domestic meat, wild berries, cedar nuts, and natural medicinal products.

c. Additional local craftspeople should be trained in the production of wood cravings, mineral products (jade, silver, marble, gold, etc.), and products from animal materials (leather, horns, hair, etc.).

d. Assistance should be made available to help local craftspeople acquire tools and marketing skills.

e. Small tourist facilities such as cabins or yurts should be constructed near potentially popular destinations such as springs, rivers, and lakes.

f. Hiking, horseback, and boat tours with natural and cultural history guides should be available for tourists.

g. In order to assure tourists a quality experience, no additional roads should be constructed in natural anthropological reserves.

Forest Industry

The Baikal area has a competitive advantage in forest products, for much of the watershed is covered by the vast Siberian taiga. However, the forests have been severely damaged by human activities that ignored both the benefits of sustained yield and the opportunity costs of careless and excessive harvesting. Furthermore, the dark coniferous taiga is basically a non-renewable resource; it is the light coniferous taiga that holds the most promise for supporting

a sustainable forest products industry.

Processing of forest resources has suffered because the economic system lacks realistic prices to reflect the relative scarcities of goods. Production quotas for harvested timber are typically met without regard to timber quality differences, obsolete and wasteful technologies are used in processing, and world markets have not been penetrated to any significant extent. Furthermore, too much of the region's timber is exported with little or no value added, and much of its labor is underemployed. These limitations must be corrected.

Major manufacturing facilities based on forest resources may be developed in the Baikal area without the kind of damage to the lake that the pulp and paper factories have caused. The region's forests can and should play a major role in the rebuilding of the nation as well as a greater role in overseas markets. The demand for pre-assembled construction components is likely to escalate rapidly in the Russian Federation over the next few years. Facilities can be financed with carefully negotiated joint ventures that exclude exports of raw timber and include stringent environmental standards. In the long run, the vast Russian market alone could absorb manufactured wood products from the Baikal area, but export markets, particularly to the Pacific Rim should also be cultivated.

Although the region's resources are primarily softwoods and low-value hardwoods, it should be possible to develop an industry which manufactures simple inexpensive furniture, wood-based handicrafts, and pre-cut building materials including log homes. These industries would provide significant employment and income, given the likelihood of interaction with the tourism industry and the relatively good long-distance transportation facilities.

With careful management on productive sites, the Lake Baikal region can build a significant part of its economy on the manufacture of wood products while preserving other natural resource values of the forest. It cannot, however, continue to produce paper and other cellulose products — this type of production takes far too high a toll on the natural environment and the health of the residents. The loss of jobs that will occur with the closing of the Baikalsk mill can be offset by developing a sustainable, non-polluting wood products manufacturing industry — along with tourism, mineral extraction, and agriculture.

In addition to the performance standards set forth in chapter III, these recommendations are made:

1. The forest products industry, except cellulose and other chemically dependent types of production, should be encouraged in the Baikal basin to the extent that the forests in the production forest zone can sustain it in perpetuity.

2. Special efforts should be made to encourage industries that can use material now being wasted in both the forest and mills.

3. Joint ventures that bring modern technology, jobs, and public facility investments to the region should be encouraged, through tax and other incentives, to the extent the forests in the production forest zone can sustain them in perpetuity.

4. The export market for such unique products as pre-cut Siberian log homes should be exploited.

5. Local mills should adopt new head-saw technology to improve utilization and to allow production of higher value products.

6. The Baikalsk cellulose plant should be closed and replaced by compatible forest products industries and tourism.

Manufacturing

Manufacturing industries in the former Soviet Union have long been handicapped by unwise government policy with respect to the organization of production, distribution, and foreign trade. While government has made extraordinarily high levels of capital investment, industries have been insulated from the rigors of satisfying consumer desires, competing in free markets, or competing for scarce factors of production — land, labor, capital, and entrepreneurship. Thus, surpluses and shortages of manufactured goods have been chronic, worker productivity has been poor, ability to compete in international markets has been limited, and there has been increasing reliance on the export of raw materials and semi-processed goods to earn foreign exchange.

There are also environmental constraints that limit productivity. As a result of Siberia's harsh environment "initial investments are enormous and returns are limited. Construction costs range from two to three times the country average in the relatively developed areas near the Trans-Siberian Railroad to four to eight times the normal in remote centers ...One-third of the investment capital consists of infrastructure costs ...with equipment costs well above the country average, repair and maintenance expenses are also high" (Mote 1983).

The institutional limitations can be corrected by economic reforms which introduce more competitive conditions. These include: an aggressive effort to privatize enterprises where possible; splitting the very large enterprises, both functionally and spatially, into many smaller firms; rapid assimilation of technology from other industrial countries through partnerships and joint ventures; and, concentration on those industries and enterprises which add the greatest value to local resources through employment of the local population.

Recommendations:

1. Carefully locate industrial zones, capitalizing on the Trans-Siberian Railroad, and offer tax and other incentives for new compatible and sustainable industries to locate in them. Manufacturing facilities should not be located far from urban areas; the infrastructure, work force, and services they require are found in settlements; to locate them elsewhere would be to create high expense and poor living conditions.

2. Most large enterprises should be divided into smaller units. Only those enterprises where large size is necessary to attain low per unit production costs should be maintained as large units: for example, electrical power generation. Any remaining monopoly enterprises under private ownership and control should be regulated by government to prevent monopolistic pricing.

3. Enterprises should be allowed to determine their own output and the prices at which they wish to offer their products.

4. Enterprises should seek joint ventures with foreign manufacturers to gain access to capital, improved technologies, and new markets. Advantages they can use to attract such ventures include an educated work force, extensive natural resources, and good air and rail transport systems.

5. Taxation, land use planning, and other locally-controlled policy measures should not favor state-owned or semi-state enterprises.

6. Local authorities should try to attract manufacturing facilities of a type and scale which are sustainable in the watershed. Enterprises such as exporting pre-cut Siberian log homes and bottled Baikal water and wooden boat building should be pursued. Facilities that draw raw materials

over long distances, or have harmful environmental side effects, are not good choices.

G. Environmental and Cultural Education

The restoration and protection of Lake Baikal depends on an informed citizenry. Residents of the region and visitors must form the first line of defense for the lake. To do so successfully, these defenders must have facts and an understanding of the natural world of Baikal. Environmental education, for school children and adults, is essential to preserve Lake Baikal now and in the long term.

Recommendations:

1. A wide range of interpretive publications based on the ecology of Lake Baikal should be developed. Scientists should prepare checklists of common trees, wildflowers, birds, and wildlife as well as rare and endangered species. Artists should prepare illustrations for "Birds of Baikal," "Wildflowers of the Barguzin," "The Life of the Nerpa," "The Story of Sable," "Birds of the Steppe", and other field guides.

2. A multi-cultural booklet, Visitor's Guide to the Lake Baikal Region, should be developed with aerial maps, color photos, and vibrant descriptions of "The Baikal Experience" with funding support from tourism agencies and interested conservation groups.

3. Ecological education plans should be developed for different groups, such as schools, tourists, and community leaders.

4. Teacher certification courses should be provided in ecological sciences.

5. An "Ecology Corps" for park protection, for scientific studies, and for ecological tour guides should be created as an alternative to military service.

6. Training materials and workshops should be developed to build a conservation ethic and teach the visitor, student, and tourist to become strong voices in the protection of Lake Baikal.

7. University curricula and degree programs should be developed that include natural resource management, park administration, fish and wildlife management, and environmental studies.

8. Environmental education materials should be prepared for schools, and environmental education should be required in primary and secondary school systems.

9. An interpretive cooperative should be developed to publish ecological education materials.

10. Camps for teaching ecology and conservation should be developed on three levels: a) primary school camps, featuring science exercises at the lake, traveling exhibits, nature hikes, and outdoor experiences; b) ecotourism field camps, featuring science studies abroad for high school and college students and adults; c) ecological institutes, with certification training in ecology and natural resource sciences such as forestry, wildlife, watershed management, and soil conservation.

11. Environmental education programs should make use of the knowledge and experience of community resource people, especially those representing native cultures.

12. A regional environmental education center should be established to collect and disseminate information about the condition of Lake Baikal and its watershed. The center should collect information from scientific institutions such as the Baikal Ecological Museum, Barguzin Reserve, Buryat Science Center, Chita Institute of Natural Resources, Institute of Exotoxicology, International Center for Ecological Research, International Center for SocioEcological Problems, and the Siberian Branch of the Russian Academy of Sciences. Branches of the center should be located in Chita, Irkutsk, Severobaikalsk, and Ulan-Ude.

H. Fish and Wildlife Management

The diverse fish and wildlife resources of the Lake Baikal watershed act as barometers of the basin's ecological health. Unfortunately, their populations appear to be far below the region's original carrying capacity. This is a reflection of the degradation of the watershed: habitat destruction through overgrazing, pollution, and forest destruction; the anthropogenic use of practically the entire steppe country; and species exploitation beyond sustainable levels through commercial and sport hunting and commercial fishing.

The result is reflected in the number of species officially listed as threatened or endangered: 28 mammals, 72 birds, 7 amphibians and reptiles, 5 fish, 23 insects, 132 plants in Buryatia alone (Institute of Biology 1988). The scarcity of wildlife is apparent to even the most casual visitor.

"The influence of industrial waste not only diminishes the vital activity of Baikal organisms, their rate of growth and fertility, but also leads to their destruction. The proof of this is the mass destruction of fish and seals in 1987. According to a calculation based on incomplete statistics, more than 10 percent of the population of the Baikal seals died in the winter of 1987-1988. In order to prevent the pollution of Baikal the authorities must prevent the dumping of wastes, because even if they are purified well, they are nonetheless destructive to water organisms. Their emission into the lake or atmosphere must be totally banned." (Galazy 1991).

"The story of the cormorants on Maloe More - once so numerous that their nests were on all the rocky ledges - is a sad one. Their nests are still there but the handsome birds are gone. The eggs were eagerly gathered and, too, the nestlings whose flesh was particularly esteemed and sold in the village stores. In 1963 the last cormorant on Maloe More was killed. There are no more roe deer on Olkhon now, the last was killed 25 years ago; the last izyubr (a large Siberian reindeer) in 1966....because of egg-gathering the colonies of silvery sea gulls are decreasing. Mergus and the white-tailed sea eagle also are candidates for inclusion on Baikal's list of Endangered Species". (Galazy 1980 from Nocyrev 1976).

A diverse and healthy fish and wildlife population would be one of the most important economic resources of the region. If the Lake Baikal region is to take its place as a World Heritage Site and build a substantial part of its economy on ecotourism, native wildlife populations must be restored to the region's carrying capacity.

Recommendations:

1. Establish the 26 recommended new national wildlife refuges in the Lake Baikal region.

2. Establish national wildlife refuges (e.g., Olkhon Island) and scientific reserves (e.g., Altacheisky and Borgoisky) in the steppe areas of the basin and restore them to nurture viable populations of all native steppe wildlife species.

3. Fish and wildlife populations should be inventoried by professional biologists with no connection to the user groups of those species. Harvest levels should be based on these inventories, with the objective of increasing populations to the carrying capacity of the habitat and then stabilizing those populations. Populations should be monitored annually and harvest levels revised.

4. All wildlife species, including predators, should be protected and taken only by license, and conservative harvest levels should be established.

5. Income from the sale of hunting and fishing licenses should be used for fish and wildlife research and law enforcement.

6. Native peoples using traditional harvest methods should receive priority for fish and wildlife consumption.

7. Populations of indicator species of mammals, birds, fish, and zooplankton — i.e., species found in a number of types of environments, relatively easy to monitor, and not rare or endangered — should be used as a surrogate measure of the health of the ecosystem as a whole.

8. A wetland classification hierarchy should be developed so that protection and management measures are appropriate to the value of the wetland.

9. The water level of Lake Baikal should not be further altered by humans, except to test the feasibility of restoring the Upper Angara (and other) wetlands destroyed by the Irkutsk dam. Lowering of the water level by 30 centimeters would allow scientists to test the environmental feasibility of eventually returning the water level to its pre-1950 level.

10. The freshwater seal, or nerpa, (Phoca sibirica) should be recognized as a species of global interest and extremely high value for visitor observation. This species will have to be managed carefully and its breeding grounds protected as tourism increases. The allowable harvest of the nerpa should be gradually reduced and, in time, ended. In addition to the nerpa, all endemic species of the Lake Baikal region should be recognized as being of global importance and protected.

11. Key wildlife habitats — those that animals require for their survival — should be inventoried and preserved.

12. Maintaining a naturally stable and diverse wildlife community should be considered more important than trying to maintain artificially high populations of some animals to the detriment of others.

13. Fish and wildlife management programs should concentrate on native and endemic species.

14. No non-native species should be introduced.

15. Stocking of species should not exceed the carrying capacity for that species' ecological niche.

16. All commercial fishing should be prohibited in Maloe More. In addition, fishing during the omul spawning season should be prohibited in the Selenga, Barguzin, Kichera, and Upper Angara rivers and delta areas and in Chivirkuy Bay.

I. Forest Management

Past timber harvesting practices have resulted in cutting at a rate that cannot be sustained over time, considerable erosion from roads and skid trails, variable regeneration of desirable species, loss of valuable wildlife habitat, aesthetic degradation, and degradation of areas that had high potential value as protected areas. In some instances, these practices have been replaced by vastly improved timber management, but too often these harmful practices continue. The goal for timber management within the Lake Baikal watershed should be sound silviculture and sustained yield on those areas allocated to production forestry, with care taken to protect all forest resources.

Wildfire consumes a significant amount of forest resources in the basin annually and results in soil erosion and diminished site productivity. Sound forest management must include effective fire prevention and suppression strategies.

In addition to the performance standards set forth in chapter III, these recommendations are made:

1. The volume, age class distribution, growth rates, and average annual loss from fire, insects, and disease should be calculated for the lands designated as managed forest resource areas on the land allocation map accompanying this report. Areas with slopes exceeding 30 percent (17 degrees) and stream corridors should be deleted from all calculations. A maximum allowable annual harvest should then be determined from this information and adopted as regulation. Goals of this procedure would include evening out the age class distribution and a relatively consistent annual harvest, equitably spread among administrative jurisdictions to minimize variations in employment and revenue and avoid harm to the resources.

2. A basin-wide forest and wildlife management plan should be developed by an interdisciplinary team of professionals, submitted for public hearing, and adopted.

3. Areas deforested by fire or human disturbances in forested regions should be replanted with native tree species, unless natural regeneration is adequate within three years of the disturbance.

4. While recognizing that fire often plays an important ecological role, fire prevention, presuppression, and suppression should be given higher funding priority.

5. Technical assistance in the restoration of boreal forests, including reforestation techniques, should be requested from the U.S.D.A. Forest Service and the United States Peace Corps.

J. International Economic Relations

The Baikal area, and the entire Russian Federation for that matter, has long been isolated from most of the world in terms of trade and other beneficial contacts. This isolation is now ending, but entry into the international trading community will not be easy. A lack of experience in such dealings is evident in the Baikal area, and the institutions that would facilitate contacts are absent.

Trade is currently handicapped by severe distortions resulting from monopolization of production and distribution, price distortions, and restrictions on commercial transactions, such as state trading, quotas, licenses, exchange rate confusion, and other prohibitions. Only when these institutional obstacles are removed can the people of the region realize the benefits of its comparative advantages by freely engaging in export activities.

In the long term, the most essential goal is to create the necessary institutions to permit more trade, but facilitation of direct foreign investment is also important. Such investments would not only augment capital but also would provide many indirect benefits, such as technology transfer, new management techniques, and new trading channels and relationships. Foreign investment can occur, however, only with government assurances against confiscation, guarantees that currency can be converted and profits repatriated, and the removal of burdensome regulatory obstacles. Steps have already been taken in these areas by the Russian government; lower levels of government must be committed to these same principles. In dealing with foreign investors, it is particularly important that all the levels of government have consistent policies.

In the short term, the situation is somewhat different. A sustainable level of resource use may not provide the initial capital necessary to support the resource programs so clearly needed, yet to initially exploit the natural resources to that degree would risk the destruction of Lake Baikal. Therefore, external assistance is justified as long as it is clearly designed to create a sustainable, and properly regulated, free market economy.

Recommendations:

1. The Russian Federation, Buryat Republic, and Baikal Commission should prepare a sustainable development aid program and the international community should help fund it. The program should be based on the principles set forth in this report. It should be environmentally sound and economically sustainable, with an emphasis on training, technical assistance, and technology. It should befit a World Heritage Site.

2. All legal restrictions on the holding of foreign currencies should be removed. Firms that provide the goods and services that earn foreign currency should retain control of it.

3. Governments in the Baikal area should press for demonopolization of key trade sectors such as tourism.

4. The artificial prices of the Russian economy must be brought into line with prices on world markets if producers are to receive the appropriate price signals to guide their activities.

5. Producers and distributors must have the right to decide freely the prices at which they offer their goods and services and the markets in which they sell them.

6. All levels of government must remove existing legal and administrative barriers to foreign trade, such as restrictions on exchanges of foreign currency, licenses, administrative delays, and restrictions on the manner in which producers or distributors may dispose of their goods.

7. Any trade restrictions imposed to protect domestic industries or to guarantee domestic supply of key commodities should be in the form of tariffs rather than quotas, and should be enacted as temporary measures only.

8. Long term strategy should focus on manufactured goods and tourism and not export of raw materials.

9. Governments in the Baikal area should support legislation that guarantees foreign investors protection against confiscation, repatriation of profits, and repatriation of monies derived from liquidation of business assets.

10. Regional and local governments should strongly support liberalization of trade and restrictions affecting foreign investment. Localities should help foreign investors (with appropriate financial and other qualifications) acquire the materials, labor, and land they need to conduct business.

11. Clear and objective criteria should be set for screening investment offerings. Criteria should be limited to the financial condition of the proposing firm and its environmental record and/or policies.

12. Investments should be allowed in all sectors of the economy, with the possible exception of limited areas deemed to be of strategic or military importance. In particular, investments in service industries should not be prohibited or discouraged.

13. Opportunities to convert industries previously producing military material to producing goods saleable on world markets should be identified, and foreign investment sought to augment their available capital.

14. Governments in the Baikal area should utilize the services of competent individuals and organizations in western nations to research the financial and environmental records of firms desiring to enter into joint ventures in their territories and to advise them on the development of industry.

K. Land Tenure and Rights of Ownership

Land ownership and the relationship between people and land are at a turning point in the Russian Federation. As the nation proceeds with the privatization of land, many choices must be made — choices that will affect the economy, the environment, and the daily lives of today's generation and many future generations. These decisions should be made cautiously, for the course of a nation will, to a large degree, be determined by them.

Fortunately there is a wealth of experience throughout the world to guide such decisions. It is clear, for instance, that agricultural lands and most developed lands would benefit from private ownership in a competitive market, while defense, transportation, nature preservation, watershed protection, and recreation lands should remain public. Managed forest resource areas are less certain. There have been serious failings with both public and private ownership elsewhere in the world, primarily due to the length of time between crops, the unrelenting political pressure of industry for more wood, and the difficulty of placing values on nonconsumable resources. The Russian Federation has the opportunity now to develop an approach that encourages and enforces sound, sustainable forestry practices. By doing so it can set an example for others.

What rights should be included in land ownership? The United States, 200 years ago, adopted the policy that all rights to use the land in whatever manner were transferred with ownership. Ever since, the public has been struggling to take back various "rights" to avoid detrimental effects to society, such as economic damage to neighbors and environmental destruction. Thus the concept of zoning was born, to put some controls on the use of land by an owner.

Problems do not usually arise until the use of land is changed; therefore, this would seem to be the appropriate time in Russia for the public, through an agency of their government, to determine the effects and acceptability of a proposed use of land. In the Russian Federation, such uncertainties can be minimized and the public, including landowners, can understand what uses will be allowed and what uses will not be allowed.

The 1991 RSFSR Land Law sets the legal framework for future land ownership in the Federation. Land tenure under this law confers many of the broad rights traditional to the ownership of land in the United States and elsewhere. One of the purposes is to make private land ownership more secure from government interference and provide for compensation when rights to use and occupy the land are unduly curtailed. Much authority is delegated to local Soviets, and the right to appropriate and use minerals and other land components appears to pass with ownership of the land. The law contains a zoning structure for allocation of land uses, and land use planning responsibilities are given to various levels of government. In general, however, the structure of the RSFSR Land Law does not include an effective means for making environmentally optimal land use decisions.

Recommendations:

1. Privatization of land in the Baikal basin should be vigorously pursued but limited at this time to agricultural, settlement (including residential, commercial, and industrial lands within cities and rural communities), and industrial lands, as depicted on the land allocation map.

2. All managed forest resource lands (production forests) should remain in public ownership at this time.

3. All nature conservation, health, recreational and historic-cultural lands, watershed protection and limited production forests, lakeshore, and riparian lands should remain in public ownership in perpetuity.

4. Change of the use of land should not be a right of

land ownership unless the change is listed as a preferred use for the zone where the land is located. Changes to uses on the conditional use list may be granted by the appropriate authority after review, but such changes of use should not be considered a right of land ownership.

5. Private tenure of small parcels of agricultural and horticultural land, of perhaps less than 50 hectares, should not be granted outright, but in medium-term leases, perhaps 10 to 20 years. Small units may not be viable in coming decades, and full ownership rights will make it difficult to reassemble them into economically viable units.

6. In distributing farmland, local governments should review the applicant's farming experience, knowledge, and demonstrated productivity. Those with the best qualifications should be given preferential access to the best land.

7. In the initial land distribution, limits should be set on the number of hectares of farmland granted per applicant, by region. This is necessary to protect the rights of all citizens to gain control of land. However, these limits should also recognize the need to achieve efficient scale of operation.

8. Seizure of land by government-controlled organizations (as contemplated in Article 99 of the RSFSR Land Law), for the purpose of establishing enterprises to produce goods or provide services which reasonably could be supplied by privately owned businesses should be prohibited.

9. Formal deeds, containing a boundary description and an enumeration of rights of use, should be provided to all persons who acquire land ownership rights. Copies of these documents should be filed as public records in a modern, computerized record system.

10. On the territories where native peoples live, principles and restrictions should apply to the use of natural resources and the development of economic activities that would give legal and administrative protection to the interests of native peoples.

L. Land Valuation and Taxation

Land is a key resource in many productive activities; it is undoubtedly the most basic resource of all. Like other productive resources, it can generally be put to a variety of uses. Choice among the competing uses is never easy, for calculation of the costs and benefits of each is complex, and changing technology or economic conditions may quickly make any set of allocations obsolete. In today's information age, such change occurs at an increasingly rapid pace.

Thus, it is important to have the most responsive system available for allocating land and other resources to competing uses. Everywhere, the freely operating market has shown its virtues in this capacity. Insofar as agricultural, settlement (including residential, commercial, industrial, and dacha lands) and industrial zones are concerned, the economic activities most highly valued by consumers should have the institutional means to bid for the land they require. To create these conditions, citizens must be free to buy and sell land without excessive government intervention.

The Russian Federation is now embarking on a program of privatizing land, although it is unclear at the present time how pervasive this program will be. A strong commitment to de-monopolization and privatization is essential at all levels of government.

Once a significant amount of land is in private hands, it becomes a base from which government can raise the revenue needed for local public services. This is appropriate because local government services are generally location-specific — they accrue in large part to those owning the land in the government's jurisdiction. In order to establish and administer a tax on land, the following principles should be adhered to.

Recommendations:

1. The Cadastres Centers should develop a public record and map showing the value, extent, and ownership of all land in each administrative unit as a basis for taxation.

2. After a period during which all citizens have the opportunity to acquire land from the government free or at a fixed, nominal charge, full transfer (sale) of land between private persons and organizations should be permitted. This is necessary in order to realize the efficiency gains that will flow when the most productive farmers are able to use their natural advantages to gain access to the most productive land. Unrestricted transfer is also necessary to create value in land which farms and other businesses can use as collateral for loans and government can use to determine equitable taxation.

3. In the absence of market information on land value during early stages of the privatization, value should be determined by the income capitalization method. Using this technique, value is calculated as the sum of the discounted net income over the useful life of the asset. Estimates of annual net income per unit of land can be developed from analyses of typical enterprises. The discount rate (interest rate) should reflect the cost of long term secured loans, adjusted to reflect government policy toward stimulating land privatization. Assuming that owners of land also pay income taxes, a reasonable rate of land taxation would be 3 percent or less of capitalized value, and 7.5 percent or less of the average value of gross annual production.

4. Oblast and Buryat Republic governments should levy severance taxes on the extraction of natural resources, including minerals, oil, gas, coal, timber, stone, etc. Such taxes allow the cost of government to be "exported" from resource extraction areas to industrialized areas. The rates of taxation should be determined by the governments in question, within limits set by higher levels of government. The taxes should be imposed on enterprises without regard to the nature of ownership (i.e., state, private, collective, etc.).

5. Land taxes should be levied primarily, but not exclusively, on the value of the land, which is economically efficient because land taxes do not cause a reduction in the supply of the goods (land) being taxed. Taxes on the value of improvements (buildings) should also be levied to reduce the regressivity of the land tax, but at lower rates to encourage construction in areas where it is desirable.

6. Intensive land uses outside settled areas, such as industrial facilities, should not receive preferential tax treatment. It is particularly important to tax the improvements because most of the value of industrial facilities is in the buildings rather than the land.

7. Higher tax rates should be imposed on existing intensive uses of land, such as industrial, that do not conform to zoning designations established by local governments for the land areas in question.

8. Government should not subsidize the farming of poor-quality land as contemplated in the Russian Federation law on land taxation. Such payments will provide artificial incentives to farm highly erodible or low productivity land in the Baikal area that is better suited to other uses.

9. The Baikal Commission should study the existing legal system of compensation in relation to injury or damage to the land resulting from ecologically undesirable practices and make recommendations for strengthening the system if necessary.

M. Local Zoning

Systematic assignment of specific areas of a city or settlement for specific types and intensities of use has not occurred in the former Soviet Union. This lack of comprehensive zoning has, in many instances, led to conflicts caused by mixing diverse and incompatible uses. Factories generating heavy traffic and emitting pollutants are mixed with schools, hospitals and residential dwellings, endangering public health and marring the public environment. As privatization advances there is no assurance, absent zoning controls, that individuals who purchase properties will be protected from adjacent incompatible development. Conflict, financial risk, and environmental degradation can be the expected result.

Recommendations:

1. Cities and urban-type settlements (more than 10,000 residents) should establish zoning authorities to develop and administer comprehensive zoning plans. Such zoning must be consistent with land use allocation principles and practices established by higher levels of government. Local zoning should be adopted by January 1, 1996 and should address both allowable land uses and intensity of use. Before adoption by the local government, the public must be involved through informational meetings and hearings.

2. Zones should be established that set forth categories of distinct uses and intensity of use, such as low-density residential, high-density residential, commercial, light industrial and heavy industrial. Designation should be based on the capability of the land to sustain the intended intensity of use and factors such as availability of transportation, water, electrical service, sewage treatment, etc.

3. Zoning for rural communities (less than 10,000 residents) should be accomplished at the local level of government and should be accomplished by January 1, 1996.

4. The boundaries of all zones should be marked on maps of a sufficient scale to permit identification of individual ownerships of land.

5. To prevent conflicts of interest, zoning plans should not be developed or administered by local government agencies primarily involved in the construction of buildings, roads, or other facilities.

6. Review and appeal processes should be developed for amending zoning classifications, after public hearing, and for giving landowners the opportunity to request changes in the classification of individual parcels. Those who hear such appeals and make modifications must be selected in a manner that will insure they are as free of political pressure as is possible.

N. Mineral Resources

The Lake Baikal watershed of Russia contains a wide variety of mineral resources. There are deposits of brown coal and bituminous coal; nonmetallic minerals including graphite, fluorite and apatite; and metallic mineral resources including non-ferrous polymetallics (lead, zinc, and nickel) and gold. In addition the watershed has pure silica deposits for metallurgical and ceramic use, chemical-grade carbonates, building materials, and pure groundwater reserves.

Several of these deposits are currently in production or are actively being developed for production, many deposits are being held in reserve, and only a few are exhausted. The general state of knowledge of the geology of the Russian portion of the watershed is excellent, and detailed geological maps and reports exist for most deposits.

In the Core Zone (First Nature Protection Zone of TERKSOP) of the Lake Baikal watershed, peat deposits are known in the Selenga River delta and building stone and sand and gravel deposits exist in the main valley and its tributaries. The carbonate deposits that are currently mined for cement production and marble building stone deposits at the south end of Lake Baikal are being worked out. The large Cheremshanka silica deposit is currently being developed to supply metallic silicon, carbide silicon and optical and ordinary glass industries. The Kholodninskoe pyrite-polymetallic deposits (copper and nickel and lead and zinc) north of Lake Baikal; the Oshurkovskoe apatite deposit near Ulan-Ude; the Bogotol graphite deposit in the Sayan mountain range; the Buguldeika iron ore deposit on the west shore of Lake Baikal; and a few other deposits are not being developed for environmental reasons, although each has been studied to various degrees. Indeed, experimental extraction was conducted at the Oshurkovskoe apatite deposit and was later discontinued due to environmental concerns associated with tailings disposal and the impact of explosions on fish in the nearby Selenga River.

In the Buffer Zone (Second Nature Protection Zone of TERKSOP) tungsten and molybdenum deposits near Zakamensk, brown coal deposits on the eastern shore of Lake Gusinoe, building stone deposits south of Ulan-Ude, and sand and gravel deposits in the waters of the Selenga River have been developed over a long period. The Tarakanovsk carbonate deposit is being quarried for use in the Timljui concrete works at Kamensk. The Khoronkhoisk concentration plant processes local and imported fluorite ores from Mongolia.

In the Third Nature Protection Zone of TERKSOP development of the Ozernoe polymetallic deposit (lead, zinc, cadmium, and sulfur) as well as other deposits of quartz, fluorite, and other resources is in an advanced planning stage. The Tarabukinskoe chemical-grade carbonate deposit is quarried at Zaigraevo. The open pit extraction of carbonates for concrete, building sands and tuffs, and carbonates for the lacquer painting industry is also active. Development of the Savinskoe open pit magnetite deposit is in the active preparatory stage. The Akhalik brown coal deposit in the Tunkinskaya valley is actively mined. Gold exists in the Bauntovskiy, Severo-Muiskiy, and Okinskiy regions as scattered deposits. However, the development of these deposits raises a number of environmental questions including the necessity for land recultivation and restoration and strict regulations on the use of cyanide for gold extraction if these deposits are to be developed.

This appendix only outlines those deposits which are developed or which are likely to be in production soon.

In addition to the performance standards set forth in chapter III, these recommendations are made:

1. The extraction of minerals and their manufacture into value-added products should be a major economic benefit to the region, but it must come under strict environmental regulation in view of the massive adverse impact that such industry may have on the natural environment.

2. No new mineral resources should be exploited until the environmental impacts of such exploitation are determined and a public meeting held to discuss all issues.

3. All existing mineral exploitation facilities should be required to implement mitigation strategies for all pollutants that are present.

4. All new mineral extraction in the region should be subject not only to review and permitting by the regional goskomecologia as "Conditional Uses" but also to an automatic review of such permits by the Baikal Commission.

5. Activities that would preclude future use of economically significant mineral resources should be avoided.

6. The Baikal Commission should have special authority to implement these recommendations.

O. Norms and Standards

Any water and air quality management program needs a system of water and air quality and/or discharge standards. This is particularly important for Lake Baikal in view of the need to protect its unique ecological system.

In 1987 a comprehensive set of standards, entitled "Guidelines of Permissible Loads on the Ecological System of Lake Baikal (for the Period 1987-1995)," or simply the "Norms," was prepared (Central Committee 1987). These norms present air and water quality standards for the region. Although the "Norms" represent a good first step, reevaluation may be in order. The "Norms" should be strengthened, extended to other pollutants such as heavy metals, and eventually replaced with a non-degradation policy.

The concept of setting norms assumes we know all there is to know about the ecosystem, about the fate of pollutants and combinations of pollutants in the environment, and about the sensitivities of each organism to each pollutant. We simply do not. Yet loading limits can only be set with such knowledge.

In other settings, the risks associated with less than complete knowledge of the ecosystem may be acceptable. But this is Lake Baikal, a freshwater ecosystem unique to the planet. The number of endemic species alone should be reason enough for the most stringent standards.

In addition to the performance standards set forth in chapter III, these recommendations are made:

1. The ultimate standard for Lake Baikal should be to achieve "zero discharge" of pollutants to Lake Baikal. While this goal may be difficult to fully attain, it must be vigorously pursued.

2. The administration of the "Norms" and their revision should fall under the auspices of the Baikal Commission, with technical input from the International Centers in the basin and from the public. The Baikal Commission also should have the authority to enforce the "Norms" and subsequent standards.

3. The Baikal Commission should review and, following public hearings, revise the "Norms" every three years to reflect new information. Such updates should include a review of regulated substances, the maximum allowable concentrations or permissible loads, and the modeling plan.

4. The ambient air quality standards given in the Lake Baikal "Norms" should be reevaluated in light of the more restrictive United States ambient air quality standards for protected areas and in view of the serious degradation that has already occurred in Lake Baikal from air pollution.

P. Protected Areas Designation and Management

It is the unique natural environment that makes Lake Baikal a very special place worthy of World Heritage Site recognition. Yet efforts to provide a comprehensive system of natural areas representative of all those natural phenomena that make the region so special have failed. Furthermore, the management of those areas that have been set aside as parks or reserves is often inconsistent with the purpose for which the areas were designated; for example, the recent house construction on a remote shoreline in Pribaikalsky National Park and the 1990 four-wheel drive "Camel Tour" in the same park.

An organic act that sets forth the purposes of national parks and other protected areas is desperately needed. The proposed Russian draft law is a good start, but refinement is needed to make the over-riding basic purpose of each protected area category explicit.

A primary goal of a protected areas system should be to insure that representative samples of all ecosystems in the region are included in at least one protected area. The system recommended in this report achieves that goal based on the 132 ecosystems as defined by Mikheev and Ryashin (1977).

In addition to standards set forth in chapter III, these recommendations are made:

1. The following categories, at a minimum, should be established as parts of a national system of protected areas that provides for a spectrum of uses: scientific reserves, national parks, natural landmarks, scenic rivers, national wildlife refuges, and natural anthropological reserves.

2. The enabling legislation creating a comprehensive system of protected areas should make clear the primary purpose of each (for examples, see chapter III). All units of the national system of protected areas should be under the exclusive control and jurisdiction of the Russian Ministry of the Ecology.

3. Each republic, oblast, and raion should establish a protected areas system (e.g., urban parks, greenways, zakazniks, regional parks, historic and cultural sites) to complement the national system, protect locally significant natural areas, and provide for local recreation needs.

4. The following national protected areas should be designated. Along with the existing Pribaikalsky and Zabaikalsky National Parks; Baikal, Baikal-Lena, Barguzin, and Sokhondo National Scientific Reserves; and the recommended national scenic rivers, they should form the core area of the Lake Baikal World Heritage Site.

Proposed Protected Areas	Hectares
- Altacheisky Scientific Reserve	60,400
- Angeersky National Wildlife Refuge	27,200
- Arakhleiskye Lakes National Wildlife Refuge	380,000
- Atzulsky National Wildlife Refuge	11,200
- Aya Scientific Reserve	74,200
- Barguzin Valley National Wildlife Refuge	216,300
- Barguzin Range National Park	1,097,300
- Barguzinsky Bay National Wildlife Refuge	34,700
- Bolshoi Koty Bay National Wildlife Refuge	3,200
- Borgoisky Scientific Reserve	99,100
- Chikoisky Range National Park	1,431,400
- Chivirkuiski Bay National Wildlife Refuge	32,200
- Dzhirga Scientific Reserve	239,500
- Frolikha Bay National Wildlife Refuge	3,700
- Istok Angara National Wildlife Refuge	11,900
- Khamar Daban National Park	846,100
- Khudaksky National Wildlife Refuge	113,600
- Kichera Valley Natural Anthropological Reserve	211,400
- Kizhinga Scientific Reserve	7,700
- Kokorinsky National Wildlife Refuge	24,300
- Kotera Natural Anthropological Reserve	1,303,200
- Kotersky National Wildlife Refuge	156,500
- Kotokel National Park	1,019,100
- Kyakhtisky Protected Landscape	121,100
- Maloe More & Olkhon Coast National Wildlife Refuge	86,600
- Mokheysky National Wildlife Refuge	331,800
- Murinskaya Banks National Wildlife Refuge	13,400
- Northern Khamar Daban Protected Landscape	651,100
- Okinsky Natural Anthropological Reserve	2,387,800
- Olkhon Island National Wildlife Refuge	

and Natural Anthropological Reserve	68,900
- Orotsky National Wildlife Refuge	20,600
- Proval Bay National Wildlife Refuge	25,000
- Selenga River Delta and Islands National Wildlife Refuge	174,500
- Severobaikalsky Protected Landscapes	570,100
- Sharagolsky National Wildlife Refuge	21,200
- Shumaksky National Wildlife Refuge	63,400
- Tunkinsky Natural Anthropological Reserve	984,500
- Tugnuisky National Wildlife Refuge	20,300
- Upper Angara Melkovodie National Wildlife Refuge	14,000
- Uschkanikh Islands and Coast National Wild Refuge	4,000
- Uzkolugosky National Wildlife Refuge	30,100
- Verkhneangarsky National Wildlife Refuge	60,400
- Zakamensky Natural Anthropological Reserve	774,700

5. The core area of the World Heritage Site should be linked with the Mongolian protected areas in the adjacent Lake Hubsugul region to form a Baikal-Hubsugul International Peace Park.

6. A natural heritage program should be developed within the Ministry of Ecology to inventory all ecological communities, refining the work of Mikheev and Ryashin (1977), and to insure that samples of each community are protected in one or more national parks, national scientific reserves, or equivalent protected areas. As a program priority, all natural ecosystems within the Lake Baikal watershed should be adequately represented in national parks, national scientific reserves, or equivalent protected areas by December 31, 1995.

7. Lake Baikal wetlands should be designated as a wetland of global significance under the U.N. Ramsar Convention (UNESCO 1971) in recognition of the significance of the Selenga and Upper Angara deltas and other wetlands around the lake.

8. Large protected areas should be divided into districts using hydrological or political (e.g., raion or oblast) boundaries as feasible.

9. Rangers and wardens whose duties are to patrol the protected area and educate visitors should be hired locally when qualified applicants are available or training can be provided. Indigenous people and formers hunters in the area often excel in their knowledge of an area's natural history.

Q. Recreation Management

Recreation and tourism infrastructure is not well developed in the Baikal basin. Most recreation facility development occurs in the Pribaikalsky and Zabaikalsky National Parks and in tourist bases established by the trade unions, youth organizations, and other agencies. "Wild tourists" roam freely all along the shore of the lake, camping where they choose and moving inland along any small track or forest road, using four-wheel drive vehicles.

Tourist groups from all over Russia stay in base camps and hike out with a guide to remote campsites, generally in groups of 15-20 persons, staying 5-7 days on the average. Foreign tourists have begun to appear but the numbers are still small.

There is no training program for recreation managers in the schools or universities. Although much data has been collected on how many tourists and recreation visitors come to Lake Baikal and how more tourists can be attracted in the future, little attention has been paid to designing appropriate facilities, insuring proper sanitation and waste disposal, or repairing sites that have been degraded by recreational overuse.

Funding for public recreation facilities is becoming more and more difficult. Search and rescue operations are no longer assured of funds. Resource protection is limited by insufficient staff, money, and authority.

The recreation potential of Lake Baikal is very large. Open access for foreign tourists will bring a flood of new visitors. This is a classic situation for recreation management, one that is found in many areas of the world: more and more visitors, less and less public money for recreation development or enforcement. In the change to a market economy, private funding sources and ecotourism dollars are suggested as the most effective source of new funds.

In addition to the performance standards set forth in chapter III and recommendations in sections on economic development-tourism, environmental and cultural education, and natural areas designation and management in this appendix, these recommendations are made:

1. A recreation and tourism development plan for the Baikal region as a whole should be prepared by the Baikal Commission. It should be based on market research and emphasize the recreational experience rather than facility development only.

2. A hiking and horseback trail system with interpretive trail guides and overnight shelters at appropriate locations should be developed. For example, an Irkutsk Highland Trail following the granite highlands of the watershed divide from Irkutsk to Onguren and a trail connecting Lakes Baikal and Hubsugul via Tunkinsky National Park would be popular with ecotourists.

3. Recreation monitoring systems should be developed to determine amount of use, location and time of use, and social and economic characteristics of visitors.

4. Recreation carrying capacity for particular areas should be developed so that sustained use can be maintained over long periods of time without degrading the resource.

R. Sanitation and Health

Drinking Water Supply

The source of drinking water for most of the Baikal region appears to be groundwater. Most of the larger settlements are served by wells connected to a water storage and distribution system. Some larger distribution systems have limited forms of disinfection for bacterial control.

A number of problems with the drinking water supply systems have been observed. In numerous instances, wells have been closed as a result of pollutant contamination. It was reported, though not officially confirmed, that at least 40 wells in North Baikal were closed and several wells in the Selenginsk area as well. It is not known whether the problems are a result of faulty construction or groundwater pollution or both. Liquid waste disposal practices in North Baikal are suspect and may pose impact on groundwater pollution.

Water supply interruption has occurred in major urban areas such as Chita, Ulan-Ude and Irkutsk. Loss of pressure in the water distribution system is cause for concern since it may induce a backflow of water of questionable quality.

Disinfection practices of the water utilities are incomplete. One system in Severobaikalsk uses ultraviolet disinfection only when necessary, and no chlorine residual is carried in the distribution for secondary disinfection. While it is standard practice in the United States to maintain chlorine residual levels in the distribution system, chlorine is an agent in the formation of toxic chlorination by-products. Such by-products, if discharged into Lake Baikal, would have serious ecological impacts.

In addition to the performance standards set forth in chapter III, these recommendations are made:

1. Wells used for drinking water, and waterlines, should be protected by internationally recognized design and construction standards (see Bibliography).

2. Aquifer recharge areas of all major community water supplies should be identified and special land use regulations should be adopted for those areas.

3. A routine water quality monitoring program should be established for all community water supply systems.

4. Injection wells for toxic waste disposal should be prohibited in the Lake Baikal watershed, as should toxic waste disposal sites.

Municipal Wastewater Treatment

Four municipal wastewater treatment facilities were visited in 1990 and 1991: the Ulan-Ude facility (200,000 cubic meters/day); the Severobaikalsk BAM facility (2,000 cubic meters/day) the Severobaikalsk town facility (1,600 cubic meters/ day); and the Selenginsk Pulp Factory town facility (60,000 cubic meters/day). The Town of Baikalsk discharges into the industrial wastewater treatment facilities of the Baikalsk Cellulose Plant, which treat combined municipal and industrial wastewaters.

All treatment facilities use variations of the activated sludge treatment process, and none meet the limitations on discharge to Lake Baikal. In August of 1990, Selenginsk pulp factory began operating a closed cycle system and no longer discharges into the Selenga River. The results of this experiment, the first in the pulp industry, have not been thoroughly analyzed yet, but appear encouraging. The municipal wastewater treatment plant at Ulan-Ude, which receives both industrial and domestic wastes, is not designed to remove industrial pollutants. Discharge analysis indicates violations of the goskompriroda permit for biochemical oxygen demand, ammonium ion, nitrite ion, copper, zinc, chromium (+6), cadmium, oils, and surfactants (Ulan-Ude 1990). Analysis indicates that the Lake Baikal standard for lead is exceeded. Since several of the pollutants that exceeded the discharge limitations (heavy metals and oils) were most likely from industrial origin, it is apparent that industrial pretreatment is inadequate.

It will not be possible for facilities to meet discharge standards without significant upgrades, including facilities to remove nitrogen and phosphorus and alternatives to chlorine disinfection (ozone, ultraviolet light, etc.). Additional tertiary treatment facilities, including chemical coagulation, filtration, heavy metals removal, and toxic organics removal, may also be required. An experimental zeolite filter, based on an ion exchange principle, in place at the Severobaikalsk wastewater treatment plant operated by BAM, reportedly has had some success in removing heavy metals and soluble salts.

Most facilities visited had severe operational and maintenance problems with critical components being out of service. Most plants were severely overloaded and were treating wastewater flows well above their design capacity. De-watered wastewater sludges and other treatment residuals, which may contain heavy metals and other pollutants, are disposed of in unlined municipal solid waste landfills.

In addition to the performance standards set forth in chapter III, these recommendations are made:

1. All settlements with a population of more than 5,000 should have at least secondary sewage treatment facilities by the year 2000.

2. All existing municipal wastewater treatment facilities should be upgraded with additional tertiary treatment facilities in order to meet the discharge standards for Lake Baikal. This should include facilities for nitrogen and phosphorus removal and, where appropriate, chemical coagulation, filtration, heavy metals removal, and toxic organics removal.

3. All municipal wastewater treatment facilities should be provided with alternative disinfection technologies such as ozone or ultraviolet disinfection. The use of chlorine for disinfection is not recommended since the "Norms" for Lake Baikal have a zero discharge limitation for residual chlorine. De-chlorinating agents such as sulfur dioxide or sodium bisulfite should not be used since chlorinated organics toxic to aquatic life in low concentrations will remain.

4. The use of innovative technologies for tertiary treatment should be investigated and viable options, based on experience of the international scientific and engineering community, should be considered. Pilot studies of promising technologies should be conducted before full-scale implementation is attempted.

5. Low-cost tertiary treatment concepts such as the use of constructed or natural wetlands as a supplement to conventional secondary treatment should be investigated. (See Bibliography.)

6. Wastewater reclamation and reuse should be fully explored. It would appear that there are many possibilities for reuse of municipal treatment plant effluent by industries in the major urban areas such as Ulan-Ude. This has two benefits: water is conserved and pollutant discharges are decreased.

7. Treatment facilities should immediately implement improvements to relieve overloading.

8. Municipal wastewater treatment facilities should have standby equipment to insure continued operation when regular equipment fails.

9. Municipal wastewater treatment facilities should assess user fees, based on a cost per volume of wastewater treated, to raise revenue for treatment plant operation, maintenance, research and development, and facility replacement.

Rural Sewage Disposal

While sewage disposal in the urban regions is usually adequate, sewage disposal in the non-urban areas of the region is entirely inadequate and is a threat to the health of the community. The remote areas of the region generally are not served by flush toilets. The various forms of low-technology waste disposal which are used are, for the most part, very rudimentary and not designed or operated in accordance with recognized international sanitary standards. If the design of these systems is upgraded, the health and hygienic well-being of the communities will be greatly enhanced, as will the attractiveness of the region for international tourism.

The basic problem is that the soils in a large portion of the area are not suitable for sewage lagoons or septic systems. This means that human waste disposal must often be handled by means of sanitary privies or devices that do not use water. There are numerous international design standards and innovative technologies (for example, composting or incinerating toilets) which would be very useful in this region.

The rapid development of dachas generally leads to poor water supply and sewage disposal problems. This is particularly the case when they are built near shorelines that have saturated, poorly drained soils.

In addition to the performance standards set forth in chapter III, these recommendations are made:

1. The use of composting toilets (such as the Clivus Multrum) or incinerating toilets should be encouraged in rural areas. Manufacturers of these devices may be willing to provide low-cost or no-cost demonstration projects in the region.

2. Lime should be used in all public pit privies on a daily basis.

Solid Waste Disposal

Most municipal solid waste disposal sites in the region are neither constructed nor operated in accordance with international sanitary standards. Except for one landfill in Severobaikalsk, most landfills are not lined. The lack of lining allows groundwater pollution through percolation of rainfall and leachate through the soil layer. This is further aggravated by the fact that many landfills are constructed on steep slopes. Runoff and leachate which does not penetrate the soil layer drains down the slope and into the nearest surface water. Difficult soil conditions compound landfill design and construction.

Few of the landfills visited get a daily soil cover. This increases the potential for fires through spontaneous combustion of solid waste and methane gas from anaerobic organic degradation, the odor of the landfill area becomes offensive, the organic matter attracts birds, insects, and other vermin, and the potential for the spread of disease to humans is high.

Although facilities reportedly prohibit dumping of hazardous substances in the landfills, they are not fenced and restrictions are not strictly enforced. Many items such as metals which are officially excluded from some landfills were in evidence. Although a solid waste recycling center near Ulan-Ude is planned, its construction is still uncertain.

In addition to the performance standards set forth in chapter III, these recommendations are made:

1. Solid waste landfills should be designed and operated in accordance with internationally recognized sanitary standards (see Bibliography).

2. Landfills should strictly prohibit disposal of liquid and/or hazardous wastes which should be disposed of in facilities specifically designed for disposal of such wastes.

3. A comprehensive recycling program for glass, paper, metal, and plastics should be instituted to conserve energy and landfill space. Landfill construction is costly and may be constrained by the suitability of soils in the area, so conservation of landfill space is of prime importance.

4. In order to facilitate recycling, authorities should mandate separation of waste materials (e.g. organic garbage, glass, metal, plastic, paper) by all citizens, industries, and organizations. Separation and composting of organic garbage from the solid waste stream may produce a viable product for agriculture and reduce the need for fertilizers and soil conditioners.

5. An anti-litter education program should be initiated and trash receptacles placed in strategic locations throughout the basin.

Other Environmental Health Concerns

Human health problems arise in the Baikal region as a result of environmental contaminants and a lack of some essential trace elements in the region's soil and water. In the latter case it is important to insure that balanced diets make up for the trace elements that might be missing in locally grown food.

Environmental contaminants may raise the risk of lung disease, various forms of cancer, and genetic mutation. Such contaminants are found in the air, water, and soil as well as in foodstuffs treated with pesticides or grown on contaminated soil.

Three obvious health threatening conditions in the basin deserve additional mention.

Asbestos. Asbestos is widely used as an insulating material. It is found in low-cost roofing materials, heating system insulation, heat resistant linings in power and thermal stations, thermal pipelines, and elsewhere. In many instances, awareness of the health hazards and of the proper procedure for handling asbestos is lacking.

Contaminated Soils. Soils were observed that were contaminated by oils, aerosols, chemicals, and heavy metals. These soils, if used for agricultural purposes, can lead to disease through absorption of contaminants into plants and subsequent ingestion of the plants by humans.

Insect Control. The public should be educated with regard to disease transmission via insects. There appears to be a general lack of awareness of this problem throughout the region.

Recommendations:

1. A monitoring system for environmental contaminants should be instituted in the basin and "safe level" permissible norms adopted.

2. A personal health and hygiene program should be established in the school systems.

3. An international aid program of grants and low interest loans for health, sanitation, and water pollution control measures should be developed for the Lake Baikal World Heritage Site.

4. A public education program should be developed to focus on such health-related topics as safe handling and disposal of asbestos, handling of contaminated soils, and insect control.

5. Alternatives to asbestos should be used for roofing and insulating material.

S. Vegetation

The prosperity of the Baikal ecosystem is directly affected by the stability of its watershed's vegetative cover (Molozhnikov 1975, Zhukov 1973). Unfortunately, the vegetative cover has been greatly damaged this century (Molozhnikov 1986) due to excessive plowing, drainage, construction of new roads and buildings, raising the water level of Lake Baikal, wood cutting, forest fires, and other reasons; many plant communities, including unique areas of rare plants, have disappeared. At the same time more than 40 non-native species from Europe and America, some competitive with native flora, moved into the watershed of the lake; and Elodea canadensis penetrated into the lake's water and began very actively to capture its shoals, evicting indigenous flora and damaging the ecosystem.

An especially unfavorable situation exists in the dark coniferous forests of Khamar Daban within the Lake Baikal watershed — the place with the greatest amount of precipitation in Eastern Siberia (1300-1600 mm per year), and the highest avalanche activity (Voskresensky, Troshkina, 1971; Agafonov, 1975). The research carried out here showed that the forest drying is caused by the increased atmosphere pollution with dust-gas substances of industrial plants and factories. (Sokov, Molozhnikov and others, 1986). The facts show that the least favorable situation for dark coniferous forest is near the upper level of the forest line at the height of 900-1200 meters above sea level (444-744 meters above the surface of Baikal). In 1980, 50,000 hectares of dead forests were inventoried and more than 250,000 hectares were in various stages of drying up. At present the process is

going on at rates of up to 5 percent a year.

The forest drying in Khamar-Daban will lead to unfavorable effects which will damage the Baikal ecosystem, the population areas situated on its shores, the industrial, transport and communications facilities. The regime of river flow can be broken and as a result the erosion of slopes will be increased.

The present unfavorable situation is aggravated by intense outbreaks of insects, fungus, and diseases which thrive on the weakened trees.

In addition to the performance standards set forth in chapter III, these recommendations are made:

1. For restoring damaged ecological bonds, it is necessary to reduce industrial air emissions, regulate forest management, and create effective forest protection from fires.

2. Habitats of rare and endangered plant species should be protected from development and intensive human uses to allow for the continuing propagation of these species.

T. Water Quality

Water quality continues to be degraded in Lake Baikal as a result of air and water pollution from point and non-point sources both within and outside the watershed area. General pollutant types are heavy metals, toxins, thermal, nutrient, and oxygen demanding organics. Consequently Lake Baikal's unique biological communities, which are often the basis of surface water purity, are being threatened to the point of irreversible damage.

Previous discussion of air quality, waste, and sewage management suggest some of the general and specific problems for water quality. In addition, because the Baikal region is a crossroads between East and West Siberia, a considerable quantity of hazardous materials is transported or stored in the area. These materials include petroleum products, chemicals, toxic minerals, and the like. A major spill of these materials could create an environmental disaster in Lake Baikal.

Special problems are posed by the largest industry in the region — the Baikalsk Pulp and Paper Plant, located in the town of Baikalsk at the south end of the lake. The Baikalsk plant has an additional bleaching process using chlorine and chlorine dioxide. The bleaching process produces toxic chlorinated organic compounds which are discharged directly into Lake Baikal. The Central Committee of the CPSU and the Council of Ministers of the USSR declared in the "1987 Decree" that the Baikalsk plant shall be converted into a non-polluting industry by 1993. In 1991, the RSFSR Supreme Soviet called for the plant's closure. But the closure or conversion of the plant is being delayed despite the threats to the health of Lake Baikal.

The Guzinoozersk power station has inherent design difficulties which have created environmental problems. First, the cooling water is drawn from Ozero Gusinoye (Goose Lake). It returns to the lake at an elevated temperature, which upsets the thermal balance in the lake and increases the rate of eutrophication. Second, the area is surrounded by hills that tend to trap air pollutants and numerous pollutant residuals have been detected in soils in the area. Third, wastewater from the town of Guzinoozersk is discharged to the lake. The lake is a source of drinking water for the community (Egorova 1991).

Stormwater runoff from urban areas can create significant water quality problems in Lake Baikal. Waste oils, solvents, and hydrocarbons from vehicles, together with deposited air pollutants from stationary sources such as heavy metals, sulfate salts, and phenols, are washed off urban streets and into waterways during rainfall.

Lake Baikal is nitrogen and phosphorus limited, i.e., the low quantities of these elements inhibit eutrophication. Addition of these elements will promote growth of organisms that diminish water purity. The ultra-oligotrophic status of Lake Baikal must be reclaimed to preserve its unique assemblage of aquatic organisms.

The goal for water quality management within the Lake Baikal watershed should be twofold: the immediate goal should be no further degradation; the overall goal should be the recovery of water quality to a chemically stable, non-toxic, ultra-oligotrophic condition for all parts of the lake.

In addition to the performance standards set forth in chapter III, these recommendations are made:

1. A buffer zone of native vegetation should be protected or restored around the entire lakeshore and along all tributaries.

2. Modern water pollution control technologies should be an important segment of the international aid program called for previously.

3. Drainage from agricultural lands should be monitored at representative points. If nutrient contamination of streams is shown to be a significant problem, improved practices should be tried on some representative small watersheds and monitoring continued to determine their efficacy. Measures that appear to have promise are live-stock-free riparian strips, fencing, and manure management practices previously described. If these measures show promise in reducing nutrient load in streams, they should be implemented over the entire basin.

4. The burden of treating industrial wastes should be shifted from municipal facilities to industrial pretreatment facilities and strictly enforced.

5. The transport of coal, oil, and other hazardous materials on Lake Baikal should be strictly forbidden.

6. A hazardous spill preparedness program should be implemented for the entire Baikal Region. It should be administered by the Baikal Commission and regional goskomecologias, which should have the power to enlist the aid of other organizations, ministries, and the military in order to perform this function.

7. Movement of hazardous materials through the region by road, rail, and ship should be monitored very closely by the Baikal Commission and regional goskomecologias. This must involve registration of shipments of hazardous materials, particularly in areas where a spill of such materials could create dire environmental and safety concerns.

8. Locations for and education about safe disposal of waste oils and solvents should be developed.

9. The Baikalsk Pulp and Paper plant should be converted to a non-polluting industry. Production of bleached cellulose at the plant should be stopped immediately.

10. An environmentally sound comprehensive solution to the complex issues at Ozero Gusinoye should be developed; it should include solutions to chemical and thermal pollution of the lake as well as the related air pollution problems associated with stack emissions from the power station.

11. Dry and wet weather monitoring programs should be initiated for municipal and industrial stormwater outfalls and the data used to assess pollutant sources and characterize pollutant quantities and types. A program for mitigating stormwater pollutants should be developed, including best management practices and/or stormwater treatment.

12. The Buryat Republic and Irkutsk and Chita Oblasts

should establish a special fund for ecological control and protection of water quality.

U. Water Surface Use

The surface of Lake Baikal is used for myriad recreational and commercial uses, some potentially harmful to the lake, most not so. Because of the vastness of Lake Baikal these uses seldom conflict with one another, except near docking facilities and popular recreation areas. As tourism to Lake Baikal increases conflict will increase — conflict among uses as well as with the amount of use.

Although the zoning of land is accepted in much of the world as a necessity for orderly growth, the zoning of large water areas is relatively new. Enactment of controls is easier when patterns of use have not been long established. It is also most effective when enacted before major conflicts and inappropriate uses have become established.

In addition to the performance standards set forth in chapter III, these recommendations are made:

1. The surface waters of Lake Baikal should be zoned by the Baikal Commission, after public hearings, to separate incompatible uses and potentially damaging uses. This will allow the protection of ecologically sensitive areas and water quality, enhance recreational opportunities (including exclusive non-motorized zones), and equitably distribute commercial uses.

2. The Baikal Commission should set forth a procedure for resolving water surface use conflicts.

3. Where surface water uses conflict or shoreline damage occurs, appropriate water surface use controls should be implemented. Such controls might include prohibiting or limiting certain types of use at all times or at certain times, speed limits, and directional controls.

4. A network of pump-out stations should be developed in settlements along the shore, and no boats with direct discharge fittings should be allowed on the lake.

V. World Heritage Site/Biosphere Reserve Designation

"A consensus of opinion exists among many Soviet scientists and Baikal activists that Baikal's ecological future can best be assured by acceptance as a World Heritage Site on Unesco's World Heritage List. A Unesco fact-finding mission visited the area in May 1990 and agreed unanimously that Lake Baikal to a great extent fulfilled the four major criteria of 'outstanding universal value' for inclusion on the list. However, it noted present and possible future threats to the lake, citing as the most serious of the latter the introduction of alien species, including pathogens, as well as chemical pollution" (Stewart 1991).

The UNESCO mission recognized that Lake Baikal faces serious threats. As a result, it recommended that prior to designation the area be divided into core and buffer areas and that an administrative framework be established to, among other things, develop zoning and management plans for the region. It also recognized that both the Russian and Mongolian portions of the watershed should be included but recommended that only the Russian portion be included at that time since it believed that Mongolia was not a party to the World Heritage Convention (UNESCO 1990). In fact, Mongolia became a party to the Convention just months before the UNESCO mission's report was issued (IUCN 1990).

It has also been suggested that the entire Lake Baikal watershed be included in UNESCO's Man and Biosphere (MAB) Program (Soviet-American Delegation 1990). That program, like the World Heritage Sites program, requires a stringently protected core area, but the Biosphere program emphasizes using the buffer area to demonstrate how humans can live in harmony with the environment. UNESCO hopes to establish Biosphere Reserves in each of the world's major ecosystems. Purposes of the program are to: a) conserve biological resources, b) perpetuate and learn from traditional forms of land use, c) learn how natural systems work, d) monitor natural and human-caused changes, and e) improve management of natural resources (UNESCO 1989).

Recommendations:

1. The Lake Baikal watershed, plus additional adjacent protected areas and the Irkutsk Reservoir watershed, should be designated as a World Heritage Site and Biosphere Reserve immediately upon establishment of a Baikal Commission and adoption of a land use and allocation scheme.

2. The Baikal Commission should work closely with the government of Mongolia and encourage it to seek World Heritage Site and Biosphere Reserve status for that portion of the Lake Baikal watershed within Mongolia, the Lake Hubsugul-Selenga River drainage.

Agafonov 1975.

American Water Works Association. 1990. *Water Quality and Treatment: A Handbook of Public Water Supplies,* 4th Edition. American Water Works Association, Denver, Colorado.

Anonymous. 1240. Sacred Legend of Mongols: Mongol Chronicle.

Beneson, Abram S. (ed.). 1975. *Control of Communicable Diseases in Man,* 12th Edition. The American Public Health Association, Washington, D.C.

Bizukin, V. V., A. D. Goloushkin, T. Kobyilkin and A. A. Onuchin. *Regulations for Major Forest Cutting and Forest Restoration Cutting (Salvage Cuts) in the Forests of the Lake Baikal Basin.* Buryat Institute of Biology, Buryat Ministry of Forestry, ZabaikalLes and Institute of Forest and Wood, Ulan-Ude. Mimeograph. 15 pp.

Boyle, T. R., C. R. Goldman, G. Kelleher, and M. M. Tilzer. 1990. *Report on the Fact-Finding Mission of UNESCO to Irkutsk and Lake Baikal, Concerning the Inclusion of Lake Baikal and Its Watershed in the World Heritage List.* United Nations Educational Scientific and Cultural Organization (UNESCO), Paris, France. 16 pp.

Brunner, D. R. and D. J. Keller. 1972. *Sanitary Landfill Design and Operation.* EPA Report #SW-65TS. U.S. Environmental Protection Agency (USEPA), Washington, D.C.

Buryatenergo (Buryat Energy Department). Personal communication July 24, 1991.

Central Committee of CPSU and the Council of Ministers of USSR. 1987. *Guidelines "Norms" of Permissible Loads on the Ecological System of Lake Baikal (for the period of 1987-1995).* USSR.

Cole, G. A. 1979. *Textbook of Limnology.* C. V. Mosby Company, St. Louis, Missouri. 426 pp.

Davis, G. Gordon. 1991. *Comparing Land Relationships: U.S.S.R. and U.S.* mimeo. Davis Associates, Wadhams, NY. 14 pp.

Desai, Padma. 1987. *The Soviet Economy: Problems and Prospects.* Basil Blackwell, Oxford.

Diamond, J. M. 1975. The Island Dilemma: Lessons of Modern Biogeographic Studies for the Design of Natural Reserves. *Biological Conservation* 7:129-146.

Diamond, J. M. and R. M. May. 1976. Island biogeography and the design of nature reserves. In: R. M. May (ed.) *Theoretical Ecology: Principles and Applications.* Blackwell, Oxford. pp. 163-186.

Dunne, James F. 1991. *Structuring Land Policy to Promote Sustainable Use of Land in the Lake Baikal Area of Siberia.* mimeo. NYS Division of Equalization and Assessment, Albany, NY. 34 pp.

Egorova, L. Personal Communication July 23, 1991. Goskompriroda of Buryatia, Ulan-Ude, Buryatia SSR.

Freed, Michael D. 1991. *Opportunities for Ecotourism and Environmental Education in the Lake Baikal Watershed with Reference to Appropriate Locations, Zones of Use and Selected Activities.* mimeo. Arkansas Technical University, Russellville, AR.

Galazy, G. I. 1991. An Analysis of the Existing Primary Sources of Pollution. *Environmental Policy Review - The Soviet Union and Eastern Europe,* Vol. 5 (1). Mayrock Center for Soviet and East European Research, Jerusalem, Israel. pp. 47-55.

Galazy, G. I. 1990. "The Threat to the Ecosystem of Lake Baikal" in *An Ecological Alternative: Sources of Trouble, Signs of Disaster.* M. Ya. Lemeshev (ed). Progress Publishers. Moscow.

Galazy, G. I. 1988. *Baikal in Questions and Answers.* 3rd Edition Mysl' Publishers, Irkutsk, RSFSR.

Galazy, G. I. 1984. Protection of the Lake Baikal Ecosystem. In: *Man and Biosphere,* USSR Academy of Sciences, Soviet Committee of the UNESCO Man and the Biosphere Program, Moscow. pp. 97-106.

Galazy, G. I. 1981. The Ecosystem of Lake Baikal and Problems of Environmental Protection. *Soviet Geography* 22 (4):217-225.

Galazy, G. I. 1980. Lake Baikal's Ecosystem and the Problem of its Preservation. *Marine Technical Society Journal* 14 (5):31-38.

Golstunckiy, K. F. (ed). 1880. *Mongol-oirat Legislation of 1640, Additional Acts of Galdan-khuntadzhiy, and Legislation for Volga Kalmyks Under Kalmyk Khan Donduk-Dashi.* St. Petersburg.

Goskompriroda. Data provided team July 1991.

Goskompriroda. 1987. *About Realization of the Resolution of the CPSU and the Council of Ministers of the USSR.* Joint Memorandum. (April 4, 1987). Buryatskaya, SSR.

Harris, Larry D. 1984. *The Fragmented Forest: Island Biogeography Theory and the Preservation of Biotic Diversity.* University of Chicago Press, Chicago. 211 pp.

Hawkin, Donald E. and J. R. Brent Ritchie. 1991. *World Travel and Tourism Review,* Vol. 1. CAB International, Wallingford, UK. 243 pp.

Hofkes, E. H., L. Huisman, B. B. Sundaresan, J. M. DeAzevedo Netto, and J. N. Landix. 1983. *Small Community Water Supplies: Technology of Small Water Supply Systems in Developing Countries.* International Reference Centre for Community Water Supply and Sanitation and John Wiley & Sons, New York, NY.

Humphrey, Caroline. 1983. *Karl Marx Collective: Economy, Society and Religion in a Siberian Collective Farm.* Cambridge University Press, Cambridge, UK.

Institute of Biology(Buryat). 1988. *Red Book of the Buryat ASSR: Rare and Endangered Plant and Animal Species in the Buryat ASSR.* Buryat Science Center, Ulan-Ude, RSFSR.

International Monetary Fund. 1990. *The Economy of the USSR: Summary and Recommendations.* Organization for Economic Cooperation and Development and European Bank for Reconstruction and Development. The World Bank, Washington, D.C.

Irkutsk Oblast Soviet. Team meeting July 17, 1991. Irkutsk, RSFSR.

IUCN, UNEP, and WWF. 1991. *Caring for the Earth: A Strategy for Sustainable Living.* IUCN, Gland, Switzerland.

IUCN. 1990. *1990 United Nations List of National Parks and Protected Areas.* IUCN, Gland, Switzerland and Cambridge, UK. 284 pp.

Komarov, B. 1980. *The Destruction of Nature in the Soviet Union.* Pluto Press, UK. pp.146.

Kozhova, O. M., and L. A. Izhboldina, 1990. *Spread of* Elodea canadensis *in Lake Baikal.* Irkutsk State University, Scientific Resource Institute of Biology, Irkutsk, RSFSR. 20 pp.

Kozlov, V. I. 1992. *Peoples of Buryatia.* Map. unpublished.

Loehr, R. C. 1979. Potential Pollutants from Agriculture - An Assessment of the Problem and Possible Control Approaches. *Progress in Water Technology,* Vol. 11, No. 6. Pergamon Press, Great Britain. pp. 169-193.

Lbova, L. V., O. I. Goruynova, E. A. Khamzina, N. E. Berdnikova and M. V. Konstantinov. 1991. *Map of Archaeological Sites for the Basin of Lake Baikal.* unpublished.

MacArthur, R. H., and E. O. Wilson. 1967. *The Theory of Island Biogeography.* Princeton University Press, Princeton, N.J.

Mattiessen, P. 1991. The Blue Pearl of Siberia. *The New York Review.* Feb. 14, 1991. pp. 37-47.

McHarg, Ian L. 1969. *Design With Nature.* Natural History Press, Garden City, NY.

Mikheev, V. S. and V. A. Ryashin. 1977. *Landscapes of the South of East Siberia.* Department of Geodesy and Cartography, USSR Soviet Ministry, Moscow. Map (scale 1:1,500,000)

Molozhnikov, V. N. 1992. *Natural Ecological Communities of the Baikal Basin.* Map. unpublished.

Molozhnikov, V. N. 1986. *Plant Communities of the Baikal Area.* Sibirskoe Otdelenie, Novosibirsk.

Molozhnikov, V. N. 1975. *Japanese Pine of the Mountain Lands of Northern Prebaikalsky.* Nauka, Moscow.

Montgomery, J. M. Engineers. 1985. *Water Treatment Principles and Design.* Wiley & Sons, New York, NY.

Morris, William (Editor). 1981. *The American Heritage Dictionary of the English Language.* Houghton Mifflin Company, Boston.

Mote, V. L. 1983. Environmental Constraints to the Economic Development of Siberia. In: *Soviet Natural Resources in the World Economy* (eds.) R. G. Jensen, T. Shabad, and A. W. Wright. University of Chicago Press, Chicago, Illinois. pp. 15-71.

Nasilov, A. D. 1984. "On Questions About Khalkha-Mongolia at the Beginning of the XVII Century Based on 18 Steppe Laws" in *Ancient Middle Age East: History and Philosophy.* Moscow. pp. 188-199.

Newmark, W. D. 1987. A Land-Bridge Island Perspective on Mammalian Extinctions in North American Parks. *Nature* 325:(29):430-432.

Newmark, W. D. 1986. *Mammalian Richness, Colonization, and Extinction in Western North American National Parks.* Ph.D diss., University of Michigan, Ann Arbor.

Peterson, D. J. 1990. Baikal: A Status Report; *Report on the USSR,* 2:2 (January 12, 1990), pp. 1-4.

Poppe, N. N. 1932. *Description of Mongol "Shamanistic" Manuscipts, Volume 1.* Institute of Oriental Studies. Leningrad. pp. 151-200.

Quintana, Jorge O. 1992. *The Status and Future of Traditional Production Systems in the Russian Portion of the Lake Baikal Basin.* mimeo. Indigenous Preservation Networking Center, Berkshire, NY. 9 pp.

Ryazanovskiy, V. A. 1931. *Mongolian Law: An Historical Essay.* Kharbin.

Reid, Walter V. and Kenton R. Miller. 1989. *Keeping Options Alive: The Scientific Basis for Conserving Biodiversity.* World Resources Institute, Washington, D.C.

Roy, Karen M. 1991. *Lake Baikal: Land Use and Water Quality Implications.* mimeo. Adirondack Park Agency, Ray Brook, NY.

RSFSR. 1991. *Russian Federation Land Law. Moscow, Supreme Soviet of the RSFSR. (April 25, 1991).*

RSFSR Committee on Architecture and Construction. 1990. *Territorial Complex Scheme of Environmental Protection for the Lake Baikal Basin (TERKSOP).* RSFSR, Moscow. 2 vol.

Schulz, C. R. and D. A. Okun. 1984. *Surface Water Treatment for Communities in Developing Countries.* John Wiley & Sons, New York, NY.

Shapkhaev, S. G. Personal communication July 19, 1991.

Simberloff, D. S. 1982. Big advantages of small refuges. *Natural History* 91(4):6-14.

Sochava, V. B. (ed) 1967. *Atlas Zabaikal'ya.* Institute of Geography, Moscow-Irkutsk. 176 pp.

Soviet-American Delegation 1990. *Report and Recommendations of the Soviet-American Delegation to North Lake Baikal.* Center for US-USSR Initiatives, San Francisco.

Stewart, J. M. 1991. *Lake Baikal: on the Brink?* International Union of Conservation of Nature and Natural Resources (IUCN), Gland Switzerland and Cambridge, UK. 36 pp.

Stewart, J. M. 1990a. Baikal's Hidden Depths. *New Scientist* 1722. pp. 42-46.

Stewart, J. M. 1990b. The Great Lake is in Great Peril. *New Scientist* 1723. pp. 58-62.

Suturin, A. N. Personal communication August 2, 1991. Limnological Institute, Irkutsk, RSFSR.

Schwarz, C. F., E. C. Thor and G. H. Elsner. 1976. *Wildland Planning Glossary.* U.S.D.A. Forest Service, Berkeley.

Tarasova, E. N. 1991 *Brief outline on the study and present state of Lake Baikal.* Baikal Ecological Museum, Irkutsk, RSFSR.

Tarasova, E. N. Personal communication July 1991.

Thomas, G. W. 1991. *Soil Suitability for Agriculture and Construction in the Baikal Basin.* mimeo. University of Kentucky, Lexington, KY.

Tuluev, K. D. Personal communication July 1992.

Ulan-Ude. 1991. Personal communication with officials at thermal plant. July 22, 1991.

Ulan-Ude. 1990. *The Maximum Acceptable Discharge of Substances Entering the Water Body with the Wastewaters According to the Output of Town Wastewater Facilities.* April 1990. Ulan-Ude, Buryatia, SSR.

UNESCO. 1990. see Boyle, et al.

UNESCO. 1989. Biosphere Reserves. Department of State, Washington, D.C. (map with text)

UNESCO. 1972. *Convention Concerning the Protection of the World Cultural and Natural Heritage.* Paris. 10 pp.

U.S. Environmental Protection Agency (USEPA). *Technologies for Upgrading Existing or Designing New Drinking Water Treatment Facilities.* 1990. EPA 625/4-89-023. Washington, D.C.

U.S. Environmental Protection Agency (USEPA). *Criteria for Municipal Solid Waste Landfills.* 1988. EPA 530/SW 88042. Washington, D.C.

U.S. Environmental Protection Agency (USEPA). *Design Manual: Municipal Wastewater Disinfection.* 1986. EPA 625/1-86/021. Washington, D.C.

U.S. Environmental Protection Agency (USEPA). *Design Manual: Onsite Wastewater Treatment and Disposal Systems.* 1980. EPA 625/1-80-012. Washington, D.C.

U.S. Environmental Protection Agency (USEPA). *Planning Wastewater Management Facilities for Small Communities.* 1980. EPA 600/8-80-030. Washington, D.C.

U.S. Environmental Protection Agency (USEPA). *Process Design Manual: Municipal Sludge Landfills.* 1978. EPA 6251-78-010. Washington, D.C.

U.S.D.A., Forest Service and Tahoe Regional Planning Agency (TRPA). 1971. *Lake Tahoe Basin Land Capabilities Map.* U.S. Geological Survey base map 1:24,000 scale.

USSR. 1991. *Draft Law of the USSR and Republics for the Protection of Specific Natural Territories.* USSR Supreme Soviet (July 25, 1991), Moscow. 13 pp.

USSR. 1990. Principles of USSR and Union Republic Legislation on Land. *The Current Digest of the Soviet Press.* (May 2, 1990).

Urbanaeva, I. S. 1992. *The Mongolian World: Its People and History.* Ulan-Ude.

Urbanaeva, I. S. 1991. "Philosophical and Methodological Aspects of Regional Studies on Ecology of Culture" in *Regional Aspects of Science Development.* Ulan-Ude.

van Nostrand, J. and J. G. Wilson. 1983. *Rural Ventilated Improved Pit Latrines: A Field Manual for Botswana.* International Bank for Reconstruction and Development/The World Bank. Washington, D.C.

Vikulov, V. E. 1982. *Special Regime of the Use of Nature (in Lake Baikal Region).* Nauka, Novosibirsk.

Vorob'yev, V. V. 1988. Problems of Lake Baykal in the Current Period. *Geografiya i prirodnyye resursy* 3:3-14.

Vorob'yev, V.V. and A. V. Martynov. 1988. Protected Areas of the Lake Baykal Basin. *Geografiya i prirodnyye resursy* 2. pp. 31-39.

Water Pollution Control Federation and American Society of Civil Engineers. 1977. *Wastewater Treatment Plant Design: WPCF Manual of Practice No. 8/ASCE Manual on Engineering Practice No. 36.* WPCF/ASCE. Washington, D.C. and New York, NY.

Williams, Damon S. and Aimee D. Conroy. 1991. *Principal Point Pollution Sources in the Lake Baikal Watershed with Observation on Necessary Investments, Priorities, and Techniques to Minimize Pollutant Discharges.* mimeo. Damon S. Williams Associates, Phoenix, AZ.

World Commission on Environment and Development. 1987. *Our Common Future.* Oxford University Press, Oxford and New York.

Zhbanov, E. F. 1992. *Republican Sanitary Inspection.* Ulan-Ude.

Zhamsarano, Ts. 1965. *Khalkha Dzhirum: Monument of the Mongolian Feudal Law of the XVIII Century.* Moscow.

Zhimbiev, B. 1991. *Map of Cultural Heritage Sites for the Baikal Region.* unpublished.

Zhukov, A. B. and N. P. Polikarpov. 1973. "Principles of Forest Management in the Baikal Basin" in *Forestry*, Issue 1. pp. 68-77.

Glossary

airshed - A geographic region with common sources and problems of air pollution (Schwarz, et al. 1976).

anthropogenic - Actions of humans; interpreting reality exclusively in terms of human values (Morris 1981).

arable - Land suitable for cultivation.

benthic - Relating to the lake bottom or sediment.

biostatic - Equilibrium among living organisms; or sterile.

cadastre - A public record, survey, or map of the value, extent, and ownership of land, often as a basis for taxation (Morris 1981).

clearcut - The cutting of essentially all trees in a given unit.

conditional use - A land use allowed by discretion rather than by right with the determination based on the potential environmental harm of the proposed use.

dacha - A country house or cottage generally with a small garden plot for raising food.

Decembrists - Participants in the St. Petersburg revolt of December 1825; many of whom were exiled to Siberia where they contributed greatly to Siberian cultural, scientific and political development.

endemic - A species whose natural occurrence is confined to a specific region and which has a comparatively restricted distribution (Morris 1981, Schwarz, et al. 1976).

Epischura - An endemic species of tiny plankton that filter and help purify the water of Lake Baikal.

ethnography - The descriptive anthropology of technologically primitive societies with emphasis on cultural heritage and factors influencing cultural growth and change (Morris 1981).

fallow - Land plowed and tilled but left unseeded during a growing season.

fauna - The animal life of a region.

floodplain - Land adjacent to a stream or river that is subject to flooding. The average frequency of flooding is often used in conjunction with the term, e.g., annual floodplain, 50-year floodplain, etc.

flora - The plant life of a region.

gene pool - The cumulative genetic resources of a species.

goskomecologia (formerly goskompriroda) - A state, regional, or local committee on ecology and rational use of natural resources.

greenway - An undeveloped corridor usually used for recreational hiking or bicycling and often connecting parks and communities.

leachate - The soluble constituents removed from a substance by a percolating liquid.

mutagenesis - The process of altering the genetic make-up of an individual by chemicals, radioactive elements, or other foreign agents.

nerpa - The fresh water seals endemic to Lake Baikal.

oblast - A regional government level in Russia similar to the state level in the United States.

Old Believers - A Russian religious sect that began in the 17th century to preserve their traditional religious beliefs and customs from changes taking place within the Russian Orthodox Church.

omul - A fresh water whitefish endemic to Lake Baikal and considered a delicacy in Russia and beyond.

Ondatra - The scientific name for the muskrat or water rat introduced to the Baikal basin from Canada.

preferred use - A land use which is assumed compatible in the zone in which it exists and is therefore considered a use by right although certain standards and conditions may be placed on the use to protect the environment or adjoining uses.

petroglyph - A carving or line drawing on rock (Morris 1981).

raion - A unit of local government in Russia analogous to a county in the United States.

riparian - Of, on, or pertaining to the bank of a stream, river, pond, or lake (Morris 1981, Schwarz, et al. 1976).

sanitation harvesting - The cutting and removal of individual trees weakened by insects or disease, sometimes including otherwise healthy but deformed trees.

severance tax - A tax on the harvesting or removal of natural resources such as timber and minerals.

shelterwood - A harvesting of timber in successive cuttings that allow the regeneration of a new crop of trees to become established under a thin canopy of older trees before the rest of the older trees are harvested.

silviculture - The scientific management (i.e., growing and tending) of forests for the production of timber.

steppe - A vast, semiarid grass-covered plain (Morris 1981) similar to American prairie.

subsistence farm - Farming for the principal purpose of providing food and/or fiber for the farm family.

taiga - The circumpolar northern, or boreal, forest in which coniferous trees predominate.

tertiary treatment - The third step in the treatment of sewage and wastewater which involves the removal of phosphorus and nitrates.

watershed - The entire geographic area that drains into a river or lake. Synonymous with catchment basin or drainage basin.

wetland - Lands and submerged lands commonly called marshes, swamps, bogs, and wet meadows supporting aquatic or semi-aquatic vegetation. Wetlands are commonly characterized by the presence of distinctive species of plants that depend on seasonal or periodic flooding or soils sufficiently water-logged to give them an advantage over other species. Such species include: trees characterized by larch (*Larix sibirica*, *L. gmelinii*); shrubs characterized by *Ledum palustre*, *Andromeda polifolia*, and *Vaccinium vitisidaea*; emergent vegetation characterized by *Phragmites communis*, *Scirpus*, and *Typha*; rooted, floating-leaved vegetation characterized by *Nymphaea tetragona*, *Sagittaria natans*, and *Polygonum amphibium*; free-floating vegetation characterized by *Spirodela polyrhiza*, and *Lemna trisulca*; wet meadow vegetation characterized by *Calamagrostis purpurea*; *Carex acuta*, *C. vesicaris*, *C. rostrata*, and *Alopecurus pratensis*; bog mat vegetation characterized by *Sphagnum fuscum* and *Chamaedaphne calyculata*; and submerged vegetation characterized by *Potamogeton* and *Hyppuris*.

World Heritage Site - A site or area included on the United Nation's Educational, Scientific, and Cultural Organization's (UNESCO) World Heritage List in recognition of the site's outstanding and globally significant natural and/or cultural resources and in acknowledgment of the nation's determination to protect the site.

zakaznik - An area established for the preservation of one or a limited number of species or natural features generally for a specific period of time.

zapovednik - A relatively autonomous ecological unit established by law for the sole purpose of scientific (ecological) research, i.e., withdrawn from commercial and industrial uses.

БЛАГОДАРНОСТИ

Осуществление этого проекта стало возможным благодаря содействию "Фрэнк Виден Фаундэйшн", "В. Алтон Джонс Фаундэйшн", "Траст фор Мьютиал Андерстэндинг", "Комптон Фаундэйшн", администраций Республики Бурятии, Иркутской и Читинской областей и Киры Сергиевской. Благодаря стипендии "Джон Д. и Катерин Т. МакАртур Фаундэйшн" стало возможно моё участие в работе над проектом.

Американские участники проекта, имена которых перечислены на первых страницах, и Бетти Смит заслуживают особого признания за бескорыстный вклад своего времени, умений и энергии в осуществление этого проекта.

Без помощи отдельных лиц проект осуществлялся бы менее успешно. Мы особенно признательны Ирине и Хэнку Бирнбаумам, Дженни Саттон и Марии Петровне Сафоновой из Иркутска, проделавшим большую подготовительную работу и оказывавшим помощь на протяжении всей работы над проектом, включая перевод Ириной текста этого проекта на русский язык; Ольге Сперанской, осуществлявшей большую подготовительную работу в Москве; Петру Абрамёнку и Зое Симкиной и их коллегам из Прибайкальского национального парка, помогавшим разобраться в ситуации и обеспечивавшим наши транспортные передвижения; Марку Чао из Центра гражданских инициатив, взявшего на себя заботу об организации с американской стороны; Гэри Куку из "Вахты Байкала", помогшему координации действий американских групп, связанных с Байкалом; фотографу Бойду Нортону, предоставившему фотографии для иллюстрации текста; Риду Кингсбери, редактировавшему английский текст проекта; Ирине Бирнбаум, Людмиле Варфоломеевой, Валериану Викулову и Людмиле Рябовой, работавшим над редакцией русского перевода.

Работа наших переводчиков, которым пришлось иметь дело с техническим языком и помогать общению, была весьма важной для успеха проекта. Среди них: Анна Алганаева, Жанна Асеева, Ирина Бирнбаум, Чимита Гармаева, Сергей Добрынин, Светлана Жеребцова, Леонид Евсеев, Борис Клёнов, Елена Мателега, Георгий Нуруллин, Татьяна Рыжакова, Дженни Саттон, Андрей Сиренко и Ольга Сперанская.

Благодаря помощи капитанов судов и пилотов вертолётов Евсеева, Казанцева, Качурина, Локтионова, Родионова, Салимова, Тонких, Устинкова из "Улан-Удэнского авиационного производственного объединения" мы получили возможность познакомиться с этой огромной территорией более детально. Мы признательны за их терпение и желание "дать нам возможность посмотреть территорию ещё раз". Наши повара, работавшие в поле, творили чудеса в условиях почти немыслимых. Мы благодарны Николаю Васильевичу Гладких за возможность познакомиться с историей и культурой Красночикойского района, а Игорю Секуловичу и Виктору Дзодзиеву за их помощь и содействие в решении организационных вопросов.

Кроме членов рабочей группы, информацию собрали и предоставили нам Нимажап Бадмаев, Г. О. Борисов, Владимир Гурман, Юрий Гусев, Михаил Долгоаршинных, Людмила Егорова, Анатолий Иметхенов, Лариса Калеп, Айми Д. Конрой, Людмила Лбова, Александр Мартынов, Юрий Пашков, Николай Пронин, Владимир Свинин, Юрий Слугинов, Александр Сутурин, Е. Н. Тарасова, Виктор Ханхараев и Олег Хомутов, Сергей Щепин.

Мы очень признательны "Хэч Кампани" из Лавленда, Колорадо и "Сьерра-Андерсон" из Атланты, Джорджия за переданное в дар оборудование. Непрямая финансовая поддержка была оказана нам Нэнси Дауд ("Олбани Интернэшнл"), Гилом Заном ("Бюргесс Интерпрайс"), Кэти О'Киф, Джерри Хайтауером, Рональдом Б. Алленом ("Дельта Эалайнз"), Биллом Холмбергом ("Фонд за демократию и развитие"), Бобом Хаммерслагом ("Вермонтвью Ассосиэтс").

Особое спасибо людям, поддержавшим меня в самом начале и посоветовавшим мне не отказываться от проекта, когда состояние вопросов финансирования и международной связи делали осуществление проекта по меньшей мере маловероятным. Среди них: Дэвид Брауэр, Алан и Дон Виден, Владимир Десятов, Харолд Джерри, Джоэн Дэвидсон, Фрэн Мейси, Пэт Нунан, Джон Оукс.

И конечно, успехом осуществления в значительной мере этот проект обязан людям Байкальского региона. Их гостеприимство и теплота, проявленные даже в самых трудных ситуациях, вознаграждали и делали нашу работу поистине приятной. Наш вклад незначителен в сравнении с той дружбой, что мы приобрели.

Джордж Дэвис